JN022337

CJ きめる! KIMERU SERIES

Gakken

[きめる! 共通テスト]

古文・漢文 改訂版

Classical Japanese & Classical Chinese

著＝岡本梨奈（スタディサプリ）

introduction
はじめに

「共通テストの古文・漢文って、何をどうやって勉強したらいいのかよくわからない」
「理系で、古文・漢文は共通テストでだけ必要です。あまり時間をかけられないけれど、高得点は狙いたい……」

こんな悩みを抱えている高校生・受験生は、たくさんいるはずです。
この本はそんな人にピッタリの、共通テスト古文・漢文対策の参考書です。

まずは、「共通テスト　特徴と対策はこれだ！」（8ページ）で共通テスト『国語』の大枠をつかみましょう。各大問の時間配分や、どの大問から解くべきかというよくあるご質問に関しても、その中でお答えしています。また、「古文」と「漢文」についての出題傾向と対策にも触れていますので参考にしてください。

そこでは触れなかったのですが、「大学入試センター」が発表している問題作成方針は、「言葉による記録、要約、説明、論述、話合い等の言語活動を重視する」とし、また、「異なる種類や分野の文章などを組み合わせた、複数の題材による問題を含めて検討する」とのことで、特にその方針が表れているのが、共通テスト特有の「会話形式の問題」や「【資料】などが付く問題」です。

もちろんこれらへの対策も必須ですが、「古文・漢文そのもの」が変わることはありませんので、古文・漢文を読むために必要な従来の学習も重要です。

本書はその中でも、読解に必要な知識をしっかり身につけられるように構成し、共通テスト古文・漢文で出題されやすい設問形式別解法を（もちろん「複数テクスト問題」も含めて）学べるようにしています。さらに、頻出の和歌や漢詩についての対策も盛り込まれています。

古文編・漢文編の各巻末には、それぞれの土台となる基礎知識も掲載していますので、苦手な人は巻末付録から確認してください。

また、別冊は、本冊で学習した重要事項をギュッとまとめて、復習用に持ち歩くことができるようにしました。さらに、古文では「重要単語・連語」や「恋愛・出家系などの重要語句」を、漢文では「重要語句の読みと意味」や儒家などの「思想」を掲載していますので、是非活用してください。

本冊や別冊の内容をしっかり身につけて、共通テスト古文・漢文を『国語』の得点源とできるようにしましょう！

岡本梨奈

もくじ

はじめに …… 2
共通テスト　特徴と対策はこれだ！ …… 8
本書の特長と使い方 …… 16

古文編

SECTION1　識別と敬語
SECTION1で学ぶこと …… 20
THEME1　識別 …… 22
THEME2　敬語 …… 36
SECTION2　短文解釈
SECTION2で学ぶこと …… 50
THEME1　単語 …… 52
THEME2　訳が重要な助詞 …… 59
THEME3　呼応の副詞 …… 70

SECTION3 主語把握法
SECTION3で学ぶこと……80
THEME1 主語把握法①接続助詞など……82
THEME2 主語把握法②古文常識など……90
THEME3 会話・手紙文中の主語把握……96

SECTION4 和歌
SECTION4で学ぶこと……104
THEME1 和歌の解釈……106
THEME2 枕詞・序詞……114
THEME3 掛詞……118

SECTION5 設問形式別解法
SECTION5で学ぶこと……126
THEME1 理由・心情説明問題……128
THEME2 内容合致問題……139
THEME3 複数テクスト問題①会話形式の問題……156
THEME4 複数テクスト問題②【資料】などが付く問題……170

SECTION6 古文過去問実践演習……182

巻末付録〈古文編〉……204
活用と活用形など／係り結びの法則と係助詞の意味／動詞／形容詞／形容動詞／助動詞

漢文編

SECTION1 基礎知識

SECTION1で学ぶこと …… 222
THEME1 語順（返読文字含む） …… 224
THEME2 置き字 …… 230
THEME3 よく目にする「すなはチ」「也」「以」 …… 232

SECTION2 句法

SECTION2で学ぶこと …… 242
THEME1 再読文字 …… 244
THEME2 使役・受身 …… 251
THEME3 否定 …… 259
THEME4 疑問・反語 …… 270
THEME5 比較 …… 279
THEME6 限定・累加 …… 284
THEME7 詠嘆・抑揚 …… 289
THEME8 仮定・願望 …… 295

SECTION3 設問形式別解法

SECTION3で学ぶこと …… 302
THEME1 漢字の「読み」と「意味」 …… 304
THEME2 解釈問題 …… 315
THEME3 「返り点の付け方」と「書き下し文」の組合せ …… 322
THEME4 空欄補充 …… 327
THEME5 説明問題 …… 331
THEME6 複数テクスト問題 …… 338

SECTION4 漢詩

SECTION4で学ぶこと …… 346
THEME1 形式・構成 …… 348
THEME2 押韻 …… 350
THEME3 対句・リズム …… 354

SECTION5 漢文過去問実践演習 …… 358

巻末付録〈漢文編〉 …… 372
漢文用語／書き下し文／返り点のルール

共通テスト特徴と対策はこれだ！

押さえておきたい共通テストのあれこれ

この本は「共通テスト古文・漢文対策」の学習参考書ですが、「古文」や「漢文」という科目別のテストがあるわけではなく、あくまで『国語』のテストの中で扱われる科目です。

はい、それはわかっています。ただ、具体的にどれくらいの割合で出題されるのかなどは、ちゃんと把握していなくて……。

では、そこから確認していきましょう。大問は全部で5問出題されます。**第1～3問が近代以降の文章**（論理的な文章、実用的な文章、文学的な文章）、**第4問が古文**、**第5問が漢文**で、全問**マークシート形式**です。

現代文と古典の配点は均等ですか？

いいえ、違います。具体的には、第1～3問の**現代文が計110点**、第4問の古文45点、第5問の漢文45点で**古典は計90点**、『国語』合計で200点満点です。

それらをどれくらいの時間で解かなければいけないのでしょうか?

『国語』の試験時間は**90分**。各大問にどれくらい時間をかけるのかは、人によってベストは違います。現代文・古文・漢文の中で比較的どれが得意かでも変わってきますので、**自分で試していきながら確定させることが必要**なのです。「一般的に」ですが、おそらく漢文が一番短時間で解きやすいかと思われます。

自分で試すしかないのですね……。

そうですね。世間ではいろいろ言われるかもしれませんが、それが自分に合うか合わないかはやってみないとわかりません。目安にしてやってみるのはよいですが、**最終的には自分のベストは自分で見つけるしかない**のです。また、時間配分だけではなく、どの大問から解くのかも同じで、自分のベストを自分で見つけましょう。

それも試すしかないのか……。
ちなみにですが、先生はどうしていましたか?

私は必ず「古文➡漢文➡現代文」の順番で解いていましたが、さっきも言ったとおり、共通テストにおいて「この順番が正解」というわけではありません。得意不得意もそうですが、たとえば、私は得意なほうを集中力があるうちに先に解きたかったのですが、得意だからこそ疲れていたとしても対処できるから、他の大問を先に解いて最後に解くという人もいるでしょう。

たしかにそうですね。

ですから、自分の得意不得意と性格を考えた順番で実際にやってみて、それでうまくいきそうならその順番で確定させて、ひたすらその順番でやりましょう。ちなみに、試しにやっている時は、ほとんどの人が時間内でまだ解ききれないと思われます。解けないながらも、各大問にどれくらい時間がかかっているのかをきちんと把握して、どの大問に一番時間がかかっているか、どの大問ならもう少し縮められそうか、などで微調整していくのです。

つまり、何度かやってみないとダメってことですね？

そうですね。一回目でうまくいったとしても、たまたまかもしれませんので、何度か同じ形式で試してみるべきです。確定させるまで何度かやってみることは必要です。
そして、確定させたとしても、年によっては難易度が違うこともあるでしょうから、本番はいつも通りにいかないこともあるでしょう。

それじゃあ、確定させる意味がないのでは……？

いえ、何も決めずに行き当たりばったりでは、時間内に終わらない可能性が高くなり、危険です。決めた時間配分をもとに、時間がきたら途中でも割りきって次の大問に進みましょう（もしくは、「○分までなら時間オーバーOK」などと決めておき、その場合は、どこで調整するかも決めておく）。残りの大問のどれかは解きやすくなっているかもしれないので、最後に時間が余ったなら、途中だった大問に戻ればよいのです。

各大問は別物ですから、本番で難しいものがあったとしても、それはそれで割り切りましょう。そこで時間を取られ過ぎると、他の大問までガタガタになってしまい、落ち着いていつも通りの時間でやれば解けたものまで、時間不足に焦って得点できなくなってしまう人もいます。そうなることは避けるべきです。

最終的には、こういった想定も踏まえて**「国語」として過去問を実施することが重要**です。

ただし、まずは時間がかかってもかまわないので、大問ごとに得点できる力をつけなければいけません。本書を使って、「古文・漢文」でしっかり得点できるように、一緒に学習していきましょう！

共通テストの傾向と対策

共通テストの古文と漢文は、どのような問題が出題されるのですか?

まず「古文」から見ていきましょう。
次のような設問が出題されやすいです。

- ●短文解釈問題
- ●文法事項を含めた語句と表現に関する説明問題
- ●和歌に関する問題
- ●理由・心情・内容説明問題
- ●内容合致問題
- ●会話形式の問題
- ●【資料】などが付く問題

最後の二つは**「複数テクスト問題」**とよばれ、共通テスト特有の問題ですが、他は一般の大学入試とほぼ同じです。

そうなのですね。では、これらの問題を解けるようになるためには、どんな勉強をすればよいのですか?

古文単語と古文文法、**主語把握法**をまずは押さえましょう。そして、**和歌の対策**と、**設問形式別解法**を学ぶ必要があります。

単語と文法はなんとなくイメージがわきますが、それ以外は具体的にどんなことをしていいのかよくわからないのですが……。

安心してください、そのために本書があるわけです。

本書では**SECTION1**で、文法の中でも特に**読解に必要な識別・敬語**を学習します。それらを踏まえて、**SECTION2**で**「短文解釈問題」**の対策、**SECTION3**では、読解の鍵となる様々な**主語把握法**を伝授します。**SECTION4**で**和歌の解釈や修辞法**を、**SECTION5**で**「設問形式別解法」**を具体的に学習しますので、**順番に押さえていけば、得点できる力がつくように構成されています**。

そうなのですね！　ただ、僕、まだほとんど何も勉強していないので、いきなり識別ができるか心配です。

その場合は**古文編の巻末付録に、文法の土台部分の説明を掲載**していますので、**先にそちらから確認**してください。「活用とか、係り結びとかは大丈夫」という人は**SECTION1**から始めてください。

では、この一冊だけ学習すれば、共通テストの過去問は解けるのですね⁉

ごめんなさい、本編にも書いていますが、単語はさすがに全部カバーしきれていませんので、**各自で単語帳を一冊きちんと仕上げてください**。

わかりました。では、漢文は？

出題されやすい設問を見ておきましょう。

- **漢字の「読み」や「意味」**
- **解釈・現代語訳**
- **返り点の付け方と書き下し文の組合せ問題**
- **空欄補充問題**
- **理由・心情・内容説明問題**
- **複数テクスト問題**
- **漢詩に絡む問題**

漢文って**句法**を勉強しておけば、なんとかなるんですよね？

たしかに**句法の知識は必須**で、句法を理解していなければ、得点するのは厳しいでしょうね。ただし、句法だけでは、得点できない場合も出てきますよ。

では、句法以外にどんな対策が必要なのですか？

語順などの基礎知識や、**頻出漢字の読みや意味**、**漢詩の対策**なども必要です。

それらも、この本で学べるということですね?

そういうことです!　**SECTION1**で、**語順**や**置き字**などの基礎知識や、**「以」**など、よく見かける文字に関して学びます。これらを踏まえて、**SECTION2**で**「句法」**を身につけましょう。**SECTION3**では、ここまでの学習内容を使って**「設問形式別解法」**に取り組み、**SECTION4**で**漢詩の形式**や**押韻**など、漢詩の対策をしましょう。古文と同じく、**順番に押さえていけば、得点できる力がつくように構成されています**。

また、漢文をまったく学習していない人は、**漢文編の巻末付録に、「書き下し文」や「返り点のルール」など、基礎的な説明を掲載**していますので、**先にそちらから確認**してください。

古文のように「漢文単語」みたいなものは必要ないのですか?

漢文では、**重要語句の「読み」と「意味」**がそれにあたり、**別冊に掲載**しています。必要最低限に絞っていますので、別冊に掲載されている語句は確実に押さえてください。

ちなみに、知っておくと便利な**「思想」**(儒家・道家・法家)についても別冊に載せていますので、それらも是非チェックしてくださいね!

how to use this book

本書の特長と使い方

1 巻頭を読んで大枠をつかむ

まずは「共通テスト　特徴と対策はこれだ！」を読み、共通テストの傾向と対策の大枠をつかみましょう。全体像を先につかんでから、その先の古文編・漢文編で詳しく学んでいきましょう。

2 効率的に実戦力をつける

古文編・漢文編の各SECTIONで、正しい読解のために必要な知識を効率的に学べるようになっています。読解のための知識は共通テストだけではなく、すべての古文・漢文読解に有用なものです。さらに、共通テスト特有の問題形式別解法を学びます。最後に、実際の共通テストに挑戦しましょう。

3 古文・漢文が苦手な人は巻末付録から確認する

古文編・漢文編それぞれの巻末に、読解の土台となる基礎知識の巻末付録をつけています。古典文法の基礎知識や漢文の返り点のルールなどがあいまいな人は、ここから学習しましょう。

4 別冊で重要事項の再確認と得点アップを狙う

別冊にはSECTIONごとに学んだ重要事項と、読むだけで5点上がるポイントがまとめてあります。本冊を読み終えた後の復習用や、試験直前の確認用に活用しましょう。

※本書の例の多くは、過去のセンター試験や共通テストの文章からの抜粋です（若干例外あり）。また、漢文編の見出しや例の中には、白文で頻出のものは、あえて白文や送り仮名のみなどの表記があります。

略語一覧

未＝未然形　用＝連用形　終＝終止形
体＝連体形　已＝已然形　命＝命令形
書＝書き下し文　読＝読み方
主＝主語　述＝述語　目＝目的語　補＝補語

CHAPTER 1

古文編

SECTION 1

識別と敬語

THEME

1　識別
2　敬語

きめる! KIMERU SERIES

SECTION1で学ぶこと

ここが問われる!

共通テストになってから、従来のような文法単独問題は出題されなくなりましたが、文法に絡めた問題は出題されており、文法の知識で正解が導ける場合も!

「単独の文法問題が出題されなくなったから、文法は学習しなくてもいいのでは」なんて、まさか思っていませんよね⁉ 従来のような単独の問題はたしかになくなりましたが、表現など他の要素と組み合わせて、今でも文法は出題されています。しかも、簡単な文法の知識だけで解ける場合すらあります。もっと言えば、たとえ文法問題が出題されなかったとしても、文法が理解できていなければ古文は正しく読めません! そうなると、結局問題も解けませんよね。正しい古文読解のために、出題の有無に関わらず、文法の学習を避けることはできません。

このSECTIONでは、複数の訳し方が考えられ、取り間違えると読解に致命的なものの判別法を扱います。問題に直結するような重要なものでもあります。

たとえば、**完了**(＝～**た**)の意味を持つ助動詞「**ぬ**」は次のように活用します。

意味	基本	未然形	連用形	終止形	連体形	已然形	命令形
完了	**ぬ**	**な**	**に**	**ぬ**	**ぬる**	**ぬれ**	**ね**

一方、**打消**（＝〜**ない**）の意味を持つ助動詞「**ず**」は次のように活用します。

意味	基本	未然形	連用形	終止形	連体形	已然形	命令形
打消	ず	ず	ず	ず	ぬ	ね	○
		ざら	ざり	○	ざる	ざれ	ざれ

表を見比べると、赤文字の「**ぬ**」と「**ね**」が**完了**と**打消**のどちらにもあることがわかりますね。

つまり、古文の文章中に助動詞の「**ぬ**」や「**ね**」の文字があった場合、「〜**た**」と訳す**完了**と「〜**ない**」と訳す**打消**が考えられ、取り間違えてしまうと、なんと、正反対の意味になってしまうのです！

どのように識別するのか、その方法をこのSECTIONで学習します。

※用言の活用や、助動詞などがわからない人は、まず巻末付録（204〜217ページ）から確認してください。

ここが問われる！

敬語だけの問題はありませんが、文法が絡む問題の選択肢に敬語に関わるものが出題されることもあり、なによりも、敬語が理解できていなければ正しく古文を読解できません！

もちろん敬語を使用していない文章もありますが、敬語が使用されている文章のほうが圧倒的に多いでしょう。そして、そういった文は、訳し方など単純に敬語そのものだけが重要なのではなく、省略された主語なども敬語を利用するとわかることが多いのです。

正しい読解のために必要な知識を、このSECTIONで身につけましょう！

THEME 1

識別

ここできめる！

- 助動詞「ぬ・ね」の理解は必須！ 意味を取り間違えると致命的
- 「なり・なむ」は上の活用形や文字を見て識別する
- 「る・れ・らむ」は上の音を即チェック！

1 上の活用形や下を確認して識別するもの

古文の文章中に助動詞「**ぬ**・**ね**」の文字があれば、「**ない**」と訳す**打消**と「**た**」と訳す**完了**があります。これを取り間違えると、意味が正反対になってしまうので大変ですね。どちらなのか判別することを文法用語で**識別**と言います。他にも同じように、取り間違えると読解に致命的な識別を見ていきます。まずは、上を見たり、下を見たりして識別するものを学習しましょう。

① 助動詞「ぬ・ね」

●上の活用形での識別法

未然形＋ぬ・ね＝打消「ず」
連用形＋ぬ・ね＝完了・強意[※]「ぬ」

※下に**推量**系（「べし・らむ」など）が付いていれば「**強意**」

例 知ら**ぬ**（未）〈打消〉こそ道理なれ。　現代語訳 知ら**ない**のは当然である。

例 あらはにも言は**ね**（未）〈打消〉ど、…　現代語訳 はっきりとも言わ**ない**けれど、…

例 喜びて参り**ぬ**（用）〈完了〉。　現代語訳 喜んで参上し**た**。

例 率（ゐ）ておはし**ね**（用）〈完了〉。　現代語訳 引き連れなさって**しまえ**。

●下を確認する識別法

ぬ＋連体形[※]接続の語＝打消「ず」　※体言・助詞「に・を」などが付く／係助詞「ぞ・なむ・や・か」の結び

ね＋已然形[※]接続の語＝打消「ず」　※「ば・ど・ども」が付く／係助詞「こそ」の結び

ぬ＋終止形[※]接続の語＝完了「ぬ」　※句点「。」・閉じカッコ・引用「と」・助動詞「べし・らむ」などが付く

ね＋命令形[※]接続の語＝完了「ぬ」　※句点「。」・閉じカッコ・引用「と」が付く

例 常の色とも見え**ぬ**(体)[さま]、…（打消・体言）

例 さらに[なむ]物もおぼえ**ぬ**(体)。（係助詞・打消）

例 聞こえ**ね**(已)[ど]、…（打消）

例 さらに[こそ]心得**ね**(已)。（係助詞・打消）

例 人々おり**ぬ**(終)。（完了）

例 「はや、帰り**ね**(命)」と…（完了）

現代語訳 通常の色とも見え**ない**様子が、…

現代語訳 まったくものも考えられ**ない**。

現代語訳 聞こえ**ない**けれど、…

現代語訳 まったく理解でき**ない**。

現代語訳 人々は降り**た**。

現代語訳 「はやく、帰っ**てしまえ**」と…

※上の「帰り（＝**連用形**）」からも判別できます。パッとわかるほうから判別してかまいません。未然形と連用形が同じ場合は、下からしか識別できません。

②「ばや」

●上の活用形を確認する

已然形＋ばや＝順接確定の接続助詞「ば」＋疑問・反語の係助詞「や」
未然形＋ばや➡次ページの「下を確認する」へ

順接確定は「ので」か「ところ・と」などと訳します。後ろも読んで、スラっと文意が通るほうで訳しましょう。また、疑問（＝～か）か反語（＝～か、いや、～ない）も文脈判断が必要です。

例「かかればやうちとけざりし」と思ふが、あかずかなしければ、…
（已）順接確定「ば」＋疑問「や」

現代語訳「こうなのでうちとけなかったのか」と思うと、このうえなく悲しいので、…

POINT 反語になりやすい形

係助詞「や・か」には疑問と反語の意味があり、文脈判断が必要ですが、「やは」、「かは」、「疑問語＋や」、「疑問語＋か」は反語になりやすいです。「めや」、「らめや」は反語です。

●上が未然形の場合⬇下〈＝文中か文末〉を確認する

未然形 ＋ **ばや** ＋ 続きあり〈文中〉＝ **順接仮定**の**接続助詞**「**ば**」＋ **疑問・反語**の**係助詞**「**や**」
未然形 ＋ **ばや** ＋ 句点「。」・閉じカッコ・引用「と」など〈文末〉＝ **自己願望**の**終助詞**「**ばや**」

例 ただ骨と皮とにぞ見えける。肉のあら（未）**ばや**、身のしむ霜風もあらん。
（文中＝順接仮定「ば」＋疑問「や」）
現代語訳 ただ骨と皮だけに見えた。**もし**肉があった**ならば**、身にしみる霜や風もあるだろう**か**。

例 行きて見（未）**ばや**。（文末＝自己願望）
現代語訳 行って見**たい**。

2 上の活用形や文字を見て識別するもの

古文の文章中に「**なり**」や「**なむ**」があれば、それぞれ四種類可能性があり、基本的には上の**活用形**や**文字**を見て簡単に識別できる〈⬇基本〉のですが、まれに文脈判断が必要な場合〈⬇応用〉もあるので気をつけましょう。

❶「なり」〈基本〉

体言・連体形＋なり＝断定・存在の助動詞「なり」 ※語源「に＋あり」

終止形＋なり＝伝聞・推定の助動詞「なり」 ※語源「音（ね）＋あり」

様子・状態（〜か・げ・ら）＋なり＝形容動詞の活用語尾

ず・と・に・く（・う）＋なり＝動詞「なる」の連用形 ※「なる」と訳せる

例 よしある様（体言）**なり**（断定）。
現代語訳 趣きのある様子**である**。

例 遠（とほ）うては見ゆ（終）**なり**（伝聞）。
現代語訳 遠くでは見える**とかいう**。

例 げにめづら**かなり**（形容動詞）。
現代語訳 本当に**目新しい**。

例 出で立つ日**になり**（動詞）ぬ。
現代語訳 出発する日に**なっ**た。

❷「なり」〈応用〉

ラ変型の連体形＋なり＝断定の助動詞「なり」 or **伝聞・推定の助動詞「なり」**
⬇文脈判断が必要

あ・か[※]**・ざ・た・な＋（ん）なり＝伝聞・推定の助動詞「なり」**

※～かなり（様子）

例「御宮仕へ申したく侍る**なり**」（ラ変 体）

終止形のほとんどは**u段**で終わります。つまり、**終止形に付く助動詞はu段に付きたい**のです。よって、**ラ変型**の場合は**連体形**「～**る**」に付きます。ただし、**断定**も**連体形**に付くため、**ラ変型の連体形に付く「なり」は、どちらなのか文脈判断をする**必要があります。「申したく侍るなり」の主語は、セリフの中で尊敬語や命令形がないので一人称「わたし」です（96ページ）。「たく」は希望で、自分の希望に伝聞推定はおかしいので、ここでは**断定**です。現代語訳「宮仕えをいたしたい**のです**」

例 盗人**あなり**。（推定）　現代語訳 盗人がいる**ようだ**。

③「なむ」〈基本〉

未然形＋なむ＝他者願望の終助詞「なむ」
連用形＋なむ＝完了・強意の助動詞「ぬ」の未然形＋推量などの助動詞「む」
死・往・去＋なむ＝ナ変動詞未然形の活用語尾「な」＋推量などの助動詞「む」
それ以外＋なむ＝強意の係助詞「なむ」
※強意の係助詞は訳出不要なので消す

例 雪降ら**なむ**。（㊍／他者願望）
現代語訳 雪が降っ**てほしい**。

例 通ひそめずはよかり**なむ**。（㊊／強意「ぬ」＋推量「む」）
現代語訳 通いはじめなかったなら**きっと**よかった**だろう**。

例 ここながら**死なむ**と思へど、…（ナ変語尾＋意志「む」）
現代語訳 ここにいるまま**死のう**と思うが、…
※**「と」の上の「む」は意志になりやすい**

例 あらはに見ゆるところ~~**なむ**~~ある。（体言／強意の係助詞）
現代語訳 はっきり見える所がある。

実は**連用形**に付く「なむ」が**強意の係助詞**になることがあります。活用表が二行（＝本活用と補助活用）あるものは、**本活用の連用形に付く「なむ」は強意の係助詞**です。助動詞は補助活用「～＋ラ変」に付きます。次の形で覚えておくと、識別しやすくなり便利です。

形容詞型連用形「～く」
形容動詞連用形「～に」
打消の助動詞連用形「～ず」
＋**なむ**＝**強意の係助詞「なむ」**

※強意の係助詞は訳出不要なので消す

例 いとおぼつかな**く**~~**なむ**~~。（おぼつかなく：形容詞本活用㊊／なむ：強意の係助詞）
現代語訳 たいそう気がかりだ。

例 いとあはれ**に**~~**なむ**~~。（あはれに：形容動詞本活用㊊／なむ：強意の係助詞）
現代語訳 たいそうしみじみと思われる。

例 え啓し侍ら**ず**~~**なむ**~~。（ず：打消本活用㊊／なむ：強意の係助詞）
現代語訳 申しあげることができません。

④「なむ」〈応用〉

未然形と連用形が同じ形＋なむ（文末）➡**文脈判断**
「〜てほしい」と訳せる＝**他者願望の終助詞「なむ」**
「〜てほしい」と訳すとおかしい＝**助動詞「ぬ」＋助動詞「む」**

未然形と連用形が同じ形＋なむ（文中）＝**助動詞「ぬ」＋助動詞「む」**

し＋なむ➡文脈判断
「死ぬ」と訳せる＝**ナ変動詞未然形の活用語尾「な」＋推量などの助動詞「む」**
「する」と訳せる（サ変連用形）＝**助動詞「ぬ」＋助動詞「む」**

例 我さへ波のあはで消え**なむ**（下二段➡㊍？㊊？）　※和歌の下の句

句末で、上が**未然形と連用形が同じ形**なので、「〜てほしい」と訳せるか確認をします。主語が一人称「我」なので、他者願望の「〜てほしい」という訳はあてはまりません。この「**なむ**」は**助動詞「ぬ」＋助動詞「む」**です。

現代語訳 私までが波の泡のように会わないで**きっと**消える**だろう**。

3 上の音で識別するもの

上の音で識別できるものがあります。これらの解き方を知っていると即判断できるため、とても便利です。中には例外もありますが、使える場合のほうが多いので把握しておきましょう。

①「る・れ」

動詞のa段＋る・れ＝受身・可能・自発・尊敬の助動詞「る」
動詞のe段＋る・れ＝完了・存続の助動詞「り」
u段＋る・れ＝動詞・助動詞の活用語尾　＊「る・れ」の真上で切らないこと

例　歌にはいと心づきなく憎くさへ思**はれ**て、…
（動詞a段　「る」自発）

現代語訳　歌にはとてもふさわしくなく憎くまで**つい**思わ**れ**て、…

識別法はわかりましたが、なぜ動詞のa段に付くのですか?

「る」は「四段・ナ変・ラ変動詞の未然形」に付きます。具体的には「a・な・ら」で、共通点がa段なのです!

POINT

助動詞「る」の意味の見分け方

助動詞「る」には**受身・可能・自発・尊敬**の意味があり、どの意味なのかを見分ける必要があります。なお、これらはあくまで目安なので、本文中での文脈確認もお忘れなく。

●受身「〜れる・られる」
「〜に」がある。または、補える。

●可能「〜できる」
下に**打消**の語〈＝**ず・じ・まじ・なし・で**〉がある。
※平安時代の公式。中世以降は単独でも「可能」の場合があるので気をつけましょう。

●自発「自然と〜れる・つい〜する・〜せずにはいられない」
上に**心情動詞**〈＝思ふ・笑ふ　など〉か**知覚動詞**〈＝見る・知る　など〉がある。

●尊敬「〜なさる」
それ以外。主語は偉い人が多い。「**れ**給ふ」の「**れ**」は**尊敬にはならない**。

例 うつぶきて立ち給へればば、…

動詞e段「り」存続

現代語訳 下を向いて立ちなさっているので、…

「り」はサ変の未然形「せ」か四段の已然形「e」に付くから共通点が動詞のe段ということですね！

そのとおり！ ちなみに、完了か存続かは訳して見分けます。まずは存続「〜ている・てある」で訳してみて、おかしければ完了「〜た」にしましょう。

例 御消息聞こゆれども、…

動詞「聞こゆ」の㊐

現代語訳 お手紙を差し上げるが、…

❷「らむ」

u段＋らむ＝現在推量の助動詞「らむ」

動詞のe段＋らむ＝完了・存続の助動詞「り」＋推量などの助動詞「む」

a段＋らむ＝用言・助動詞の活用語尾「〜ら」＋推量などの助動詞「む」

※用言＝動詞・形容詞・形容動詞／a段が多いだけで他もアリ

例 色をしる**らむ**。
終　現在推量

現代語訳 色を知って**いるだろう**。

「**らむ**」は**終止形**に付きますが、**ラ変型**の場合は**連体形**「**〜る**」に付きます。つまり、**u段**に付くのです。音で見分けたら念のために上を見て、**終止形**または**ラ変型**の**連体形**かどうか確認しましょう。

例 思ひたま**へらむ**と、…
動詞e段　存続「り」＋推量「む」

現代語訳 思いなさって**いるだろう**と、…

例 故(ゆゑ)**あらむ**。
「あり」未　推量「む」

現代語訳 理由が**あるのだろう**。

例 御供に参**らむ**[こと]は…
「参る」未　婉曲「む」　体言

現代語訳 お供に**参上する**（**ような**）ことは…

POINT **文中の助動詞「む」の意味**

助動詞「む」には、**推量・意志・勧誘・適当・仮定・婉曲**の意味があります。**文中の「む」は仮定か婉曲**（**〜ような**）。**下が[体言]ならば婉曲**になることが多く、大筋を取る際は省いてもかまいません。

THEME 2 敬語

ここで決める！

- 補助動詞は種類・訳・単語をセットで押さえ、本動詞は訳をスラスラ言えるようにする
- 敬意の方向の考え方を理解する
- 敬語を利用して、書かれていない主体や客体を判別できるようにする

1 補助動詞

現代語「書きます」の「ます」は、動詞「書く」に付いて丁寧な意味を添えています。このように、何かに付いて敬う意味を添えるのが敬語の**補助動詞**です。まずは、種類別（尊敬語・謙譲語・丁寧語）に補助動詞の単語を押さえていきましょう。**種類**と**訳**と**単語**をセットで覚えてください。その後で、補助動詞の見分け方の型をお伝えします。

① 単語

●尊敬語（〜なさる・お〜になる・〜でいらっしゃる）

給ふ（四段）・**おはす・おはします・います・まします**

古文の敬語の補助動詞で「〜**ます**」は、すべて**尊敬語**です。

●謙譲語（〜し申し上げる・お〜する）

奉る・申す・参らす・聞こゆ・聞こえさす・給ふ（下二段）

「聞こえさす」は「聞こゆ」に似ていて覚えやすいですね。また、補助動詞「給ふ」は通常尊敬語ですが、**下二段**活用の「給ふ」は**謙譲語**です。謙譲の「給ふ」には特徴があるので、次のポイントにまとめておきます。

POINT　謙譲語の「給ふ」の特徴

訳は「〜**ます・させていただく**」などと丁寧語のようになります。また、**会話文**や**手紙文**でしか使用しません。よって、**地の文にある「給ふ」はすべて尊敬語**です。さらに、知覚動詞「**思ひ・覚え・見・聞き・知り**」にしか付きません。よって、**それ以外に付いている「給ふ」はすべて尊敬語**です。ちなみに、謙譲語「給ふ」の終止形と命令形はほぼ使われません。したがって、活用の仕方から考えると「給**は**・給**ひ**・給**ふ**」であれば**四段**で**尊敬語**、「給**ふる**・給**ふれ**」であれば**下二段**で**謙譲語**です。

●**丁寧語（～です・ます・ございます）**

侍り（はべり）**・候ふ**（さぶらふ）（「さふらふ」「さぶらう」なども）

2 見分け方の型

●**上を確認する**

動詞（て）＋①の単語すべて
動詞＋助動詞＋①の単語すべて
形容詞・形容動詞＋おはす・おはします・侍り・候ふ
体言に（て）＋おはす・おはします・侍り・候ふ

囲み部分が補助動詞となります。よって、該当する敬語の上を見て、**赤文字**にあてはまれば補助動詞です。例を見て確認しましょう。また、補助動詞は大筋を取る際には省いてかまいません。

例 忍びつつ入らせ**給ふ**。（動詞＋助動詞）尊敬語

現代語訳 こっそりと入り**なさる**。（↓こっそりと入る）（↓大筋）

例 ひきつくろひて、入れ**奉る**。（動詞）謙譲語

現代語訳 用意して、**お**入れ**申し上げる**。（↓用意して入れる）

例 体言 過ちにて侍り。（丁寧語）

現代語訳 間違いでございます。（↓間違いだ）

2 本動詞

たとえば、「**大殿ごもる**」は「**おやすみになる**」と訳します。動詞そのものが意味を持っていますね。これらを、補助動詞に対して**本動詞**といいます。**本動詞は単語レベルで訳を覚えるしかない**のですが、覚えるべき単語の数はそれほど多くなく、また、古文にはそれらの敬語が何度も使われますので、覚えてしまえば読める部分が増えます（覚えていなければ、本文を正しく読むことができません）。種類の判別も重要なのですが、訳せたならば必然的にわかるはずです。「**お**やすみ**になる**」なら**尊敬語**ですね。

それでは、最低限の知っておくべき本動詞の敬語を、種類別で紹介します。

① 尊敬語

※**黄色マーカーの語**は最高敬語です（最高敬語の説明は45ページ）。

敬語動詞	訳	普通語	敬語動詞	訳	普通語
御覧ず	ご覧になる	見る	**大殿籠る**	おやすみになる	寝
思す **思ほす** **思し召す**	お思いになる	思ふ	**のたまふ** **のたまはす** **仰す**	おっしゃる	言ふ

敬語動詞	訳	普通語	敬語動詞	訳	普通語
聞こす 聞こしめす	お聞きになる	聞く	召す	お呼びになる 召し上がる	呼ぶ 食ふ
おはす おはします	いらっしゃる	あり・をり 行く・来	給ふ・たぶ 給はす	お与えになる	与ふ
知ろしめす	お治(おさ)めになる お知りになる	治む 知る	あそばす	なさる	す

② 謙譲語

敬語動詞	訳	普通語	敬語動詞	訳	普通語
承(うけたまは)る	お聞きする お受けする	聞く 受く	申す・聞こゆ 聞こえさす	申し上げる	言ふ
奏(そう)す	天皇・上皇に 申し上げる	言ふ	啓(けい)す	中宮・東宮に 申し上げる	言ふ

敬語動詞	訳	普通語
奉る※・参る※ 参らす	差し上げる	与ふ
参る 詣(まう)づ	参上する 参詣(さんけい)する	行く・来
賜(たまは)る・給(たまは)る	いただく	受く
仕(つか)まつる 仕うまつる	お仕えする	仕ふ
まかる まかづ	退出する （参上する）	出づ （行く）

※「**奉(たてまつ)る**・**参る**」は**尊敬語**の場合もあります。
「**衣装・飲食・乗り物**」関係の話題で、着たり、飲んだり食べたり、乗ったりしている場合は**尊敬語**で、「**お召しになる**」、「**お飲みになる・召し上がる**」、「**お乗りになる**」と訳します。

❸ 丁寧語

敬語動詞	訳	普通語
侍り※・候ふ※	あります おります	あり をり

※「**侍り**・**候ふ**」は**謙譲語**の場合もあります。
「**貴人に** or **貴人がいる場所に**＋**侍り**・**候ふ**」であれば**謙譲語**で「**お仕えする**」と訳します。

3 敬意の方向

「誰から誰への（＝誰の誰に対する）敬語か」の考え方を学習しましょう。「誰から（＝誰の）」と「誰へ（＝誰に）」は分けて考えます。

①「誰から」

その敬語が**どこにあるか**確認してください。

地の文 ➡ 作者から ＊基本的に具体名までは不要
会話文 ➡ 会話主から ＊具体的に登場人物中の「誰か」まで考える

本当は会話文なのに、本文にカギカッコが付いていない場合が、古文ではけっこうあります。カギカッコが付いていなくても、会話文であれば会話主からの敬語です。自分でカギカッコを付けられるようになりましょう（カギカッコの付け方は98ページで学習します）。

2 「誰へ」

その敬語の**種類**を確認してください。

尊敬語➡**主体***（〜は・〜が）へ　*動作・状態の主語

謙譲語➡**客体***（〜を・〜に）へ　*行為の受け手・対象

丁寧語は、次のように**地の文**か**会話文**かに**分ける**

{ **地の文**➡**読者***へ
会話文➡**聞き手**へ }　*具体的に登場人物中の「誰か」まで考える

例　姫君、乳母に「〜」とのたまふ。
尊敬語➡**主体**へ　**作者**から**姫君**への敬語

現代語訳　**姫君が**、乳母に「〜」とおっしゃる。

例　この童（わらは）、思はずに后を見奉りける…
謙譲語➡**客体**へ　**作者**から**后**への敬語

現代語訳　この童が、思いがけず**后を**拝見した…

例　翁（おきな）、院に申して曰はく、「〜立て候ひし札なり」と…
丁寧語〈**会話文**〉➡**聞き手**へ　**翁**から**院**への敬語

現代語訳　翁が、院に申し上げていうことには、「〜立てました札である」と…

4 敬語を利用した主体客体判別

敬語が理解できると、本文に書かれていない主体や客体がつかめることがあります。地の文と会話文とでは考え方が違いますが、ここでは**地の文**での考え方を学習しましょう（会話文の考え方は96ページで学習します）。

① 尊敬語がある場合

尊敬語は**主体**を敬う敬語でしたね。つまり、尊敬語があれば、その主体は作者が敬いたい人物です。**一度敬った人物は、その文章中では基本的に敬い続けます**ので、人物が登場すれば、**敬意を払う人物かどうかの確認を必ずしてください。**

次の例で一緒に見ていきましょう。AさんとBさんの二人しか出てこない話だとします。

例 AさんがBさんに問ひ給へば、Bさんが申す。〈中略〉「～」と思して、…
（給へ＝尊敬の補助動詞　申す＝謙譲の本動詞）

二重傍線部「思して」の主体を考えましょう。「問ひ**給へ**」の部分で**尊敬語**を使用しているので、**主語**の**Aさんは敬意を払う人物**です。一方、客体のBさんには謙譲語が使用されていないことや、Bさんが主語の部分には「申す」と謙譲語のみで尊敬語がないことから、**Bさんは敬意を払わなくてよい人物**だとわかります。「**思し**」は**尊敬語**なので、主体は「Aさん」です。

また、地の文で**最高敬語**の**尊敬語**が使用されている場合は、その**主体**は皇族やトップ貴族などの**とても身分が高い人**だと判断できます。とても身分が高い人には常に最高敬語を使うというわけではなく、通常の敬語でもかまいません。**一般貴族には最高敬語は使わない**ということです。

❷ 謙譲語がある場合

謙譲語は**客体**を敬う敬語でしたね。つまり、謙譲語があれば、その客体は作者が敬いたい人物です。次の例で一緒に見ていきましょう。帝と臣下が出てくる話だとして、主体と客体を考えましょう。

例 文を奉りければ、…
（奉り：謙譲の本動詞）

本動詞の「**奉る**」には**尊敬語**と**謙譲語**があります。ここでは「文〈＝手紙〉」の話題で「**衣装・飲食・乗り物**」**ではない**ので、**謙譲語**で「**差し上げる**」の意味です。そうすると、客体を敬っているので、客体が「帝」、主体が「臣下」ですね。主体も客体も書かれていませんが、敬語を理解できていると、主体や客体を補って訳せるのです。現代語訳 臣下が帝に手紙を差し上げたところ、…

また、地の文で**最高敬語**の**謙譲語**が使用されている場合は、その**客体**は皇族やトップ貴族などの**とても身分が高い人**だと判断できます。

過去問にチャレンジ

次の波線部について、語句と表現に関する説明として最も適当なものを、後の中から選べ。

（共通テスト本試）

侍の若からむ[a]をさしたりければ、…かたはらに若き僧の侍りけるが知り、「さに侍り[b]」と申しければ、…もしさやうのこともやあるとて、まうけたりけるにや[c]、聞きけるままに…「〜これを今まで付けぬは[d]。〜」と、…何事も覚えずなりぬ[e]。

①a「若からむ」は、「らむ」が現在推量の助動詞であり、断定的に記述することを避けた表現になっている。
②b「さに侍り」は、「侍り」が丁寧語であり、「若き僧」から読み手への敬意を込めた表現になっている。
③c「まうけたりけるにや」は、「や」が疑問の係助詞であり、文中に作者の想像を挟み込んだ表現になっている。
④d「今まで付けぬは」は、「ぬ」が強意の助動詞であり、「人々」の驚きを強調した表現になっている。
⑤e「覚えずなりぬ」は、「なり」が推定の助動詞であり、今後の成り行きを読み手に予想させる表現になっている。

解説

THEME1で学習したことも含めての問題です。

①は「らむ」が**現在推量**の助動詞となっていますが、その場合は上が**u段**なので不適。**a段**なので**用言・助動詞の活用語尾**で、ここでは形容詞「若し」の未然形「若か**ら**」＋助動詞「**む**」です。

②は「**侍り**」が**丁寧語**なのはよいのですが、「読み手への敬意」となっています。bは**会話文**にあるため、**聞き手**への敬意で不適。**地の文**の**丁寧語**が**読み手**（＝読者）への敬意です。

③の係助詞「**や**」には**疑問**と**反語**の意味があり、文脈判断が必要です。疑問の可能性はあるので、③はひとまず保留にします。

④は「ぬ」が強意となっていますが、**強意**であれば**下に推量**系が付いています。「は」は推量ではないので不適。

⑤は「なり」が推定の助動詞となっていますが、上が「**ず**」なので**動詞**「なる」の連用形「なり」で不適。

よって、消去法から③が正解と導けます。本文を読んでいく際には、正解の選択肢を利用して、「や」を疑問の意味に取りましょう。

解答　③

現代語訳　侍で若いような侍を任命したので、…そばにいました若い僧が気づいて、「そうでございます」と申し上げたところ、…もしかしたらそのようなこともあるかもしれないと思って、準備していたのだろうか、聞くとすぐに…「〜これを今になっても付けないのは。〜」と、…何も思わなくなった。

SECTION 2
短文解釈

THEME

1　単語
2　訳が重要な助詞
3　呼応の副詞

きめる！ KIMERU SERIES

SECTION 2 で学ぶこと

ここが問われる！

共通テストになってからも出題され続けている短文解釈問題。重要単語は基本中の基本です。

本文を読む前に解けてしまう場合と、本文を読んでからしか解けない場合があり、そのどちらなのかは単語力がないと見抜けません。次の**A**、**B**はどちらのタイプかわかりますか？

A　いとどらうたく

① とても安心して
② たいそう申し訳なく
③ ひどく不安で
④ いっそういとおしく
⑤ ますます本心を知りたくて

B　この人の御おぼえのほど

① この人のご自覚の強さ
② この人と姫君のお似合いの様子
③ この人に対するご評判の高さ
④ この人のご記憶の確かさ
⑤ この人の受けるご寵愛（ちょうあい）の深さ

Aは本文を読む前に解けるタイプです。「**いとど**」は「**いっそう・ますます**」の意味、「らうたく」は形容詞「**らうたし**」の連用形で「**かわいい・いとおしい**」の意味です。どちらも基本の重要単語で、両方きちんと訳せている④が正解ですね。

一方、**B**は**名詞**「**おぼえ**」が重要単語ですが、「**評判・寵愛・記憶**」などの意味があり、③〜⑤のどれかまでは予測ができても、本文を読まなければそれ以上はわかりません。このタイプへのアプローチ法も、このSECTIONで身につけましょう。

ここが問われる！

短文解釈で大切なのは単語だけではありません。訳が重要な文法もポイントになります。出題されやすい助詞や呼応の副詞も押さえましょう。

短文解釈問題でもこれらのポイントは頻出ですが、本文中にもたくさん出てきます。具体的には左記の内容に取り組みます。これらは書かれている、もしくは、書かれていない内容までも正しく訳すために必須の知識です。

助詞　願望の終助詞・接続助詞・副助詞「だに・さへ」・文末の「や」

呼応の副詞　全否定・不可能・禁止など

THEME 1

単語

ここできめる!

- 一つの意味しかない単語は、本文を読む前でも解ける! 単語力が必要
- 多義語で該当する選択肢が複数あれば文脈判断が必要
- リード文や注釈、同一表現などあらゆる情報に気をつける

1 本文を読む前でも正解が予測できるもの

一つの意味しかない単語はもちろんのこと、複数の意味を持つ単語でも、該当する選択肢が一つしかない場合は、本文を読む前に正解がわかるはずです。自分が覚えている訳と一言一句同じではなく、同じ意味に取れる訳し方になっているかもしれませんが、「つまりどういうこと」かをきちんと考えればわかるはずです。なお、本文を読む前に正解が予測できたとしても、本文を読んでいく際に、予測した解答の訳を念のためにあてはめて確認してください。おそらくスラっと文意が通るはずですが、万一おかしければ再考が必要です。

単語は単語帳（見出し語が三百台はあるものが望ましい）を一冊仕上げてください（本書別冊にも

重要単語は掲載しておきますが、本書は単語帳ではありませんので、さすがに三百もの単語は掲載できません。したがって、別冊掲載単語だけではまったく足りていませんので、必ず単語帳を一冊きちんと仕上げること)。

それでは、実際の過去問にチャレンジしましょう。

過去問にチャレンジ

問　次の傍線部（ア）～（ウ）の解釈として最も適当なものを、後の中からそれぞれ選べ。

夕暮れのほどなれば、（ア）やをら葦垣(あしがき)の隙(ひま)より、格子(かうし)などの見ゆるをのぞき給へば、…

①急いで　②静かに　③かろうじて　④まじまじと　⑤そのまま

（センター本試）

深き心をしるべにて、急ぎわたり給(たま)ふも、（イ）かつはあやしく、今はそのかひあるまじきを、と思(おぼ)せども、…

①一方では不思議で　②一方では不愉快で　③一方では不気味で
④そのうえ不体裁で　⑤そのうえ不都合で

（共通テスト本試）

何ごとにもいかでかくと（ウ）めやすくおはせしものを、顔かたちよりはじめ…

（共通テスト本試）

①すばらしい人柄だったのになあ
②すこやかに過ごしていらしたのになあ
③感じのよい人でいらっしゃったのになあ
④見た目のすぐれた人であったのになあ
⑤上手におできになったのになあ

解説

(ア)「**やをら**」は「**やはら**」と同じく「**静かに・そっと**」の意味です。よって、②が正解。

(イ)「**かつは**」は「**一方では**」と訳す副詞です。「あやしく」は形容詞「**あやし**」の連用形で、❶「**不思議だ**」、❷「**粗末だ**」、❸「**身分が低い**」の意味です。よって、①が正解。

(ウ)形容詞「めやすく」に付いている「おはせ」は**尊敬**の補助動詞「**おはす**」の未然形。したがって、尊敬の訳出ができていない①と④は不適。形容詞「**めやすし**」は「**見苦しくない・感じがよい**」の意味です。よって、③が正解。ちなみに、漢字で「**目安し**」と書きます。「**目に安心**」➡「**見苦しくない**」➡「**感じがよい**」と覚えておくと便利ですね。

解答

(ア)②　(イ)①　(ウ)③

現代語訳

(ア)夕暮れの頃なので、静かに葦の垣根の隙間から、格子などが見えるのを覗きなさると、…

(イ)深い気持ちを導きとして、急いでいらっしゃるのも、一方では不思議で、今となってはその甲斐もないだろうに、とお思いになるが…

(ウ)何事にもどうにかしてこのように(なりたい)と(思うほど)感じのよい人でいらっしゃったのになあ、容貌をはじめ…

2 文脈判断が必要なもの

多義語で、選択肢に複数該当するものがある場合は、文脈判断が必要です。また、単語帳であまり目にしたことがない単語が出題された場合も、文脈判断をせざるを得ません。

文脈判断は**前後のつながり**はもちろんのこと、**リード文**や**注釈**などにヒントになる情報があるかもしれません。あらゆる情報に気をつけましょう。

過去問にチャレンジ

次の文章は、源俊頼（みなもとのとしより）が著した『俊頼髄脳（としよりずいのう）』の一節で、殿上人たちが、皇后寛子のために、寛子の父・藤原頼通の邸内で船遊びをしようとするところから始まる。傍線部の解釈として最も適当なものを、後の中から選べ。

（共通テスト本試）

（注1）宮司（みやづかさ）ども集まりて、船をばいかがすべき、紅葉（もみじ）を多くとりにやりて、船の屋形にして、（注2）船（ふな）さしは侍（さぶらひ）の若からむをさしたりければ、俄（にはか）に（注3）狩袴（かりばかま）染めなどしてきらめきけり。その日になりて、人々、皆参り集まりぬ。「御船はまうけたりや」と尋ねられければ、「皆まうけて侍り」と申して、その期（ご）になりて、（注4）島がくれより漕（こ）ぎ出（い）でたるを見れば、なにとなく、ひた照（て）

りなる船を二つ、装束き出でたるけしき、いとをかしかりけり。

人々、皆乗り分かれて、管弦の具ども、（注5）御前より申し出だして、そのことする人々、前におきて、やうやうさしまはす程に、南の普賢堂に（注6）宇治の僧正、僧都の君と申しける時、御修法しておはしけるに、かかることありとて、もろもろの僧たち、大人、若き、集まりて、庭にゐなみたり。

（注）
1　宮司＝皇后に仕える役人。
2　船さし＝船を操作する人。
3　狩袴染めなどして＝「狩袴」は狩衣を着用する際の袴。これを、今回の催しにふさわしいように染めたということ。
4　島がくれ＝島陰。頼通邸の庭の池には島が築造されていた。そのため、島に隠れて邸側からは見えにくいところがある。
5　御前より申し出だして＝皇后寛子からお借りして。
6　宇治の僧正＝頼通の子、覚円。寛子の兄。寛子のために邸内の普賢堂で祈禱をしていた。

①さりげなく池を見回すと
②あれこれ準備するうちに
③徐々に船を動かすうちに
④次第に船の方に集まると
⑤段々と演奏が始まるころ

解説

「やうやう」は**「段々・次第に・徐々に」**の意味です。したがって、①と②は不適。**「さしまはす」**はおそらく単語帳には載っていないはずですから、文脈判断が必要です。リード文から船遊びの話です。冒頭から読んでいくと、**「船さし」**という単語があり、(注)から**「船を操作する人」**のことです。船を操作する人として若い侍を**「さしたりけれ」**とあり、こちらは文脈から**「指名した・任命した」**だと考えられます。このように**「さし」**の**同一表現**が二つあります。その後は、当日に船の準備ができたのか尋ねられて答えた後、きらびやかな船が出てきて、とても素晴らしかった様子が書かれています。

次の段落に「人々、皆乗り分かれて」とあり、「みんなが分かれて船に乗った」のです。よって、既に船に乗っていますので、④「次第に船の方に集まる」は不適。本文の続きは、管弦の話をしています。**「その**ことする人々」は、指示語**「その」**が**直前**を指して**「楽器を演奏**する人々」のことですね。「演奏家を(船の)前のほうに置いて、傍線部」です。

ここまでを踏まえて、③か⑤かを考えます。一つ目の同一表現だと**「さし」**は**「船を操作する」**の意味となり、選択肢③が該当します。二つ目の同一表現だと**「任命する」**ですが、該当する選択肢はありません。直前が演奏系の話題のため、⑤が該当しそうに思えますが、「さし(まはす)」に「演奏を始める」の意味はありません。船を動かすには、当時は棹(さお)をさして操作します。「さしまはす」は「棹をさし(=操作し)て回る(=巡る)」➡「船を動かす」の意味だと考えられます。よって、③が正解。直前だけに注目すると、⑤を選んでしまうと思われますが、**単語そのものにその訳し方がなければ、文章の流れに合っていそうでも当然そのような解釈にはなりません**ので、⑤は不適。

SECTION 2 短文解釈

解答 ③

現代語訳

皇后に仕える役人たちが集まって、船（の屋根）をどのようにすべきか（を議論し）、紅葉をたくさん取りにやって、船の屋根にして、船を操作する人は侍で若いような侍を任命していたので、急いで狩袴を（催しにふさわしいように）染めたりなどして華やかにした。当日になって、人々が、皆参上して集まった。「お船は準備したのか」と（殿上人たちが）尋ねなさったので、（役人たちが）「すべて準備してあります」と申し上げて、その時刻になって、（庭の池の）島陰から漕ぎ出した船を見ると、すべてにわたって、一面に輝いている船を二艘（そう）、飾り立てて出てきた様子は、とても素晴らしかった。

人々が、皆（船に）分かれて乗って、管弦の楽器を、皇后寛子からお借りして、その楽器を演奏する人々を、（船の）前のほうに置いて、徐々に船を動かすうちに、（庭の）南側の普賢堂で宇治の僧正（＝寛子の兄）が、まだ僧都の君と申し上げた時、ご祈禱をしていらっしゃったところ、このようなこと（＝船遊び）があるといって、たくさんの僧たちが、年配の者も、若い者も、集まって、庭に並んで座っている。

1 単語

THEME 2 訳が重要な助詞

ここで⬛︎きめる！

- 願望の終助詞は自己・他者・状態に分けて押さえる。自己と他者は上の形も重要！
- 接続助詞も上の形と訳し方をセットで押さえる
- 副助詞「だに」は下をザッと確認する。「だに～まして」の考え方も理解する

1 願望の終助詞

共通テストの前のセンター試験で、**願望の終助詞**が絡む短文解釈問題がかなり出題されていました。問題になっていなくても、願望の終助詞が本文中に出てきた場合に訳せないのは致命的です。ただし、終助詞は**文末**にあり、**活用もしない**ので、覚えてしまえばとても簡単に見つけられます。**自分の願望**、**他者への願望**、**状態願望**に分けて見ていきましょう。状態願望以外は**上の活用形**も重要です。

❶ 自己願望（～たい）

未然形 ＋ ばや
連用形 ＋ てしがな・にしがな
＊「てしか・にしか」などもアリ

例 「見奉ら(未)**ばや**(自己願望)」 現代語訳 「見申し上げ**たい**」

例 「あきらめ(用)**てしがな**(自己願望)」 現代語訳 「真実をはっきりさせ**たい**」

例 さやうにてもあり(用)**にしがな**(自己願望)とのみ… 現代語訳 そのようでありた**い**とのみ…

❷ 他者願望（～てほしい）

未然形 ＋ なむ

例 迷はざら(未)**なむ**。〔他者願望〕　現代語訳 迷わない**でほしい**

SECTION1で学習したように、他の「**なむ**」もありますので、**文末**にあり、上が**未然形**かどうか必ず確認しましょう。

3 状態願望（〜があればなあ・〜であればなあ）

様々な語 ＋ **もがな**[*]

＊「**もが**・**がな**」などもアリ

例 目さめぬべからむことも**もがな**。〔状態願望〕　現代語訳 きっと目が覚めるにちがいないこと**があればなあ**。

選択肢では状態願望を「〜たい」や「〜てほしい」と意訳している場合もあるので気をつけましょう。たとえば、この例は、周りに人がいる状況で発せられたセリフなのです。つまり、自分が「目が覚めるようなことがし**たい**」ということでもあり、また、周りの誰かに「目が覚めるようなことをし**てほしい**」ということでもあります。よって、「〜があればなあ」などの状態願望の訳し方の選択肢に飛びつくのではなく、「つまり、どういうことを願っているのか」をきちんとつかんでください。そのうえで、同じ意味になる訳を選べるようにしましょう。

2 接続助詞

接続助詞「ば」の用法は、SECTION1の「ばや」の識別（25〜26ページ）で学習済です。他の重要なもので「已然形＋ど・ども」は逆接確定（＝〜が・のに・けれど）ですが、現代語も同じなのでわかりますよね。それ以外の特に重要な接続助詞を確認していきましょう。

終止形＋とも＝逆接仮定（＝たとえ〜としても）
未然形＋で＝打消接続（＝**〜ないで**）
連体形＋もの〜＊**＝逆接**から考える　＊「**もの**の・**もの**を・**もの**から・**もの**ゆゑ」
※「ものの」以外は、逆接がおかしければ順接
連体形＋を・に＝順接（＝〜ので） or **逆接（＝〜のに）** or **単純接続（＝〜ところ）**

例　法師なり（終）**とも**（逆接仮定）、形見に賜はせよ。
現代語訳　**たとえ**法師であった**としても**、形見としてお与えになりなさい。

例　振り捨てやら（未）**で**（打消）御覧ず。
現代語訳　振り捨てきれ**ないで**ご覧になる。

例 かひなき**ものから**、ことわりと思し返すに、…
（体）（逆接）

現代語訳 甲斐がない**が**、もっともだと思い直すと…

接続助詞「**を・に**」は、前後の文脈で**順接**か**逆接**か**単純接続**かを考えましょう。

例 しめじめとものあはれなる**に**、なにとなく、やがて御涙すすむ心地して、…
（体）（順接）

現代語訳 しんみりとどことなくしみじみ感じる**ので**、なんとなく、すぐにお涙が出てくる気持ちがして、…

例 月頃山里に住み侍る**を**、この頃あからさまにここに出でものして、…
（体）（逆接）

現代語訳 数か月間山里に住んでいました**のに**、この頃一時的にここに出ていらっしゃって、…

例 つくづくと見ゐ給へる**に**、とばかりありて、行ひはてぬるにや、…
（体）（単純接続）

現代語訳 つくづくと見続けなさっている**と**、しばらくして、勤行が終わったのだろうか、…

SECTION 2 短文解釈

3 副助詞「だに・さへ」

副助詞の中で重要なのが「**だに**」と「**さへ**」です。特に「だに」は、書かれていない言いたいことをつかむ手助けをすることも！　順番に見ていきましょう。

① 「だに」

下に意志・仮定・願望・命令のいずれかがある⬇最小限の限定「（せめて）～だけでも」
それ以外⬇類推[*]「～さえ」

＊副助詞「**すら**」も同じ

「**だに**」には「**せめて～だけでも**」と「**～さえ**」と訳す用法があります。「だに」の下を見ていき、**意志**（「**と**」の上の「**む**」に多い）・**仮定**（「**未然形＋ば**」など）・**願望**（終助詞「**ばや**・**てしが**・**にしがな**・**なむ**・**もがな**」など）・**命令**のいずれかがあれば、「**せめて～だけでも**」と訳します。

例　ありし世の夢語りを**だに**語り合はせまほしう、…
（最小限の限定）（希望（願望））

現代語訳　**せめて**過ぎ去った世の夢のようなはかない話**だけでも**語り合いたくて、…

それ以外は**類推**で「**～さえ**」と訳し、「**まして**（**まいて**）」と一緒に用いている場合が多いです（副助詞「**すら**」も同様)。**類推**とは、**軽い事柄をあげて何かを述べ、それよりも重い事柄はなおさらそうだ**と述べる用法です。そして、**「だに」の前が軽い事柄、「まして」の後ろが重い事柄**で、**対比**の関係になります。そして、**「だに」と「まして」の間の内容**が、**後ろの重い事柄**だと「**なおさらそうだ**」ということになります。次の例で一緒に確認しましょう。

例 一樹のかげに宿りあひ、同じ流れをむすぶ**だに**、別れはかなしきならひぞかし。**まして**この三年(みとせ)が間、住みなれしところなれば、名残もをしうかなしくて、かひなきなみだぞこぼれける。

類推

現代語訳 同じ木陰に雨を避けて宿ったり、同じ川の水をくんで飲んだりするような偶然の一時の出会い**さえ**、別れは悲しいのが世の常よ。**まして**この三年間、住み慣れた所なので、**なおさら**(離れるのは)名残惜しく悲しくて、どうしようもなく涙がこぼれた。

「だに」の下「別れはかなしきならひぞかし」に、意志・仮定・願望・命令がないので、この「**だに**」は**類推**「~**さえ**」です。また、その続きに「**まして**」があるので、「~**さえ**」だとわかりやすいですね。ただし、「まして」以降が省略されていることもよくありますので、「まして」の有無を目安に意味を考えないようにしましょう（意志・仮定・願望・命令の有無を確認している際に、たまたま「**まして**」があったならば、それは**類推**「～**さえ**」と考えてOKです）。「まして」以降が省略されている場合も、何が言いたいのかを考えられるようにしてください。「だに～まして」の考え方をもとに、どういうことが言いたかったのかを意識できるようにしましょう。

省略されているものを、次の例で確認します。

例 （妻が実家に戻ってしまった後、夫が）
消息たびたび聞こえて、迎へに奉れ給へど、御返り**だに**なし。 類推

現代語訳 手紙を何度も差し上げて、迎えに（従者を）差し上げなさるが、お返事**さえ**ない。

「まして」以降が省略されていますが、「お返事よりも重いものはなおさらない」ということです。つまり、「本人がこちらに帰ってくることはなおさらない」と推測できますね。これが類推です。

❷「さへ」

添加「～まで（も）」

例 そこに**さへ**知らせ侍らざりしを、… 添加

現代語訳 あなたに**までも**知らせなかったのですが、…

「**そこ**」には、場所「そこ」、事物「それ・そのこと」などの訳もありますが、人称代名詞「**あなた**」の訳があることも覚えておきましょう。重要です！

過去問にチャレンジ

次の傍線部の解釈として最も適当なものを、後の中から選べ。

（センター本試）

米だに一升（しよう）もあらで、あすの煙（けぶり）は何をたよりにとや。

①明日火葬の煙となるかもしれない身を、どうして惜しむことがあろうか。
②明日命が果ててしまったとしたら、だれが葬ってくれるであろうか。
③明日家が焼けてしまったら、だれを頼りに生活すればよいであろうか。
④明日の食べ物にも事欠き、どのようにして生きていくのであろうか。
⑤明日料理する時には、何を使って火を熾（おこ）したらよいであろうか。

解説

傍線部の前の部分に「**だに**」があります。下に意志・仮定・願望・命令がないので、この「だに」は**類推**「**〜さえ**」です。「**で**」は**打消**なので、「米だに一升もあらで」は「米さえ一升もない」のです。「まして」以降が書かれていませんが、「**他の食料もなおさらない**」のでしょう。そうすると、傍線部の「**煙**」は料理をする**炊事**の煙だと考えられ、選択肢の中だと④が正解です。⑤も料理の話題ですが、火を熾す材料の話をしているわけではないので不適。

ちなみに、古文で「**煙**(けぶり)」とあれば、通常の「煙」の他に、**炊事**の煙や**火葬**の煙、霞などを煙にたとえている場合もあります。出題されている場合は、炊事か火葬のことが多いです。

解答 ④

現代語訳

米さえ一升もないので、明日の炊事の煙は何を頼みにすればよいのか〈=食べ物にも事欠き、どのようにして生きていくのであろうか〉。

4 文末の「や」

文末で単独の「**や**」は、**疑問**(〜か)か**反語**(〜か、いや〜ない)か**詠嘆**(〜なあ・〜よ)です。感動詞「**あな**」や「**あら**」などと用いている場合は**詠嘆**です。漢文調の文章で「〜**ずや**。」であれば、**詠嘆**の可能性が高いです(289〜290ページ)。それ以外は文脈判断が必要で、訳して一番自然でスラっと文意が通るものになります。

例 「昨日の浦風は、御身には染ませ給はぬにや。〔疑問〕いと心もとなくて」

現代語訳 「昨日の浦風は、お身体には障りなさらなかっただろうか。たいそう気がかりで」

例 「我すでに大人*(うし)の子なれば、我父の恥を世にもらすべきや。〔反語〕人として語らふべきや。〔反語〕」

*大人＝師などを敬って言う呼び方。

現代語訳 「私はすでに師匠の子であるので、私が父〈＝師匠〉の恥を世間にもらすはずがあろうか、いや、もらさない。人として話すはずがあろうか、いや、話さない」

例 あな美しの御姿や。〔詠嘆〕

現代語訳 ああ美しいお姿よ

THEME

3 呼応の副詞

ここで働きめる！

- セットで用いる語と訳し方を押さえる
- 呼応の副詞の知識で選択肢を絞る。複数候補が残れば重要単語か他の文法に気をつける
- それでも選択肢が絞り切れない場合は文脈判断が必要

1 全否定

次の副詞は**打消**（＝**ず**・**じ**・**まじ**・**なし**・**で**）とセットで用いて、「**まったく〜ない**」、「**全然〜ない**」などと訳す**全否定**です。

さらに・すべて・つゆ・よに・たえて・あへて・かけて・おほかた〜打消

例 **さらに**知ら**ず**。　現代語訳 **まったく**知ら**ない**。

例 契りは**たえて**尽きせ**ね**ば…　打消　現代語訳 夫婦の縁は**まったく**なくなって**いない**ので…

例 **あへてなし**。　現代語訳 **全然ない**。

2 不可能・禁止・「よも」

え〜**打消** ＝ 〜できない
な〜**そ** ＝ 〜（する）な
かまへて〜**禁止** ＝ 決して〜（する）**な**
よも〜**じ** ＝ まさか〜**ないだろう**・まさか〜**ないつもりだ**

例 **え**聞き取る**まじう**おぼえて、…　打消推量　現代語訳 聞き取ることが**できないだろう**と思われて、…

例 **な**思し**そ**。　現代語訳 お思いなさる**な**。

例 **かまへて**飲み給ふ**な**。　現代語訳 **決して**飲みなさる**な**。

「かまへて」は**強調**の働きです（意志・希望と用いると「**ぜひとも**〜たい」、命令と用いると「**必ず**〜せよ」と訳します。**強調**と覚えておくと便利！）。

例 **よも**おろかにはもてなし給は**じ**。

現代語訳 **まさか**いいかげんには扱いなさら**ないだろう**。

3 「いかで（か）・いか（さま）にして」

いかで（か）・いか（さま）にして〜推量＝疑問（どうして〜だろうか）
反語（どうして〜だろうか、いや〜ない）
いかで（か）・いか（さま）にして〜意志・願望＝なんとかして〜よう・たい

例 女郎花（をみなへし）のただ一本咲けるを、姫君、
秋の野の千草が中の女郎花やさしや**いかで**ひとり立つ**らん** 現在推量

現代語訳 女郎花（おみなへし）がただ一本咲いているのを、姫君が（見て詠んだ和歌は）、
秋の野のたくさんの花の中の女郎花よ、**どうして**そんなに優雅に一人で立っているのだ**ろうか**

例 **いかでか**必ずしも知恵ありて教へに随（したが）は**む**や。 推量

現代語訳 **どうして**必ずしも知恵があって教えに従う**だろうか**、**いや**、従わ**ない**。

例 「**いかでか**、すこしも心のある折、様変へて**む**」と思して…

意志 ←「と」の上の「む」

現代語訳 「**なんとかして**、少しでも意識がはっきりしている時に、必ず尼になってしま**おう**」とお思いになって、…

4 その他

いと・いたく・いたう〜打消 ＝ たいして〜ない・あまり〜ない
をさをさ〜打消 ＝ めったに〜ない
はやく・はやう〜けり ＝ なんと〜だったよ
いさ〜ず ＝ さあ、〜ない

＊「**いさ**知ら**ず**＝**さあ**、どうだかわから**ない**」と用いることが多い。
「**いさ**」、「**いさや**」だけでも、知らなかったりぼかしたりする時に用いて「**さあねえ**」と訳す

例 人**いたく**あらがは**ず**。

現代語訳 人は**たいして**反対し**ない**。

例 **をさをさ**答へもせ**ず**。

現代語訳 **めったに**返事もし**ない**。

例 **はやう**、この殿は、われをあぶり殺さむと思すにこそあり**けれ**。

現代語訳 **なんと**、この殿は、私をあぶり殺そうとお思いであっ**たのだよ**。

例 「**いさや**、何かは聞こえさせむ。」

現代語訳 「**さあねえ**、どうして申し上げようか、いや、申し上げない。」

過去問にチャレンジ

問1　次の傍線部の解釈として最も適当なものを、後の中から選べ。

さらにものおぼえず悲し。

（共通テスト追試）

①少しもたとえようがないくらい
②これ以上は考えられないくらい
③再び思い出したくないくらい
④もはや何も感じないくらい
⑤全く何もわからないくらい

問2 「さはいさ知らず。なたのまれそ」の現代語訳として最も適当なものを、次の中から選べ。

（関西外国語大改）

① さあ、知りません。どうか他の方に頼んでください。
② さあ、知りません。どうか頼みになさらないでください。
③ さあ、知りません。頼みにすることはできないはずです。
④ そういうことならもう知りません。他の方を頼ってください。
⑤ さあ、そういうことは知りません。どうぞ頼ってあげてください。

問3 次の文章は、『栄花物語』の一節である。藤原長家（本文では「中納言殿」）の妻が亡くなり、親族らが亡骸（なきがら）をゆかりの寺（法住寺（ほうじゅうじ））に移す場面から始まっている。傍線部の解釈として最も適当なものを、後の中から選べ。

（共通テスト本試）

大北の方（注1）も、この殿ばら（注2）も、またおしかへし臥（ふ）しまろばせたまふ。これをだに悲しくゆゆしきことにいはでは、また何ごとをかはと見えたり。さて御車（注3）の後（しり）に、大納言殿（注4）、中納言殿、さるべき人々は歩ませたまふ。いへばおろかにて、<u>えまねびやらず</u>。

（注）
1 大北の方＝長家の妻の母。
2 この殿ばら＝故人と縁故のあった人々。
3 御車＝亡骸を運ぶ車。
4 大納言殿＝藤原斉信。長家の妻の父。

①信じてあげることができない　②かつて経験したことがない
③とても真似のしようがない　④表現しつくすことはできない
⑤決して忘れることはできない

解説

問1 「**さらに～ず**」は全否定で「**まったく～ない**」などと訳します。選択肢で全否定の意味が取れるものは、①「少しも～ない」か⑤「全く～ない」です。「ものおぼえ（ものおぼゆ）」は「気持ちがしっかりする」、「わきまえ知る」の意味。よって、「まったく正気でしっかり考えられない」と同じような意味になる⑤が正解。「ものおぼゆ」に「たとえる」の意味はないので①は不適。

問2 「**いさ知らず**」と「**な～そ**」があります。「**いさ知らず**」は「**さあ、どうだかわからない**」（＝さあ、知らない）と訳しますが、④以外それらしい訳になっているので絞れません。「**な～そ**」は**禁止**「～（する）**な**」と訳します。禁止の意味が取れるのは②のみ。よって、②が正解。ちなみに、「たのま」は**四段**活用「**たのむ**」で、「**頼りにする**」の意味です。「動詞の**a段＋れ**」は助動詞「**る**」で、ここでは尊敬の意味です。

問3 「**え～ず**」は不可能で「**～できない**」と訳します。したがって、不可能の意味が取れない②は不適。「まねび（まねぶ）」は❶「まねをする」、❷「**そのまま伝える**」、❸「**勉強する**」の意味です。❶の意味なら選択肢③、❷の意味なら、「（心で思ったことを）そのまま伝えることができない」➡選択肢④「表現しつくすことはできない」となりますので、文脈判断が必要です。直前に「**いへばおろかに**（いへばおろかなり）」とあり、直訳は「言葉にすると並一通り（となってしまう）」です。つまり、表現が不十分ということで「**言っても言い尽くせない**」と訳します。よって、④が正解。ちなみに、二文目に重要な助詞がたくさんあります。副助詞「**だに**」は、下に意志・仮定・願望・命令がないので類推「**さえ**」、「**で**」は打消接続「〜**ないで**」、「**かは**」は**反語**が多いのでしたね。「何ごとをかは」の部分で実は省略がありますが、まずは直訳をすると「これを**さえ**悲しく忌まわしいことに言わ**ないで**は、また何事を**か**、**いや**、何事も**ない**」のような感じになります。「これ」はリード文から長家の妻が亡くなったことだと考えられます。そして、「妻が亡くなったことさえ悲しく忌まわしいことだと言わないで、また他の何事を…」という文脈から「他の何事を悲しく忌まわしいと言えようか、いや、言えない」ということだと理解できます。このように、重要単語や文法を理解して大事な部分を直訳し、指示内容などを考えることによって、省略されていることもつかめるようになるのです。

解答

問1 ⑤　**問2** ②　**問3** ④

現代語訳

問1 全く何もわからないくらい悲しい。

問3 大北の方（＝亡き妻の母）も、故人と縁故のあった人々も、また繰り返し転げ回って悲しみなさる。このことをさえ悲しく忌まわしいことと言わないのでは、また他に何事を（悲しく忌まわしいと言える）か（、いや、言えない）と思われた。さて、亡骸を運ぶ御車の後に、大納言殿（＝亡き妻の父）や、中納言殿（＝長家）、しかるべき人々が歩きなさる。言おうとすると並一通りのことになり（不十分で）、表現しつくすことはできない。

SECTION

主語把握法

THEME

1　主語把握法①接続助詞など
2　主語把握法②古文常識など
3　会話・手紙文中の主語把握

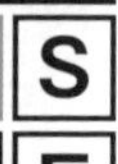

SECTION3で学ぶこと

共通テストでは、主語として正しい組合せのものを選ぶ問題は出題されていませんが、主語がわからなければ正しい読解は不可能です。

古文では主語がよく省略されますが、主語がわからなければ、本文を正しく理解できませんので、理由や心情、内容合致などの問題も解けません。

敬語から推測する主語把握法は学習済ですね。ですが、それだけしか知らないと危険です。いつも敬語の有無が利用できるとは限らないからです。他の方法も理解する必要があります。

敬語以外の次のようなものを利用した主語把握法もマスターしましょう。

- **「人物、～」の表記**
- **接続助詞**
- **同一・類似表現**
- **服装・服飾品**
- **古文常識**

ここが問われる！

会話文中でも主語が省略されがちですが、書かれていなければ、主語は「わたし」か「あなた」のどちらかが多いです。

主語は何かと直接問われなくても、古文は主語を理解していないと正しく読めないので、ほぼすべての問題で主語を問われているようなものです。

敬語を利用する主語把握は、地の文と会話文では考え方が違います。理解すれば難しくはなく、特に会話文中での考え方を知っていると、主語が書かれていなくても、かなりの確率で主語がわかるようになります。

ただし、せっかくその方法を理解しても、本文にカギカッコがきちんと付いていない場合がけっこうあり、その場合は、自分でカギカッコを正しく付けることができないと（＝地の文なのか会話文なのか理解できていないと）、会話文中での主語把握法が使えないのです。

そこで、カギカッコの付け方もこのSECTIONで学習します。すべての問題の鍵となる主語把握と、その補助となるカギカッコの付け方をしっかりマスターしましょう！

このSECTIONでは、書かれていない主語をどのように把握すればよいのかを学習します。「過去問にチャレンジ」はありませんが、古文を読むときに必須の知識なので、例をしっかり確認してきちんと理解してください。

THEME 1

主語把握法①接続助詞など

ここで畄きめる！

「て・で・つつ」の前後の主語は同じままが多い
「を・に・ば」の前後の主語は変わりやすいが、同じ場合の特徴もつかむ
文章中に同一表現・似た表現がある場合は、その表現に着目する

1 接続助詞などを利用する

敬語を利用して主体や客体を判別する方法はSECTION1で学習しましたね。ただし、登場人物全員に敬意を払っている、または、払っていない場合、敬語の有無を利用して主体や客体を把握することができません。ですが、主語把握法は敬語だけではないので、様々なアプローチ法を身につけましょう。

❶「人物、～」

「人物、～」は「人物**が**、～」（「人物A、人物B、～」と続く場合は「人物A**や**、人物B**が**、～」）

と、その人物が**主語**になる可能性が高いです。ただし「絶対」ではないので気をつけましょう。主語にしておかしければ「人物**を**、～」という**客体**かもしれません。ですが、主語のほうが多いので、まずは「**が**」を入れて訳してみて、つながりがおかしければ再考するとよいでしょう。

例 人々、（が）船よりおりて、…　現代語訳 **人々が**、船から降りて、…

② 前後で主語が同じままが多い接続助詞

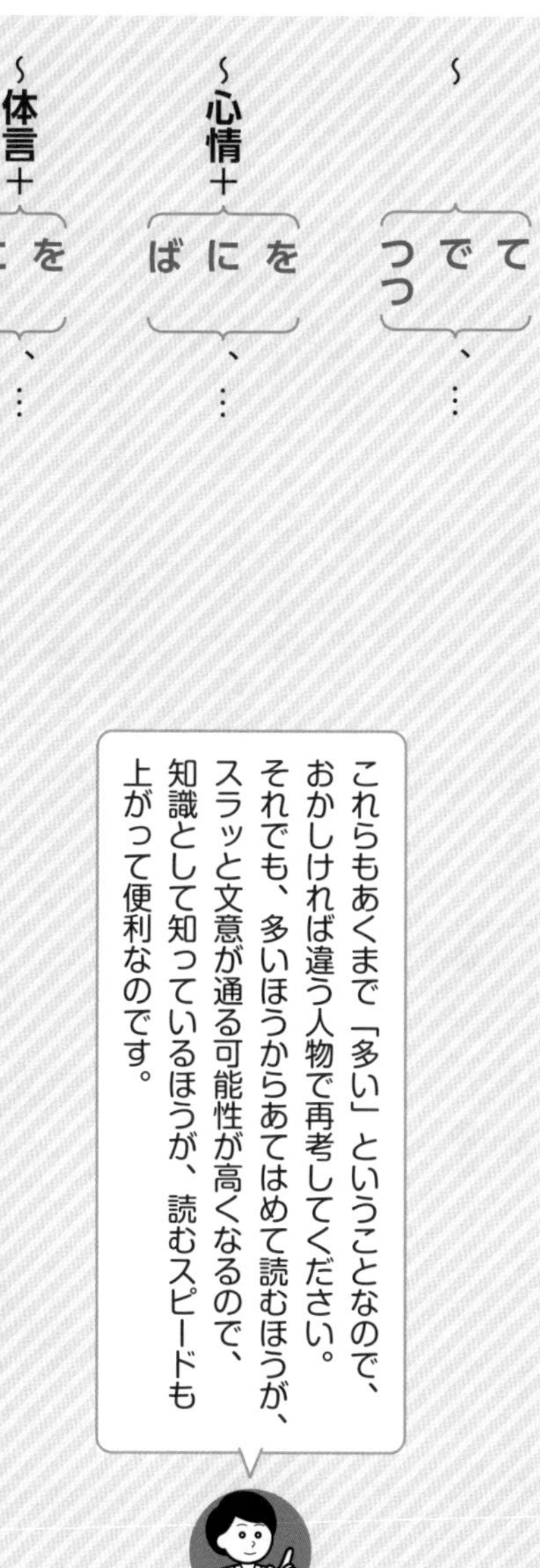

例 （人々が）船を漕が**で**、島のかくれに**て**、「〜」と、今は、（人々は連歌の句を）付けむの心はなく**て**、付けでやみなむことを嘆く程**に**、何事も覚えずなりぬ。

文脈で同じまま　体言

現代語訳 （**人々が**）船を漕がないで、島の影で、（**人々は**）「〜」と、こうなっては、（**人々は**連歌の句を）付けようと思う気持ちはなくて、付けないで終わってしまうようなことを嘆くうちに、（**人々は**）何事もわからなくなった。

例 （女君は）あさましうもてそこなひたる身を思ひもてゆけ**ば**、宮**を**、すこしもあはれと思ひ聞こえけむ心ぞいとけしからぬ…

心情　体言

現代語訳 （**女君は**）浅はかに失敗した身を思い続けると、（**女君が**）宮（のこと）を、少しでも愛しいと（**女君が**）思い申し上げたような心がたいそうよくなく…

3 前後で主語が変わりやすい接続助詞

～心情・体言**以外**＋{を に ば}、…

※ただし、「已然形＋ば」を「～ので」と訳す際に、上の原因と下の結果の主語が同じになる場合もあります。この場合は文脈判断をするしかありません。

「を・に・ば」の前後の主語は違う人になりやすいのはわかりましたが、具体的に誰になるのかは文脈判断が必要なのですか？

はい。よって、「て・で・つつ」より少しやっかいに感じるかもしれません。ただし、たとえば「女が童に言へば、…」のように、「★に」がハッキリ書いてある、もしくは、書いていなくてもわかる場合、次の主語は、その「★」になることが多いです。つまり、「言へば、…」の「…」の部分の主語はおそらく「童」になる、と思ってよいでしょう。

それでは、次の例で確認しましょう。

SECTION 3 主語把握法

例 （たくさんの人が群がって座っている中に）良暹（りやうぜん）といへる歌よみのありけるを、／殿上人、見知りてあれば、「良暹がさぶらふか」と問ひければ、／良暹、目もなく笑み（注）て、平がりてさぶらひければ、／かたはらに若き僧の侍りけるが知り、「さに侍り」と申しければ、／…

主格「が」　が　が　㊀ 文脈判断　同格「で」　僧　文脈から「殿上人に」

（注）目もなく笑みて＝目を細めて笑って。

現代語訳 （たくさんの人が群がって座っている中に）**良暹といった歌詠みが**いたが、**殿上人が**、知り合いであるので、（**殿上人が**）「良暹は控えているか」と問いかけたところ、**良暹が**、目を細めて笑って、平伏して控えていたので、そばにいました**若い僧が**気づいて、「そうでございます」と（**殿上人に**）申し上げたところ、…

※おそらく次の主語は「**殿上人が**」と予測できる（➡実際に「殿上人」が主語です）。

2 文章中の同一表現を利用する

文章中に**同じような表現**があれば、**その部分の主語は同じ人物になる可能性が高い**です。主語だけではなく、同一表現に注目すると問題が解きやすくなることもあるため、似た表現を意識できるようになるとよいでしょう。

次の例で確認しましょう。89ページの現代語訳を見ながらでもかまいません。

ここでは全文を一字一句キレイに訳すことよりも、接続助詞や同一表現に注目して、大筋と主語を把握することを意識してみてください。

例　（男君が）つくづくと**見ゐ給へるに**、／とばかりありて、（女君は）行ひはてぬるにや、

「いみじの月の光や」

と**ひとりごちて**、簾（すだれ）のつま少し上げ**つつ**、月の顔をつくづくと**ながめ**たるかたはらめ、昔ながらの

面影（**を**←**文脈判断**（or**敬語**で判断））／ふと思し出でられ**て**、**いみじうあはれなるに**（**心情**）、**見給へば**（**同一表現**より「**男が**」）、／月は残りなくさし入りたるに、／

鈍色(にびいろ)(注)、香染(かうぞめ)などにや、袖口なつかしう見えて、額髪(ひたひがみ)のゆらゆらと削(そ)ぎかけられたるまみのわたり、いみじうなまめかしうをかしげにて、かかるしもこそらうたげさまさりて、／忍びがたうまもりゐ給へるに、／なほ、とばかりながめ入りて、「里わかぬ雲居の月の影のみや見し世の秋にかはらざるらむ」と、しのびやかにひとりごちて、涙ぐみたる様、／いみじうあはれなるに、…

が

★髪の毛の描写➡女性が多い

かわいらしさ➡この話では**女性**と考えられる

同一表現より「男が」

例外の「て」　この場合**敬語**でも**重要単語**（**まもる＝じっと見つめる➡見る**）や**同一表現**などからも主語が変わることを見抜ける！

同一表現より「女が」

同一表現より「女が」

同一表現より「男が」

心情

（注）鈍色、香染＝どちらも出家者が身につける衣の色。

現代語訳

（**男君が**）つくづくと見続けなさっていると、しばらくして、（**女君は**）勤行（ごんぎょう）が終わったのだろうか、

「素晴らしい月の光よ」

と（**女君は**）独りごとを言って、簾の端を少し上げながら、（**女君が**）月の面をつくづくと物思いにふけって見ている横顔は、昔のままの（**女君の**）面影を（**男君は**）ふと思い出しなさって、たいそうしみじみと感じるので、（**男君が**）ご覧になると、月の光がすっかり（部屋の中に）差し込んでいるので、鈍色や、香染などであろうか、袖口が心引かれる感じに見えて、額髪がゆらゆらと垂れかかるように削いでいる（**女君の**）目元のあたりが、とても優美で美しい様子で、こういう姿こそかわいらしい様子が増して、（**男君は**）こらえきれずに見つめ続けなさると、相変わらず、（**女君は**）しばらく物思いにふけって、

「里を分け隔てなく照らす空の月の光だけはかつて見た秋と変わらないのだろうか」

と、（**女君は**）ひそやかに独りつぶやいて、涙ぐむ様子が、（**男君には**）たいそうしみじみと感じられるので、…

この文では男君に敬意を払っており、女君には敬意を払っていないので、そのことに気づけたならば、敬語に注目しても主語把握はできます。ここでは学習してきた接続助詞や同一表現に注目してほしかったので、あえて人物が登場した際に敬語の確認はしませんでしたが、本来は出てきた際に確認して把握してください。

THEME

2

主語把握法②古文常識など

ここできめる!

- 服装や服飾品から性別を判断する
- 生活習慣や古文常識から性別や主語を判断する
- 古文のよくある展開を把握して利用する

1 服装などを利用する

THEME1の最後の例の中で、「**髪の毛の描写は女性が多い**」と書きました。当時は、豊かな黒髪のロングヘアが美女の条件の一つ。「まるで扇を広げたかのように豊かな～」などと、**髪の毛を褒める**描写があれば、十中八九、**女性**(美女とされる主人公の姫君など)についての話をしています。というのも、当時**成人した男性**は、人前では**烏帽子**(えぼし)という帽子や**冠**(かうぶり)などをかぶっており、**それを取ることはとてつもなく恥ずかしいこと**とされていました。ですから、万一、仮に男性が長髪だったとしても、髪の毛がゆらゆらと揺れている姿を人前で見せる、などということは(よっぽど特殊な事情がないと)まずありえません。そうすると、髪の毛を褒める描写があれば「女性だな」と判断できますよね。このように古文の世界でよくあるパターンや服装、古文常識を利用すると、主語をある程度推測できる（性別だけかもしれませんが、それでもヒントになる）ことがあります。現代は誰が何を着ようが自由ですが、当時は服装や服飾品から性別がわかることが多かったのです。

それでは、性別がわかる服装や服飾品を確認しておきましょう。

●**男性**の服飾品や衣装の名称

冠・烏帽子・太刀（たち）**・笏**（しゃく）（＝手に持つ板）

指貫（さしぬき）（＝袴（はかま）の一種）　**狩衣**（かりぎぬ）（＝表着（うわぎ）の一種）

直衣（のうし）（＝貴族の普段着。歴史的仮名遣いは「**なほし**」）

直垂（ひたたれ）（＝貴族や武士の普段着）

宿直姿（とのゐ）（＝宿泊勤務の際の衣装）　**束帯**（そくたい）（＝貴族の正装姿。「**昼の装束**（ひのさうぞく）」とも）

●**女性**の服飾品や衣装の名称

扇（あふぎ）

裳（も）（＝腰から下の後ろにまとう、裾（すそ）を長くひいて、ひだがある衣装）

唐衣（からぎぬ）（＝正装の時に一番上に着る衣）

単衣（ひとへ）（＝一番下に着る裏地のない衣。「ひとへぎぬ」とも）

十二単（じふにひとへ）（＝女官の正装。「**女房装束**」とも）　**小袿**（こうちき）（＝略装の女房装束）

2 古文常識を利用する

現代とは異なる当時の習慣を知っておくと、性別がわかることがよくあります。性別や主語把握のためだけではなく、その習慣を知らないと古文を正しく読解することができません。たとえ、単語や文法の知識を使って、書かれていることを表面的には読めたとしても、古文常識を知らないと何が言いたいのかよくわからないということも起こってしまいます。古文常識を理解することはとても重要です。ここでは、古文常識に絡めた主語把握法を見ておきましょう。

①「貴族女性の生活習慣」と「恋愛スタイル」

貴族女性は基本的に室内で過ごします。お寺や神社に参詣(さんけい)したという話もありますが、徒歩での移動ではなく牛車に乗って、人目(特に男性の目)に触れないように出かけます。父親や同母兄弟、夫以外の男性に姿(特に顔)を見られることは、とてもはしたないことと考えられていたからです。ですから、室内には、**几帳**(きちょう)〈=移動式のカーテンのようなもの〉や**御簾**(みす)〈=すだれ〉など、姿を隠すものが多くあったのです(それが風に吹かれてまくれ上がって、たまたま近くに居合わせた男性に見られてしまった、なんていう話も古文あるあるです)。

こんな状況ですから、男女の出会いは現代とは違います。男性が夜、女性がいると思われる部屋を室外の垣根の隙間から覗いて物色するのです。この覗きの行為を「**垣間見**(かいまみ)」といいます。よって、**夜に外を歩き回ったり、室内を覗いている人**がいれば、その人の性別は**男性**だとわかるのです。好みの女性を見つけたら**懸想文**（けそうぶみ）（＝ラブレター）を書いて、家来に女性宅へ届けに行かせます。脈アリなら返事があり、無視されたら脈ナシです。無事に手紙のやりとりが始まれば、「つきあっている」ということになります。そして、デートは**男性が夜、女性の部屋に通う**スタイルです（女性は基本、室内で過ごしていましたよね。ですから、古文単語「**逢ふ**（あふ）」は**男女が深い仲になる**ことを意味するのです）。したがって、古文に「**通ふ**」とあり、恋愛の話であれば、「**男性が女性の部屋に通う**」ということです。**家に出入りしている人**がいたら**男性**。一方、誰か（＝男性）が入ってきたので、びっくりして**部屋の奥に逃げこんでいる人**がいたら、それは**女性**です。

次の 例 で確認しましょう。男君と女君の二人が出てくる場面です。

例 ～ふと寄り給へる**に**、／いとおぼえなく、化け物などいふらむものにこそと、むつけく**て**、**奥ざまに引き入り給ふ**袖**を**／引き寄せ給ふままに、…

（最初はどちらが主語か謎。読んでいくと、続きの主語は「女君」とわかる
➡接続助詞「に」は主語が変わりやすい➡最初の主語は「男君」と判断できる）

（「女君」とわかる）

（男君は ←文脈判断）

現代語訳 （**男君が**）すっと（身を）寄せなさるので、（**女君は**）ちっともわけがわからず、化け物などというものに違いないと思って、気味が悪くて、（**女君は**）奥のほうへお入りになるその袖を（**男君は**）お引き寄せになるにつけても、…

❷ 病気の原因と治療法

古文には病気の話も多くあります。病気や難産の原因は、「**物の怪**(もののけ)（＝**生霊**(いきりょう)や**死霊**などの**化け物**の類）」が憑(と)りついているからだと考えられていましたので、**僧**や**修験者**(しゅげんじゃ)、**陰陽師**(おんみょうじ)などが**物の怪を調伏**(ちょうぶく)**する**（＝悪霊などを退散させる）ために、**加持祈禱**(かじきとう)（＝お祓(はら)い・お祈り）を行いました。よって、病人がいる場面で、「悪さをするせいで〜」などがあれば、その主語は**物の怪**、「お経を唱えて加持祈禱をした」などの主語は**僧**・**修験者**・**陰陽師**などです（「加持祈禱をさせた」なら別人です）。

❸ 出家とは

「**出家**」とは、**俗世間**(ぞくせけん)（＝日常暮らしているこの世）**とは関係を絶ち、仏道に入り、お坊さんや尼**(あま)**さんになること**です。親子兄弟・夫婦恋人などの人間関係や、名誉、地位など、すべてを捨てて未練を断ち切って、山や寺に籠もって修行をします。死後、**極楽往生**(ごくらくおうじょう)する（＝苦しみのない極楽浄土に生まれ変わる）ためです。病気になると出家を願う人物がたくさん出てきます。

「**本意**(ほい)」という古文単語があり、「**本来の願い**・**目的**」の意味ですが、病人がいる場面で「意識があるうちに**本意**を遂げたい」のような発言があれば、その「**本意**」はおそらく「**出家すること**」を指し、話者は**病人**のはずです。また、**その願いを認めない人物**が出てきた場合、その人物は**恋人や夫婦関係である相方**の可能性が高いです。出家をするということは、すべてを捨てることを意味しますので、（病気で実質その場から動けないくらい弱っていたとしても）出家をされると自分の手の届かない人になってしまうということです。それが辛くて、相手が出家することを引き留めてしまうのです。

「**ほだし**」という古文単語があり、「自由を束縛するもの」という意味なのですが、特に「**出家をする自由を束縛して引き留めてしまう者**」の意味で使われることが多く、具体的には「**恋人・夫・妻・親・子・兄弟姉妹**」などの大切な人を指します。「ほだし」は漢字で「**絆**」と書きますので、漢字で覚えておくとわかりやすいですね。

POINT

様々な方面からアプローチできるようにする

主語把握法として、様々な考え方をお伝えしてきました。それぞれ有効な手段ではありますが、すべての方法が「絶対」というわけではありません。あくまでも「多い」だけで、違う場合もあります。たとえば、敬語に注目する方法はとても便利ですが、ずっと敬意を払っていた人物に、敬意を払わない部分があったり（「敬語の不一致」といいます）、主語が変わる接続助詞「て」もあります。ですから、どれか一つの方法だけではなく、ここまで学習してきたことを利用して、様々な面からアプローチできるようにしておくのです。そうすると、例外が出てきたとしても対処しやすくなります。結局、最終的には、文意が通るかどうかの判断をすることが必要になりますが、たとえば、十箇所中の一箇所が例外でも、残り九箇所できちんと主語を取れていれば、その例外の部分も「おそらくこの人が主語になる」と推測しやすくなりますよ。

THEME

3 会話・手紙文中の主語把握

ここできめる！

- 会話文・手紙文で主語が書かれていなければ、尊敬語か命令形がポイントとなる
- 「　」の中で尊敬語か命令形があれば主語は「あなた」、なければ「わたし」が多い
- カギカッコが付いていない本文でも、自分で付けられるようにする

1 会話・手紙文中の書かれていない主語をつかむ

会話文や**手紙文**で主語が書かれていない場合には、主語は基本的に会話主・書き手（＝**わたし**）か、聞き手・読み手（＝**あなた**）のどちらかになることが多いです。その判別法を学習しましょう。

尊敬語か**命令形**のどちらか（もしくは両方）が
ある➡主語は**聞き手・読み手**（＝**あなた**）
ない➡主語は**会話主・書き手**（＝**わたし**）

これまで同様、あくまで目安です。話しかけている相手が対等の関係であれば尊敬語は使わないはずです。あてはめてみておかしければ、「わかりきっている第三者」などの場合もありますので、気をつけましょう。

それぞれの例を見てみましょう。

例 「そのやうを**こそ**申さ**め**」（こそ：係助詞／申さ：**謙譲語**／め：已）➡ **尊敬語や命令形はない**

現代語訳 「そのわけを（**わたしが**）申し上げよう」

例 「ありさま**申せ**」（申せ：**謙譲語**・命）➡ **命令形がある**

現代語訳 「（**お前が**）事情を申し上げよ」

例 「**大宮の**嘆かせ**給は**む、慰め奉り**給へ**」（の：**主格「が」**／給は：**尊敬語**／給へ：**尊敬語**・命）➡ **尊敬語と命令形がある**

（「嘆く」の主語はハッキリ書かれている）

（誰が「慰める」のかは書かれていない）

現代語訳 「大宮が嘆きなさるだろうから、（**あなたが**）慰め申し上げなさい」

2 カギカッコの付け方

地の文と会話文では、敬語がある際の考え方が違います。会話文では、「地の文で特に敬意を払っていない人物」にも敬意を払うことがあるからです。作者にとっては敬意を払う必要がない人物だとしても、登場人物のそのセリフの話者にとっては、話しかけている目の前の相手に敬意を払って会話をすることは普通にありえますよね。

地の文か会話文かがすぐに見分けられるように、いつもきちんとカギカッコが付いていればよいのですが、カギカッコが付いていない文や、付いているかいないかが混在している文もあります。たとえ、カギカッコが付いていなかったとしても、会話文であれば、当然ですが会話文中の主語把握法を使って読みますので、自分でカギカッコが付けられる（＝地の文なのか会話文なのかをちゃんと理解して読める）ようにしましょう。

カギカッコの付け方（心内文や聞いた内容なども含む）を次にまとめておきます。

●終わり＝「と・とて・など」の直前が閉じカッコ

～」{と / とて / など}

●始め＝通常は「、」か「。」の直後のキリがよいところ
〜、「…　or　〜。「…

●セリフの中身の特徴
謙譲の「給ふ」は必ず会話文か手紙文中にある
丁寧語（侍り・候ふ）、**疑問**、**詠嘆**、**命令**などの表現も多い

終わりはわかりやすいですが、始めの「キリがよいところ」っていうのが、自分でわかるのか不安です。

たしかに、ある程度文章を訳せないと、キリがよいかどうかの判断が難しいかもしれませんね。だからこそ、中身の特徴を把握して、たとえば、丁寧語がたくさん使用されているあたりは「おそらくセリフ内かな」と目安にできることもあります。あとは、自分が付けた**カギカッコの前と後ろをつなげて読んでみて、文意が通るかどうか確認する**のも一つの方法です。

次の例で確認しましょう。

例 人々、〈が〉船よりおりて、「御前にて遊ばむ」など思ひけれど…

現代語訳 人々は、船から降りて、「（皇后の）御前で管弦の遊びをしよう」などと思っていたが、…

「**など**」の直前に閉じカッコを入れます。「〜など思ひ」なので心内文ですね。「、」の後ろでキリがよさそうな所にカギカッコを入れて、その**前後をつなげて確認**してみると、「人々が船から降りて「〜」などと思った」とおかしくありません。よって、心内文は「御前にて遊ばむ」でOKです。

次の例のように、カギカッコ「　」の中に、さらに『　』（＝二重カギカッコ）がある場合もあります。

例 その僧、〈が〉ことごとしく歩みより**て、**「『もみぢ葉のこがれて見ゆる御船（みふね）**かな**（詠嘆）』**と**申し**侍る**（丁寧語）なり」**と**申しかけて帰りぬ。

現代語訳 その僧が、もったいぶって（船の方に）近づいていって、「『紅葉が焦がれたように見えて、漕がれていくのが見える御船だなあ』と申し上げています」と言葉をかけ申し上げて帰った。

たとえば、右の例で『　』の存在に気づかず、次のようにカギカッコを付けたとします。

その僧、~歩みよりて、「もみぢ葉~御船かな」**と**申し侍るなりと申しかけて帰りぬ。

その前後のつながりを確認した際に、「その僧が、~近づいていって、「~」**と**申し上げています」で終わっていればよさそうなのですが、続きがあり、そのまま読んでいくと、「その僧が、~近づいていって、「~」**と**申し上げています**と**言葉をかけ申し上げて」となるため、「あれっ？　ここにも「~**と**言葉をかけ」とある！　と気づけるはずです。

そこで、視野を広げて再考します。閉じカッコを、この後ろの「**と**申しかけて」の直前にします。

その僧、~歩みよりて、「もみぢ葉~御船かなと申し侍るなり」**と**申しかけて帰りぬ。

このカギカッコの前後をつなげてみると、「その僧が、~近づいていって「~」と言葉をかけ申し上げて帰った」となり、おかしくありません。そうすると、先ほどカギカッコを付けた部分は、セリフの中のセリフだと考えられます。キリがよい「、」か「。」はセリフ内にはないので、セリフの最初のところからが**中のセリフの出だし**だと判断できます。前後のつながりを確認してカッコを付けられるようになりましょう。

SECTION 4
和歌

THEME

1　和歌の解釈
2　枕詞・序詞
3　掛詞

きめる! KIMERU SERIES

SECTION 4で学ぶこと

ここが問われる!

和歌は解釈が出題されることが多いです。単独で出題はされなくても、複数の和歌が本文中にある場合もよくあります。

和歌がある文章が出題されることはとても多く、和歌についての説明問題もよく出題されます。設問文では「和歌についての説明」とされることが多いですが、要は和歌の解釈問題です。和歌であっても、本文と同じように、**重要単語**や**文法**の知識が必要なことは言うまでもありません。ですが、和歌特有の解釈方法もありますので、それらを学習します。

まずは、「五・七・五・七・七」に区切りましょう。それだけで、かなり読みやすくなります。さらに、意味の切れ目を訳しててはなく、文法的に探します（⬇THEME1の**1**で学習）。

次の同じ和歌をパッと見て比べてみると、左のほうが読みやすいと感じるはずです。

手ふれねど花はさかりになりにけりとどめおきける露にかかりて

手ふれねど　花はさかりに　なりにけり。　とどめおきける　露にかかりて

（手は触れて〈＝手入れはして〉いないが、花は盛りになったことよ。〈亡き母が〉残しておいた露によって）

和歌の基本構造に関して、ここで確認しておきましょう。

初句 手ふれねど　二句 花はさかりに　三句（腰の句） なりにけり　四句 とどめおきける　結句 露にかかりて

上の句（＝本）　下の句（＝末）

ここが問われる！

和歌の修辞技法（＝言葉を使って工夫をすること）に絡めた問題も頻出です。特に掛詞がある場合、解釈するうえで重要です。

「**掛詞**」とは、**同じ音に二つ**（以上）**の意味がある**言葉です。共通テストは、出題された場合に選択肢をヒントにできるのが心強いですが、出題されていなくて解釈する際には、自力で見抜けなければいけません。掛詞を自力で見抜くために、知っておくべきことを学びます。掛詞の他にも、代表的な修辞技法「**枕詞**」、「**序詞**」に関しても学習しましょう。

よくあるパターンは覚えてしまい、それ以外も見抜けるように見抜き方のポイントを押さえましょう！

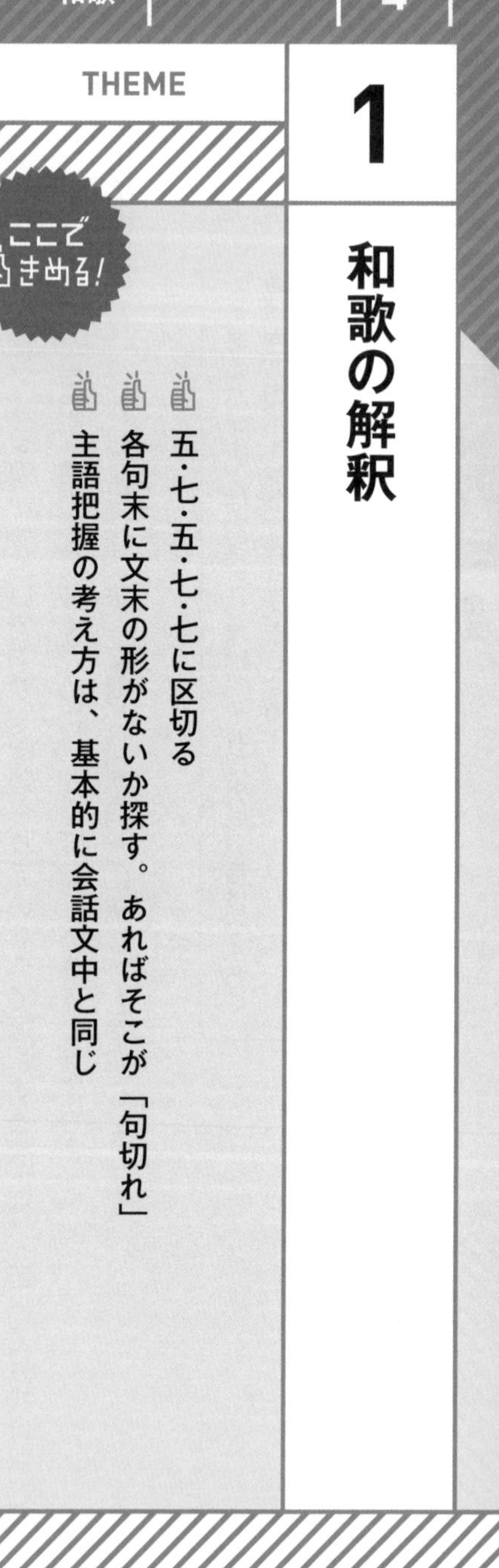

THEME 1

和歌の解釈

ここで決める！

- 五・七・五・七・七に区切る
- 各句末に文末の形がないか探す。あればそこが「句切れ」
- 主語把握の考え方は、基本的に会話文中と同じ

1 区切って「句切れ」を確認する

和歌が出てきたら、まずは「五・七・五・七・七」に区切りましょう（上の句だけなら「五・七・五」、下の句だけなら「七・七」）。各句末に**文末の形**（**終止形**、**命令形**、**終助詞**、**係り結びの「結び」**）があれば、その部分が**句切れ**（＝意味の切れ目。通常の文なら「。」のイメージ）で、なければ**句切れなし**です。

和歌の最後が接続助詞など中途半端なもので終わっていれば、その和歌は**倒置**になっています。句切れの部分で倒置になっていたりしますので、句切れを解釈のヒントにしてください。

例

知られじな／今しも見つる／面影の／やがて心に／かかりけりとは

（終助詞 ⬇初句切れ）（句末が提示で中途半端 ⬇倒置）（倒置）

現代語訳　ご存知ではないだろうなあ。
今見た（あなたの）面影がそのまま（私の）心にとどまっているとは（⬇初句へ）

2 和歌中の主語把握法

和歌は自分の気持ちを伝えるものです。よって、主語把握法は会話文中と同じように考えます。**尊敬語**か**命令形**のどちらかがあれば「**あなた**」、**なければ**「**わたし**」です（基本的に「わたし」が多い）。

リード文や本文などで情報をつかみ、どういう場面で誰が詠んでいるのかを把握して、**1**・**2**の学習内容を踏まえて重要単語と文法に着目して、和歌を解釈します。

これ以外に、和歌特有の修辞技法を踏まえた解釈が必要な場合もありますが、代表的な修辞技法はTHEME2・3で学習します。

それでは過去問にチャレンジしてみましょう。

過去問にチャレンジ

次の文章は、『栄花物語』の一節である。藤原長家の妻が亡くなり、嘆き悲しんでいる長家のもとに、姉たちや宮中の女房たちから見舞いの手紙が届いた。これを読んで、後の問いに答えよ。

（共通テスト本試）

また東宮の若宮の御乳母（めのと）の小弁（こべん）、

X　悲しさをかつは思ひも慰めよ誰もつひにはとまるべき世か

御返し、

Y　慰むる方しなければ世の中の常なきことも知られざりけり

かやうに思しのたまはせても、いでや、もののおぼゆるにこそあめれ、まして月ごろ、年ごろにもならば、思ひ忘るるやうもやあらんと、われながら心憂く思さる。〈この後、亡き妻の容姿や性格、絵が好きだったことなど恋しく思い出す場面が続く。〉

〈人間関係図〉

彰子――東宮――若宮
妍子
長家＝亡き妻

問　次に示す【文章】を読み、その内容を踏まえて、X・Y・Zの三首の和歌についての説明として適当なものを、後の中から二つ選べ。ただし、解答の順序は問わない。

【文章】

『栄花物語』の和歌Xと同じ歌は、『千載和歌集』にも記されている。妻を失って悲しむ長家のもとへ届けられたという状況も同一である。しかし、『千載和歌集』では、それに対する長家の返歌は、

Z　誰もみなとまるべきにはあらねども後(おく)るるほどはなほぞ悲しき

となっており、同じ和歌Xに対する返歌の表現や内容が、『千載和歌集』の和歌Zと『栄花物語』の和歌Yとでは異なる。『栄花物語』では、和歌X・Yのやりとりを経て、長家が内省を深めてゆく様子が描かれている。

①和歌Xは、妻を失った長家の悲しみを深くは理解していない、ありきたりなおくやみの歌であり、「悲しみをきっぱり忘れなさい」と安易に言ってしまっている部分に、その誠意のなさが露呈してしまっている。

②和歌Xが、世の中は無常で誰しも永遠に生きることはできないということを詠んでいるのに対して、和歌Zはその内容をあえて肯定することで、妻に先立たれてしまった悲しみをなんとか慰めようとしている。

③和歌Xが、誰でもいつかは必ず死ぬ身なのだからと言って長家を慰めようとしているのに対して、和歌Zはひとまずそれに同意を示したうえで、それでも妻を亡くした今は悲しくてならないと訴えている。

④和歌Zが、「誰も」「とまるべき」「悲し」など和歌Xと同じ言葉を用いることで、悲しみを癒やしてくれたことへの感謝を表現しているのに対して、和歌Yはそれらを用いないことで、和歌Xの励ましを拒む姿勢を表明している。

⑤和歌Yは、長家を励まそうとした和歌Xに対して私の心を癒やすことのできる人などいないと反発した歌であり、長家が他人の干渉をわずらわしく思い、亡き妻との思い出の世界に閉じこもってゆくという文脈につながっている。

⑥和歌Yは、世の無常のことなど今は考えられないと詠んだ歌だが、そう詠んだことでかえってこの世の無常を意識してしまった長家が、いつかは妻への思いも薄れてゆくのではないかと恐れ、妻を深く追慕してゆく契機となっている。

解説

まず、**リード文で状況を把握**します。そして、**人間関係図がある**ときは、出てきた人物に注釈がついていない場合は、その人間関係図の中にどういう人物なのかのヒントがあるはずなので、人間関係図があることを意識しておきましょう。リード文に「姉たちや宮中の女房たち」とありますが、長家の姉たちとは人間関係図より彰子と妍子だとわかりますね。そして、宮中の女房たちから手紙がくるような間柄なのは、姉の彰子が東宮の母親だからだとわかります。

本文を読む前に、**先に設問を確認**します。提示されている**【文章】**の内容を踏まえたうえで、本文中の和歌三首の解釈問題です。**【文章】**をチラッと見ると、和歌以外は現代語で短いので、**【文章】**の現代語の部分を先に読むほうがよさそうです。大筋は、和歌Xと同じ状況で詠まれた同じ歌に対する返歌が違っていて、**【文章】**はZ、本文はYだと書かれています。これを踏まえて本文を読んでいきましょう。

「東宮の若宮」は人間関係図より彰子の孫です。その乳母の小弁からの手紙がXです。ひとまず、五・七・五・七・七に分けると「悲しさを／かつは思ひも／**慰めよ**／誰もつひには／とまるべき世か」です。三句目（の句末）が**命令形**なので、**三句切れ**の和歌です。そして、**命令形**なので主語は「**あなた**」です。「**かつは**」は「**一方では**」の意味。文末の「**か**」は**疑問**か**反語**で、文脈判断が必要です。「誰もが結局とどまるべき世」では絶対にないので、**反語**ですね。反語（＝**打消**系）と一緒に用いている「**べし**」は**可能**になりやすいです。これらを踏まえて訳すと、「悲しさを、一方では（あなたが自分で）思いも慰めなさい。誰もが結局とどまることができる世か、いや、誰もとどまることはできない」で、おかしくなさそうです。和歌Xに関わる選択肢①～③を見ていきます。①「『悲しみをきっぱり忘れなさい』と安易に言ってしまっている」が明らかにおかしいので不適。和歌には「慰めなさい」とあり、「きっぱり忘れなさい」などとは言っていません。②「世の中は無常で誰しも永遠に生きることはできない」や③「誰でもいつかは必ず死ぬ身なのだから」はよいですね。③の「長家を慰めようとしている」は、和歌Xでは「あなたが慰めよ」と「あなた」に言っていますが、慰めようと思ってそう言っている可能性もありえますので、保留にしておきましょう。

続いて和歌Yは長家の返歌です。「慰むる／方しなければ／世の中の／常なきことも／知られざりけり」です。各句末に文末の形がないことから、**句切れなし**の和歌です。「方**し**なければ（＝A**し**B**ば**）」の「**し**」は**強意**の副助詞で無視してかまいません。「なければ」は「**已然形＋ば**」で**順接確定**条件です。「知**られ**」の「**れ**」は、動詞の**a段**についているので助動詞「**る**」です。**打消**「ざり（ず）」と一緒に用いている「**る**」は**可能**になりやすいです。**和歌中**の「**けり**」は**詠嘆**。これらを踏まえて訳すと、「慰める方法もないので、世の中が無常なことも（私は）理解できないことよ」です。和歌Yに関わる選択肢⑤・⑥を確認します。⑤は「私の心を癒やすことのできる人などいない」とありますが、「自分で慰める方法がない」と詠んでおり、癒してくれる人がいるかいないかは言及していませんので不適。⑥「世の無常のことなど今は考えられない」は「理解できない」と同じような解釈なので保留にしておきます。

では、**【文章】**の和歌Zの解釈をしましょう。「誰もみな／とまるべきには／あらねども／後るるほどは／なほぞ悲しき」です。「**ね**ども」の「**ね**」は**打消**。よって、上の「**べき**」は**可能**です。「後るる（**後る**）」は「**死に遅れる**（＝**先立たれる**）」の意味の重要単語。これらを踏まえて訳すと、「誰もみなとどまることはできないけれど、先立たれたときはやはり悲しい」です。どこにとどまるのかは、ここまで見てきた話の流れや、下の句からも「この世に」だとわかります。和歌Zに関わる選択肢②〜④を確認します。②はX「誰しも永遠に生きることはできない」を肯定はよいのですが、「悲しみをなんとか慰めようとしている」は書かれていないので不適。③は「ひとまずそれに同意」も「妻を亡くした今は悲しくてならない」もおかしくありません。Xに関する「長家を慰めようとしている」は保留のままにしておきます。④は「悲しみを癒やしてくれたことへの感謝を表現している」が明らかにおかしいので不適。よって、**消去法**で③と⑥が正解です。③は「長家を慰めようとしている」

と解釈して問題ないということです。念のため、⑥の後半に関わる箇所も見ておくと、和歌Yの後に「数か月、数年が経ったならば、忘れてしまうこともあるだろうかと、自分のことながら情けなく思わずにはいられない」という内容があり、「いつかは妻への思いも薄れてゆくのではないかと恐れ」ていると考えられます。よって、やはり③・⑥が正解。

解答　③・⑥（順不同）

現代語訳

また東宮の若宮の御乳母の小弁が（くれた和歌は）、

悲しさを、一方では（あなたが自分で）思いも慰めなさい。誰もが結局とどまることができる世か、いや、誰もとどまることはできない。

（長家の）お返し（の和歌は）、

慰める方法もないので、世の中が無常なことも（私は）理解できないことよ

このようにお思いになっておっしゃるにつけても、いやもう、（私はすでに）分別できるようだ、まして数か月、数年も経ったならば、（悲しみを）忘れてしまうこともあるだろうかと、自分のことながら情けなくお思いにならずにはいられない。

THEME 2

枕詞・序詞

ここで差をつける！

- 五音で特定の語を導き、訳さなくてもよい語が枕詞
- 前半が「景色・事物」、後半が「心情・人物」の場合は、前半が序詞の可能性が高い
- 序詞になる三つの見分け方をマスターする

1 枕詞

通常**五音**で、**特定の語を導く**働きをする語が**枕詞**（まくらことば）です。枕詞は**訳す必要はありません**。知っておくべき枕詞を次にまとめておきますが、万一、ここに掲載されていない枕詞がある場合は、**省いても支障がない初句か三句目が枕詞**です。

覚えるしかありませんが、和歌以外の普通の文中でも枕詞が使用されたり問題になったりすることもあり、覚えてしまえばとても簡単ですから得点源としてください。

枕詞	漢字	導く語	補足
あしひきの	足引きの	山系（**山**・峰・木・岩など）	
ひさかたの	**久方**の	天空系（天・空・**光**・月・日・雲など）	遠いものを導く➡「**都**」なども導く
からころも	唐衣	衣装系（**着る**・袖・裾・裁(た)つなど）	
くさまくら	**草枕**	旅・結ぶなど	**旅**行中は**草**を**結ん**で**枕**とした
うばたまの	烏羽玉の	黒・夜系（**黒**・**闇**・**夜**・**夢**など）	「**烏**」はカラス。烏の羽根➡**黒**
ぬばたまの	射干玉の	黒・夜系（**黒**・**髪**・**夜**・**夢**・月など）	「うばたま」と音が似ている
ちはやぶる	千早振る	神	
たらちねの	垂乳根の	母	「親」の場合もあり
あをによし	**青丹**よし	奈良	青丹＝青い土。奈良県で出た土
あづさゆみ	梓弓	弓系（**いる**・**ひく**・**はる**・弦(つる)など）	
あらたまの	**新**玉の	年・月・日・春など	**年**などが**あらたま**る。**新春**
うつせみの	（**空蝉**の）	世・命・人など	蝉の抜け殻➡はかないもの
しろたへの	白栲の・白妙の	衣装系（衣・袖など）白系（雪・波など）	白栲（＝白い布）で衣服を作った

2 序詞

七音以上で、**特定の語を導く**働きをし、**本題ではない**ものが**序詞**（じょことば）です。序詞は**個人で創作**するもので、**訳す必要があります**。枕詞のように決まった語ではないのですが、見つけ方を理解していると、序詞がある場合はわかるようになりますので安心してください。

まず大雑把にですが、和歌の**前半**が「**景色・事物**」で、**後半**が「**心情・人物**」になっている場合、**前半が序詞**になっている可能性が高いです。和歌は気持ちを伝えるものなので、**後半の「心情・人物」が本題**です。したがって、前半は本題に入る前の「**序**」の部分になると考えられるのです。ただし、それだけではまだ確定できません。次の三つのどれかにあてはまるかどうかを確認してください。どれかにあてはまれば序詞です。

①「**〜のように**」と訳せる「**の**」がある（もしくは、前半が**比喩**（ひゆ））

二句目か三句目の句末にあることが多いのですが、他の場所にあることもあります。「〜のように」と訳せる「の」があれば、そこまでが序詞です（「の」がなくても前半が比喩なら序詞としてＯＫ）。

例　前半：**景色**　　人物

［水の面（おも）に　降る白雪**の**］　かたもなく　消えやしなまし　人のつらさに　※［　］内＝**序詞**

現代語訳　［水の表面に降る白雪**のように**］あとかたもなく消えてしまおうかな、人の薄情さに（耐えられないので）。

②**同じ音（濁点の有無は不問）の反復**がある

同じ音の反復があれば、**二つ目の直前まで**が序詞です。

例　［浅茅生（あさぢふ）の　小野の**篠原**（しのはら）］　**しの**ぶれど　あまりてなどか　人ぞ恋（こひ）しき

（前半：景色　／　心情　／　人物　心情）

現代語訳　［丈（たけ）の低い茅（ちがや）が生え、細い竹が生えている野原の「しのはら」ではないけれど］忍んで人に隠しているが、想いがあふれて、どうしてこんなにあの人が恋しいのか。

③**掛詞**がある

掛詞の直前までが序詞です。

例　［難波江（なにはえ）の　芦（あし）の］　**かりね**の　**ひとよ**ゆゑ　**みをつくし**てや　恋（こ）ひわたるべき

（前半：景色　／　かりね：刈根・仮寝　／　ひとよ：一節・一夜　／　みをつくし：澪標・身を尽くし　／　心情）

現代語訳　［難波江の芦の刈根の一節ではないが］たった一夜の仮寝のために、船の通り道である澪標ではないが身を尽くして命をかけて恋し続けることになるのだろうか。

「**かりね**」、「**ひとよ**」、「**みをつくし**」が**掛詞**で、最初の**「かりね」の直前までが序詞**です。ちなみに、掛詞のうちの本題は、左側の「仮寝」「一夜」「身を尽くし」の人間や心情に関わるほうです。

掛詞の詳細は次のTHEME3で学習しましょう。

THEME 3

掛詞

ここできめる！

- 地名・山や川の名は掛詞になりやすい
- 掛詞は「事物」と「心情」の組合せが多い
- 不自然な平仮名や、本文・リード文・注釈などの同一表現に気をつける

1 地名・山や川の名

地名（**山や川の名**を含む）があれば、そこが**掛詞**（かけことば）になっていることが多いです。よくある地名の掛詞を次にまとめておきますので、マスターしてください。ただし、「地名があれば絶対に掛詞」というわけではありませんので、地名ともう一つ何かの意味で取って、和歌の解釈がおかしくないかの確認はしてください。おかしければ、たとえ地名があったとしても掛詞ではありませんので気をつけましょう。

あかし	明石	明かし
あふみ	近江	逢ふ身
いなば	因幡	往なば
あふさか	逢坂	逢ふ
いくの	生野	行く
うぢ	宇治	憂（し）
すみよし	住吉	住み良し
するが	駿河	する
たつたやま	竜田山	立つ

2 「事物」と「心情」の組合せ

掛詞の片方が「**事物**」で、もう片方が「**心情**（**人物の動作**含む）」になることが多いです。「両方とも事物」、「両方ともが心情」などもありますが、多いのは「事物と心情」の組合せです。

こちらもよくあるパターンは覚えておくと便利なので、次にまとめておきます。もちろん、その二つの意味が取れるかどうか、訳してきちんと確認してください。

かれ	枯れ	離れ
ふみ	文	踏み
みをつくし	澪標(注1)	身を尽くし
まつ	松	待つ
ながめ	長雨	眺め
おく	置く(注2)	起く
あき	秋	飽き
すむ	澄む	住む
あふひ	葵	逢ふ日
うき	浮き	憂き
はる	春	張る
なみ	波	無み(注3)

（注1）澪標＝船の水路を示す杭（くい）　（注2）置く＝「露を置く（＝露が発生する）」の「置く」

（注3）無み＝「ないので」と訳す

ひ	火	思ひ	恋ひ	あま	天	尼	海人（海女・海士）	
なぎさ	渚	無き	泣き	ふる	降る	経る[注4]	古る[注5]（旧る）	振る

（注4）経る＝年月を経る・生きていく　（注5）古る＝古びる・年をとる

三つ以上あるものは、本文を読んだうえで和歌を解釈して、どの意味で使われているかを考えて選んでください。同じ音でも、文脈上ここに載っていない意味の場合もありますので（例「ひ」が「**日**」と「火」）、その意味で訳せるかどうかの確認は必須です。

また、「なぎさ」の「渚」と「泣き」などのように、**濁点の有無は不問**で、すべての音が掛かっているのではなく**一部分が掛かっている**場合もあります。

POINT

本題は「心情・人間の動作」

「事物」と「心情」の組合せの場合、伝えたいのは「**心情**」の意味です。それを踏まえて解釈するとよいでしょう。

3 不自然な平仮名の部分

ここまでによくあるものをまとめてきましたが、それ以外のものもたくさんあります。自力で掛詞を探す際には、**「地名や山・川などの名」**を目安にする方法以外に、**不自然な平仮名**の部分があれば、そこが掛詞になっている可能性が高いので、**漢字で書いてもよさそうな平仮名**も目安になります（地名は漢字のままの場合もけっこう多いです）。

例 なかなかに　心づくしに　先立ちて　我さへ波の　**あは**で消えなむ

不自然な平仮名

上からのつながりで「波の**あは**」は「波の**泡**」です（「泡」は「あわ」ですが、掛詞は発音が同じであれば文字の違いは不問です。例「水（みづ）」と「見ず」）。「泡」であれば漢字で書いてもよさそうですよね。「**あは**」が**不自然な平仮名**です。また、「我さへ」は「私まで」で、「私まで波の泡」では意味もおかしいので、ここは掛詞になっているはずです。

「あは」の下へのつながりも考えます。「で」を打消の接続助詞と取ると、「で」の上の「あは」は未然形になるはずです（62ページ）。「会ふ」の未然形「**会は**」＋「**で**」で「**会わないで**」と訳せるかどうか確認しましょう。「消えなむ」の「なむ」は、「消え」が下二段活用で未然形か連用形か不明で、句末にあるため、他者願望か助動詞「ぬ」＋助動詞「む」かは文脈判断が必要です（31ページ）。他者願望だと「私まで消えてほしい」となり、自分のことに他者願望でおかしいです。したがって、この「なむ」は助動詞「**ぬ**」＋助動詞「**む**」で、上から再度訳してみると、「私まで波の**泡**のように**会わ**ないで**きっと**消えて〈＝死んで〉しまう**だろう**」となります。よって、やはり「あは」は「泡」と「会は」の掛詞と考えられます。

現代語訳　かえって物思いを尽くすために、先立って私まで波の泡のように会わないできっと消えて〈＝死んで〉しまうだろう

解釈する際、掛詞となっている二つの意味をつなげて、そのまま訳せるならそのまま訳してください。それができない場合は、二つの意味を「〜**ように**…」や「〜**ような**…」でつなげたり（前ページの例）、意味の一つは無関係で音だけのつながりであれば「〜**ではないが**…」とつなげる（例 船の水路を示す**澪標**（みをつくし）**ではないが**、**身を尽くして**…など）と訳しやすいでしょう。

4 本文中などと和歌の同一・類似表現

和歌だけではなく、本文で話題になっていること、リード文や注釈などで使用されている語と同じか、似た表現が和歌中で使用されている場合は、その部分が掛詞になっている可能性もあります。

和歌のみで掛詞を判断できることもありますが、和歌は本文の一部分ですから、そこまでにどういう話題が展開されていて、どんな場面で詠まれた和歌なのかを踏まえて解釈することが大事です。

例　次の文章は江戸時代に書かれた『恨の介』の一節である。主人公葛の恨の介は、清水寺で見初めた雪の前という近衛家の養女（姫）へ恋文を送り、文のやり取りを重ね、ついに彼女と逢うこととなった。取り次ぎの女房が恨の介を彼女の部屋に入れた直後の場面である。

かの姫、さも恥づかしき風情にて仰せけるは、
　葛の葉の**うらみ**といふは誰やらむ

この和歌（上の句）の「**うらみ**」は「**裏見**」と「**恨み**」の掛詞です。「うらみ」でよくある掛詞なのですが、ここでの「恨み」は心情の「恨む」ではありません。リード文に何回か出てきている「**恨の介**」のことを指しています。訳は「この姫が、とても恥ずかしそうな様子でおっしゃったのは、葛の葉が（風に吹かれて）**裏**を**見**せるのではないが、**恨**の介というのは誰であろうか」です（※「裏を見る」の意味は無関係で、音だけのつながりなので「〜ではないが」で訳すとよいですね）。

SECTION 5
設問形式別解法

THEME

1　理由・心情説明問題
2　内容合致問題
3　複数テクスト問題①会話形式の問題
4　複数テクスト問題②【資料】などが付く問題

きめる! KIMERU SERIES

SECTION5で学ぶこと

これまで学習してきたことを使って本文を読み解く、本格的な読解問題が出題されます。また、「複数テクスト問題」のうち会話文や資料など、特有の形式で問われる可能性も高いです。

ここが問われる!

このSECTIONでは、次のような読解系の設問形式別解法を学習していきます。

説明問題

これまで学習してきた知識が重要です。理由説明や心情説明などの場合も、まずは傍線部自体の正しい解釈が必要です。また、指示語があれば指示内容なども意識しましょう。「已然形+ば」や、形容詞・形容動詞などに気をつけるなど、理由、心情それぞれのポイントもつかみましょう。

内容合致問題

該当箇所の範囲の「指定なし」の場合と「指定あり」の場合、それぞれの解き方を身につけましょう。最近は「指定あり」が増えてきましたが、どちらの場合でも解けるようにしましょう。

複数テクスト問題①会話形式の問題

題材の本文と絡めて、複数の人たちで話し合う様子がそのままセリフとして文字起こしされており、その**会話**を読んで小問に答える問題です。空欄補充問題になっていることが多いため、ここで空欄補充問題を解くポイントも押さえておきましょう。

複数テクスト問題②【資料】【資料】などが付く問題

本文と絡めた別の【資料】や【文章】を読んで、小問に答える問題です。【資料】や【文章】は、現代語の場合もあれば古文の場合もあり、長さもばらつきがあります。

「短文解釈問題」の対策は、SECTION2で学習しましたね。それ以外の読解系の設問形式別解法に取り組みます。配点も高めの場合が多いので、しっかり得点できるようにしましょう！

入試古文問題を解く手順

本文をいきなり読むのはNG。リード文、設問、人間関係図の有無、出典を先に確認しましょう。

リード文の登場人物の人間関係や状況などを把握してください。次に設問を確認して、本文を読む前に解けるものは解きましょう。ただし、本文を読んでいく際に、選んだ解答でおかしくないか必ず確認すること。読解系の問題は本文を読まなければ解けませんが、何を問われているのかを先につかむことが重要です。人間関係図があり、（注）がついていない人物が出てきたら、関係図中にいるはずです。また、出典が日記・紀行・随筆・歌論などは「作者」も登場人物の一人なので、作者の存在を忘れないこと。本文中の（注）は該当箇所にあたる都度、必ずきちんと確認しましょう。

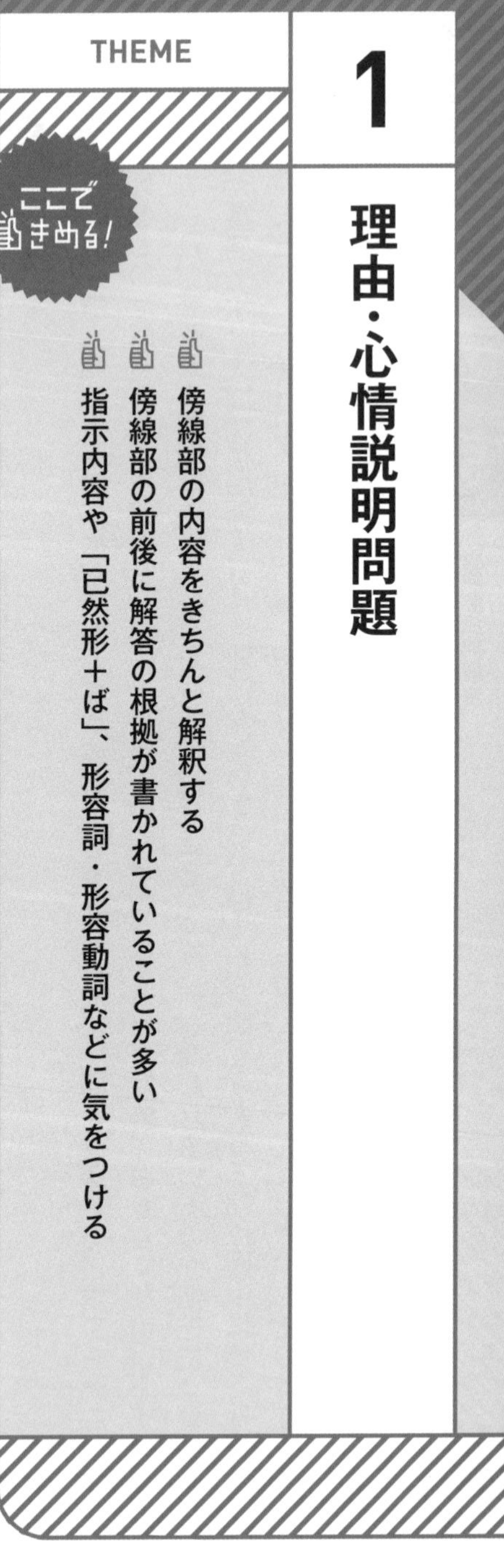

1 理由説明

傍線部の理由を問われたならば、**まず傍線部自体の内容をきちんと解釈**しましょう。まれに、設問文に意訳が書かれていることもありますので、その場合はそれを利用してください。

解答の根拠は傍線部の**前後**にある場合が多いです。根拠になりそうな部分に**指示語**があれば、**指示内容**がどこを指すか（➡通常は**前**を指すことが多い）も踏まえて考えましょう。本文を前から読み、傍線部を読んだ際に「○○だからでしょ」と理由がわかったなら、当然ですが、傍線部まで（＝前）に理由が書かれていたので、その部分に該当する選択肢を選びます。特に、傍線部の前が「**已然形＋ば**（＝〜**ので**）」の場合は、**その直前に書かれている部分が理由**です。一方、傍線部を読んだ際に「どうしてだろう？」と理由がわからなければ、傍線部よりも後ろに理由が書かれているということなので、その続きを、理由を意識しながら読みます。

それでは過去問にチャレンジしましょう。

過去問にチャレンジ

次の文章は、『栄花物語』の一節である。藤原長家（本文では「中納言殿」）の妻が亡くなった後、親族らが亡骸（なきがら）を法住寺（ほうじゅうじ）に移し、四十九日の間、皆が法住寺に籠もって過ごしている場面である。傍線部「『今みづから』とばかり書かせたまふ」とあるが、長家がそのような対応をしたのはなぜか。その理由の説明として最も適当なものを、後の中から選べ。

（共通テスト本試）

（注）宮々よりも思し（おぼし）慰むべき御消息（せうそこ）たびたびあれど、ただ今はただ夢を見たらんやうにのみ思されて過ぐしたまふ。〈中略〉内裏（うち）わたりの女房も、さまざま御消息聞こゆれども、よろしきほどは、「今みづから」とばかり書かせたまふ。進内侍（じんのないし）と聞こゆる人、聞こえたり。

中納言殿の御返し、

契りけん千代は涙の水底（みなそこ）に枕ばかりや浮きて見ゆらん

起き臥しの契りはたえて尽きせねば枕を浮くる涙なりけり

（注） 宮々＝長家の姉たち。彰子や妍子ら。

①並一通りの関わりしかない人からのおくやみの手紙に対してまで、丁寧な返事をする心の余裕がなかったから。
②妻と仲のよかった女房たちには、この悲しみが自然と薄れるまでは返事を待ってほしいと伝えたかったから。
③心のこもったおくやみの手紙に対しては、表現を十分練って返事をする必要があり、少し待ってほしかったから。
④見舞客の対応で忙しかったが、いくらか時間ができた時には、ほんの一言ならば返事を書くことができたから。
⑤大切な相手からのおくやみの手紙に対しては、すぐに自らお礼の挨拶にうかがわなければならないと考えたから。

解説

まずは傍線部自体を直訳します。「今」は❶「すぐに・今」、❷「そのうち・やがて」、❸「もう・さらに」などの多義語なので、いったん「今」のままにしておきます。「みづから」は「自分自身で」の意味なので、「『今自分自身で』とだけ書きなさる」です。傍線部の直前は「よろしきほどは」です。**「よろし」**は**「よし」よりも評価が下**で、❶**「悪くはない」**、❷**「普通だ」**などの意味です。よって、選択肢②「仲のよかった」や、③「心のこもった」、⑤「大切な相手からの」などの明らかなプラス（＝

「よし」の解釈は不適。①「並一通り」は「普通」ということですからよいのですが、④「見舞客の対応で忙しかった」の意味は取れず不適。よって、①が正解です。「**ほど**」は❶「**程度**」、❷「**身分**」などの意味なので、①「関わりしかない」という解釈は、関わりの「程度」でおかしくありません。

また、傍線部が含まれる一文の出だしは、「内裏わたりの女房も、さまざま御消息聞こゆれども」です。傍線部で長家が「書いて」いることから、この「**消息**」は「**手紙**」です。したがって、「聞こゆ」は「申し上げる」ではなく「差し上げる」で訳すと適切です。「宮中の女房も、様々なお手紙を差し上げるが、並一通りの関わり程度の人からの返事には、『今みづから』とだけ（返事を）書いた」ということです。続きで、進内侍からの手紙には、きちんと和歌の返事を書いており、「今みづから」とだけの返事は丁寧ではないことがわかります。

ちなみに、丁寧な返事をする心の余裕が今はないので、「今みづから」とだけ書いたということは、「今」は❷「そのうち」で、「そのうち自分自身で（お会いしてお礼を伝えます）」ということです。もし、ここまで読み取れなくても、「よろし」が理解できて正解が導けていたならば落ち込む必要はありません。間違えたならば、「よろし」は重要単語なので押さえておきましょう。

解答　①

現代語訳

姉たちからもお心を慰めるようにお手紙が度々あるけれど、（長家は）ただ今のところはただ夢を見ているようにばかり思いなさってお過ごしになる。〈中略〉宮中の女房も、様々なお手紙を差し上げるが、（長家は）並一通りの関わり程度の人には、「そのうちに自分で（お会いして）」とだけ書きなさる。進内侍と申し上げる女房が、（手紙を）差し上げた。

約束したとかいう千代の結びつきは涙の水底に沈んで、その涙に枕だけが浮いて見えていることでしょうか。

中納言殿〔＝長家〕のお返事は

起き臥しに交わした約束はまったく尽きないので、枕を浮かせるほどの涙であるよ。

2 心情説明

基本的には理由説明と同じで、まずは**傍線部自体の内容をきちんと解釈**します。

傍線部の**前後**に解答の根拠になるものが多く、根拠になりそうな部分に**指示語**があれば、**指示内容**を考えるのも同じです。

〇〇の心情は、その〇〇にしかわかりませんので、〇〇の**言動**がポイントです。前後に〇〇の**セリフ**や**和歌**があれば要注意。あとは、**心の様子や状態を表す形容詞や形容動詞**があれば、それもポイントになります。

それでは過去問にチャレンジしてみましょう。

過去問にチャレンジ

問1　次の文章は『小夜衣(さよごろも)』の一節である。寂しい山里に祖母の尼上と暮らす姫君の噂(うわさ)を耳にした宮は、そこに通う宰相という女房に、姫君との仲を取り持ってほしいと訴えていた。本文は、偶然その山里を通りかかった宮が、ある庵(いおり)に目をとめた場面である。傍線部「うらやましく見給へり」とあるが、宮は何に対してうらやましく思っているか。その説明として最も適当なものを、後の中から選べ。

（センター本試）

夕暮れのほどなれば、やをら葦垣(あしがき)の隙(ひま)より、格子(かうし)などの見ゆるをのぞき給へば、こなたは仏の御前と見えて、(注1)閼伽棚(あかだな)ささやかにて、(注2)妻戸・格子なども押しやりて、(注3)樒(しきみ)の花青やかに散りて、花奉るとて、からからと鳴るほども、このかたのいとなみも、この世にてもつれづれならず、後(のち)の世はまたいと頼もしきぞかし。このかたは心にとどまることなれば、うらやましく見給へり。あぢきなき世に、かくても住ままほしく、御目とまりて見え給へるに、…

（注）1　閼伽棚＝仏前に供える水や花などを置くための棚。
2　妻戸＝出入り口に付ける両開きの板戸。
3　樒＝仏前に供えられることの多い植物。

①味気ない俗世から離れ、極楽浄土のように楽しく暮らすことのできるこの山里の日常をうらやましく思っている。
②姫君と来世までも添い遂げようと心に決めているので、いつも姫君のそばにいる人たちをうらやましく思っている。
③仏事にいそしむことで現世でも充実感があり来世にも希望が持てる、この庵での生活をうらやましく思っている。
④鳥の鳴き声や美しい花に囲まれた庵で、来世のことを考えずに暮らすことのできる姫君をうらやましく思っている。
⑤自由に行動できない身分である自分と異なり、いつでも山里を訪れることのできる宰相をうらやましく思っている。

問2　次の文章は問1の続きで、目をとめた庵に、宰相の召使いを見かけた宮がその庵を訪ねたところ、そこは尼上と姫君が暮らしている庵で、宰相は病気である尼上の看病をしていた。宮は尼上へのお見舞いの言葉を宰相に伝え、尼上は嬉しく光栄に思い、宰相を介してお礼を申し上げた直後の場面である。傍線部「笑みゐたり」とあるが、この時の女房たちの心情についての説明として最も適当なものを、後の中から選べ。

人々、のぞきて見奉るに、はなやかにさし出でたる夕月夜に、うちふるまひ給へるけはひ、似るものなくめでたし。山の端より月の光のかかやき出でたるやうなる御有様、目もおよばず。

艶も色もこぼるばかりなる御衣に、直衣はかなく重なれるあはひも、いづくに加はれるきよらにかあらん、この世の人の染め出だしたるとも見えず、常の色とも見えぬさま、文目もげにめづらかなり。わろきだに見ならはぬ心地なるに、「世にはかかる人もおはしましけり」と、めでまどひあへり。げに、姫君に並べまほしく、笑みゐたり。宮は、所の有様など御覧ずるに、ほかにはさまかはりて見ゆ。人少なくしめじめとして、ここにもの思はしからん人の住みたらん心細さなど、あはれにおぼしめされて、…

①普段から上質な衣装は見慣れているが宮の衣装の美しさには感心し、姫君の衣装と比べてみたいと興奮している。
②月光に照らされた宮の美しさを目の当たりにし、姫君と宮が結婚したらどんなにすばらしいだろうと期待している。
③宮が噂以上の美しさであったことに圧倒され、姫君が宮を見たらきっと驚くだろうと想像して心おどらせている。
④山里の生活を宮に見せることで仏道に導き、姫君とそろって出家するように仕向けることができたと喜んでいる。
⑤これまで平凡な男とさえ縁談がなかった姫君と、このようなすばらしい宮が釣り合うはずがないとあきれている。

解説

問1 傍線部自体の訳はそのままでもわかるレベルで、リード文にも「宮は何に対してうらやましく思っているか」と主体も含めた設問が書かれています。

傍線部の直前「**なれば**」は「**已然形＋ば**」で、「〜**ので、**うらやましい」となります。よって、この直前の「このかたは心にとどまること」がうらやましい理由で、訳は「この方面は心にとまっている（＝関心がある）こと」です。「この方面のことに関心があるからうらやましい」ので、何に対してうらやましいかは、「**この方面**」の「**この**」の**指示内容**を考える必要があります。指示内容は**前**を指すことが多いので、さらに前を確認すると、仏前に供える水や花などを置く棚があり、樒の花が散って、花を供えようとしています。そういう仏に関する営みも、現世でも退屈ではなく、来世もとても頼もしいものだと書かれています。全部をキレイに訳せなくても、**仏事に関すること**が書かれていて、**現世も退屈ではなく、来世が頼もしい**ことは読み取れると思われます。この内容と同じようなことが書かれている選択肢は③のみです。よって、③が正解。

問2 傍線部自体の訳は「笑って座っている」です。リード文中の設問から、主語は女房たちです。冒頭の「**人々**」は、「覗いて見ている」のでその場におり、尊敬語がないことから**敬意を払わない人たち**です。リード文から、客人である宮の様子を**女房たち**が覗いていると推測できます。「見**奉る**」の**謙譲語**「**奉る**」は宮に対する敬語で、**宮には敬意を払う**ことを押さえておきます。本文の続きは、「ふるまひ**給へ**」や「**御**有様」などの**尊敬語**があることから、夕方の月の光の中での宮の様子が書かれていると判断でき、「似るものなくめでたし（＝たとえようもなく素晴らしい）」や、「月の光のかかやき出でたるやうなる御有様、目もおよばず（＝月の光が輝き出たようなお姿は、直視できない〉」などの表現から、このうえなく容姿を褒めていることがわかります（キレイに訳せなくても、「プラスで褒めているな」とわかればOKです）。また、尊敬語だけではなく、続きの「**直衣**」からも**男性**の衣装➡**宮**の様子だとわかります。そして、女房たちは「世間にはこんな人がいらっしゃるのだなあ」と褒めています。

傍線部の直前は「げに、姫君に並べまほしく」です。「**げに**」は「**本当に**」、「まほしく」は**希望**の助動詞「まほし」の連用形なので、直訳は「本当に、姫君に並べたく」です。「このうえなくプラスな宮を姫君に並べたい」とは、どういうことなのか。「微笑んで」思っていることから、「カップルとして横に並べたい」だと考えられます。選択肢の中だと、同じような意味になるのは②のみです。よって、②が正解。

①は「普段から上質な衣装は見慣れている」とありますが、本文では「わろきだに見ならはぬ心地」となっています。「わろき」は形容詞「わろし」の連体形で、**「悪し（＝悪い）」よりはマシだけど「良くはない」**というマイナスの意味です。この「**だに**」は「**さえ**」、「**ぬ**」は**未然形**についている、もしくは、下が**体言**なので**打消**で、「**良くはない**の**さえ**見慣れて**いない**心地」ということです。「良くはない男をさえ」ということで、つまり、「身分の高い男などもっと見慣れていない」のです。そうであれば、上質な衣装に見慣れているはずがないので不適。③は「噂以上」とありますが、本文中に噂はなく、また、後半「姫君が宮を見たらきっと驚くだろうと想像して心おどらせている」も本文になく不適。④と⑤も本文にまったくないので不適。

解答　**問1**　③　**問2**　②

現代語訳

問1 夕暮れ時なので、静かに葦の垣根の隙間から、格子などが見えるのを覗きなさると、こちら側は仏前〈＝仏間〉と思われて、小さな閼伽棚があり、妻戸・格子なども押し開いて、樒の花が青々と散って、花をお供えしようとして、からからと音が鳴る様子も、仏道の営みも、現世でも退屈ではなく、来世はまたとても頼もしいよ。（宮は）仏事は関心があることなので、うらやましく（思い）見ていらっしゃる。甲斐のないこの世で、このように（仏事のことをして）暮らしたく、お目を止めて見ていらっしゃると、…

問2 女房たちが、覗いて拝見すると、鮮やかに出た夕月（の光）に、振る舞いなさっている（宮の）様子は、たとえようもなく素晴らしい。山の端から月の光が輝き出たような（宮の）お姿は、直視できない（ほど美しい）。光沢も色もあふれ出るほどのお召し物に、直衣が無造作に重なっている色合いも、どこに加わっている美しさであろうか、この世の人が染め出したものとも思えず、通常の色とも思えない様子で、模様も本当にめずらしく素晴らしい。（女房たちは）あまり良くはない男でさえ見慣れない心持ちなので、「世間にはこのような人もいらっしゃるのだなあ」と、褒めそやしている。本当に、姫君に（宮を夫として）並べてみたく（思って）、微笑んで座っている。宮は、住まいの様子などをご覧になると、他の所とは様子が違って見える。人も少なく寂しい様子で、ここに物思いにふけるような人が住んでいるような心細さなどを、しみじみとかわいそうだとお思いにならずにはいられず、…

THEME 2

内容合致問題

ここできめる！

- 「指定なし」なら、先に選択肢に目を通して、本文該当箇所の目安になる語をチェック
- 選択肢におかしな部分が一箇所でもあれば即カット
- 「指定あり」なら、該当箇所をきちんと読み取る

1 指定なし（文章全体）

従来の内容合致問題は、「この文章の内容に関する」や「この文章の内容・表現に関する」などのように、文章全体を通しての問われ方が多く見られました。この場合は、**選択肢に書かれていることが、本文のどこに書かれているのか、その該当箇所を見つける**必要があります。

より要領よく見つけるためには、先に選択肢にザッと目を通して、現代語と古文単語とでほぼ同じ語（例 **季節、日付、動植物名、山・川などの地名、脇役っぽい登場人物**）や、現代語の単語の中に**古文単語が予測できる語**（例「ますます」➡「いとど」／「驚きあきれる」➡「あさまし」）がないかを確認します。あれば、それらの単語を覚えておき、本文を読んでいく際にその単語が出てきたら、そのあたりが該当箇所のはずなので、その単語を含む選択肢と本文のそのあたりを見比べて、合

致しているかどうかを判断するとよいでしょう。

内容合致の選択肢は長いことが多いのですが、明らかにおかしい部分が一箇所でもあれば、それは当然不正解です。よって、**おかしなことが書かれている部分があれば、その選択肢は即カット**しましょう。そうしてカットしていくと、**消去法**で正解を導ける場合もかなりあります。

また、内容合致問題のためだけではなく、先に選択肢をザッと読むことによって、**どういう感じの話なのか、本文を読む前につかむことも可能**です（リード文にもたくさんの情報が書かれている場合は、まずはリード文を確認して、人物関係などをきちんとつかんでください）。選択肢のすべてを丁寧に読み込むのではなく、さっと目を通すだけでも、恋愛の話なのか、政治（官位・出世系）の話なのか、どういう系統の話なのかはつかめると思います。何の話かまったくわからないよりは、「〇〇系の話」と心づもりをしたうえで読むほうが、少しでも読みやすくなるはずです。ただし、「先に選択肢を読んでしまうと、どうしても混乱して余計わからなくなる」というタイプの人もいますので、そういう場合はもちろん本文を読んでからでかまいません。オススメは「先に読んでチェックする」ですが、自身のやりやすい方法で取り組んでください。ただし、**「合致しないもの」**を選ぶ場合は、**先に見る**ことを断然オススメします。正解の選択肢以外は本文通りということですから、あらすじが書かれているようなものです。これは先に見たほうがオトクですね。

それでは過去問にチャレンジしましょう。THEME1でも使用した文章なので、半分以上は知っている内容のはずですが、解き方を確認する気持ちでチャレンジしてみましょう（実際の入試問題全文を掲載すると長いため、本文中に省略した部分があり、その部分に関わる選択肢を一つ削除しています）。

過去問にチャレンジ

次の文章は『小夜衣』の一節である。寂しい山里に祖母の尼上と暮らす姫君の噂を耳にした宮は、そこに通う宰相という女房に、姫君との仲を取り持ってほしいと訴えていた。本文は、偶然その山里を通りかかった宮が、ある庵に目をとめた場面から始まる。これを読んで、この文章の内容に関する説明として最も適当なものを、後の中から一つ選べ。

（センター本試改）

「ここはいづくぞ」と、御供の人々に問ひ給へば、「（注1）雲林院と申す所に侍る」と申すに、御耳とどまりて、宰相が通ふ所にやと、このほどはここにとこそ聞きしか、いづくならんと、ゆかしくおぼしめして、御車をとどめて見出だし給へるに、いづくもおなじ卯の花とはいひながら、垣根続きも（注2）玉川の心地して、ほととぎすの初音も心尽くさぬあたりにやと、ゆかしくおぼしめされて、夕暮れのほどなれば、やをら葦垣の隙より、格子などの見ゆるをのぞき給へば、こなたは仏の御前と見えて、（注3）閼伽棚ささやかにて、（注4）妻戸・格子なども押しやりて、（注5）樒の花青やかに散りて、花奉るとて、からからと鳴るほども、このかたのいとなみも、この世にてもつれづれならず、後の世はまたいと頼もしきぞかし。このかたは心にとどまることなれば、うらやましく見給へり。あぢきなき世に、かくても住まほしく、御目とまりて見え給へるに、童べの姿もあまた見ゆる中に、かの宰相のもとなる童べもあるは、ここにや、とおぼしめせば、御供なる兵衛督といふを召し給ひて、「宰相の君はこれにて侍るにや」と、対面すべきよし聞こえ給へり。驚きて、「いかがし侍るべき。宮の、これまで尋ね入らせ給へるにこそ。かたじけなく侍り」とて、いそぎ出でたり。仏のかたはらの南面に、おましなどひきつくろひて、入れ奉る。

〈中略　ここは尼上と姫君が暮らしている庵で、宰相は病気である尼上の看病をしていた。宮は尼上へのお見舞いの言葉を宰相に伝え、尼上は嬉しく光栄に思い、宰相を介してお礼を申し上げた。〉

人々、のぞきて見奉るに、はなやかにさし出でたる夕月夜に、うちふるまひ給へるけはひ、似るものなくめでたし。山の端より月の光のかかやき出でたるやうなる御有様、目もおよばず。艶も色もこぼるばかりなる御衣に、直衣はかなく重なれるあはひも、いづくに加はれるきよらにかあらん、この世の人の染め出だしたるとも見えず、常の色とも見えぬさま、文目もげにめづらかなり。わろきだに見ならはぬ心地なるに、「世にはかかる人もおはしましけり」と、めでまどひあへり。げに、姫君に並べまほしく、笑みゐたり。宮は、所の有様など御覧ずるに、ほかにはさまかはりて見ゆ。人少なくしめじめとして、ここにもの思はしからん人の住みたらん心細さなど、あはれにおぼしめされて、そぞろにものがなしく、御袖もうちしほたれ給ひつつ、宰相にも、「かまへて、かひあるさまに聞こえなし給へ」など語らひて帰り給ふを、人々も名残多くおぼゆ。

（注）
1　雲林院＝都の郊外にあった寺。姫君は尼上とともにこの寺の一角にある寂しい庵で暮らしている。
2　玉川の心地して＝卯の花の名所である玉川を見るような心地がして。
3　閼伽棚＝仏前に供える水や花などを置くための棚。
4　妻戸＝出入り口に付ける両開きの板戸。

5　樒＝仏前に供えられることの多い植物。

①宮は山里の庵を訪ねた折、葦垣のすきまから仏事にいそしむ美しい女性の姿を見た。この人こそ噂に聞いていた姫君に違いないと確信した宮は、すぐに対面の場を設けるよう宰相に依頼した。

②宮の突然の来訪に驚いた宰相は、兵衛督を呼んで、どのように対応すればよいか尋ねた。そして大急ぎで出迎えて、宮に失礼のないように席などを整え、尼上と姫君がいる南向きの部屋に案内した。

③宮の美しさはあたかも山里を照らす月のようで、周囲の女房たちは、これまでに見たことがないほどだと驚嘆した。一方宮はこの静かな山里で出家し、姫君とともに暮らしたいと思うようになった。

④宮は山里を去るにあたり、このような寂しい場所で暮らしている姫君に同情し、必ず姫君に引き合わせてほしいと宰相に言い残した。女房たちは宮のすばらしさを思い、その余韻にひたっていた。

解説

リード文にたくさんの情報が書かれているので、まずはリード文を確認して、人物関係や状況などをきちんとつかみます。そして、本文を読む前に、先に選択肢の内容を確認しましょう。本文の該当箇所を見つけやすくなる語を意識すると、①は「**葦垣のすきま**」や「**仏事**」など、②は「**兵衛督**（リード文にはいない＋内容合致の他の選択肢にもいない人物➡おそらく脇役）」や「**南向きの部屋**（古文単語だと「**南面**（みなみおもて）」と出てくるはず）」、③は「**月**」、「**出家**」など、④は「**山里を去る**」場面や「**余韻**」あたりが目安になりそうです（どれを目安にするかに正解はありません。他の箇所を目安にする人もいるでしょう。今回は、私の目安を使用して解説します）。

本文の出だしに主語が書かれていませんが、リード文から宮だと推測できます。そして、「**問ひ給へ**」と**尊敬語**があることから、**宮には敬意を払う**ことを押さえておきます。家来とやり取りをし、この庵は宰相が通っている所ではないかと思って車を停めて見ている人も、尊敬語や文脈から「宮」です。そのまま読んでいくと、5行目に「**葦垣**（あしがき）**の隙**（ひま）」とあります。「**隙**」は「**すきま**」の意味です。おそらくこのあたりが選択肢①の該当箇所です。ここからの本文はTHEME1でも見ましたが、再度確認しておくと、葦の垣根の隙間から覗いているのは、尊敬語があることから「宮」です。室内で仏事を行っている人がいて、宮が仏事に関心があるので、うらやましく見ているのでしたね。選択肢①の出だし「宮は山里の庵を訪ねた折、葦垣のすきまから仏事にいそしむ」まではよいのですが（厳密には「訪ねた」というより、「偶然通りかかって、覗いた時」が正しいですが）、その仏事をしていた人が「美しい女性」だとは本文のどこにも書いていないので、①は不適。

本文の続き「こんなふうに住みたいと、目をとめて**見なさっている**」のも**尊敬語**と「**見ている**（＝**覗く**）」と**類似表現**で「**宮**」です。童がたくさんいる中に、宰相のもとにいる童もいるので「ここだろうか」と**おぼしめし**た人も、**尊敬語**と文脈から「**宮**」で間違いありません。そして、「**おぼしめせば**」は「**心情語＋ば**」なので、続きの主語も「**宮**」のままのはずです。お供の**兵衛督**を呼びなさって「宰相の君はここにいますか」と確認させたのも**宮**でよさそうですね。そして、今の部分で「**兵**

衛督」に反応できたでしょうか。選択肢②の該当箇所はこのあたりのはずです。選択肢②を確認すると、「宮の突然の来訪に驚いた宰相は、兵衛督を呼んで」となっており、主語がおかしいため不適。ちなみに、13行目に「**南面**」の語がありますね。すでに②は解きましたので、もう注目しなくてもよいのですが、念のために解説しておくと、選択肢では「尼上と姫君がいる南向きの部屋」とありますが、本文にはこの部屋に二人がいることは書かれていませんので、ここからも②は不適だとわかります。

さて、続いて、中略の後に「**夕月夜**」と「**月**」が出てきます。選択肢③の目安にしている単語の一つです。THEME1で見たとおり、この先は月の光が輝くほどの宮の容姿の素晴らしさが書かれており、女房たちが「世間にこのような人がいらっしゃるのだなあ」と感動していましたね。よって、③の前半「宮の美しさはあたかも山里を照らす月のようで、周囲の女房たちは、これまでに見たことがないほどだと驚嘆した」はよいのです。ただし、後半に「一方宮はこの静かな山里で出家し、姫君とともに暮らしたいと思うようになった」とありますが、本文にそのような記述はありません。23行目に「さまかはりて」とあり、たしかに「**様変**(さまか)**ふ**」は「**出家する**」という意味が重要な語ですが、ここでは「所の有様〈＝場所の様子〉」が話題なので、「他の場所とは**様子が変わって**（違うように）見える」とそのままの意味で使用されており、③も不適。よって、**消去法**で④が正解だとわかります。

④に関わる本文の該当箇所を一応確認しておきます。宮が山里を去る場面は、26行目の「帰り**給ふ**」のあたりです。先ほどの「場所の様子」の続きですが、「人が少なくて、物思いにふけっている人が住む心細さなどを、しみじみとつい**お思いになって**悲しい」とあり、**尊敬語**が使われていることから思っているのは「**宮**」です。「しほたれ（**しほたる**）」は漢字で「**潮垂る**」と書き、水がしたたる

イメージがしやすいと思われますが、「**泣く**」の意味があります。ここにも**尊敬語**があることから、泣いているのは**宮**です。ここまでをまとめると、「宮が寂しい場所を見て、しみじみと悲しくなって泣いている」ことから、選択肢④「宮は山里を去るにあたり、このような寂しい場所で暮らしている姫君に同情し」はよさそうです。そして、本文の続きで宰相に「かまへて、かひあるさまに聞こえなし**給へ**」と言っています。「かまへて」は強調、「**給へ**」が**尊敬語**でもあり**命令形**でもあることから、主語は「**あなた**〈＝宰相〉」です。そうすると「宰相さん、絶対甲斐がある様子にしてね」と宰相に言っているので、選択肢④「必ず姫君に引き合わせてほしいと宰相に言い残した」もよさそうですね。本文の最後、「人々」は「女房たち」で、「名残多くおぼゆ」から、「余韻にひたっていた」と考えておかしくありません。選択肢④にはおかしなところがありませんので、やはり④が正解です。

解答　④

現代語訳

「ここはどこか」と、（宮が）お供の人々に尋ねなさると、「雲林院と申す所でございます」と申し上げるので、（宮はそれが）お耳に残って、宰相が通う所であろうかと、最近はここに（来ている）と聞いたが、どこなのだろうと、知りたくお思いになって、お車〈＝牛車〉を停めて外を見なさると、どこでも同じ卯の花とは言いながら、垣根続き（に咲いているの）も卯の花の名所である玉川を見るような心地がして、ほととぎすの初音も（まだかと待って）気をもむこともないあたりであろうかと、自然と知りたくお思いになって、夕暮れ時なので、静かに葦の垣根の隙間から、格子などが見えるのを覗きなさると、こちら側は仏前〈＝仏間〉と思われて、小さな閼伽棚があり、妻戸・格子なども押し開いて、樒の花が青々と散って、花をお供えしようとして、からからと音が鳴る様子も、仏道の営みも、現世でも退屈ではなく、来世はまたとても頼もしいよ。（宮は）仏事は関心があることなので、うらやましく（思い）見ていらっしゃる。甲斐のないこの世で、このように（仏事のことをして）暮らしたく、お目を止めて見なさると、童女の姿もたくさん見える中に、あの宰相のもとにいる童女もいるのは、（宰相がいるのは）ここであろうかと、お思いになるので、お供の兵衛督という者をお呼びになって、「宰相の君はここにいますか」と、対面したいということを申し上げなさる。（宰相の君は）驚いて、「どうしましょう。宮が、ここまで訪れていらっしゃったのね。恐れ多いことです」と言って、急いで出てきた。仏間の隣の南向きの部屋に、御座所を整えて、（宮を）お入れ申し上げる。

〈**中略**　ここは尼上と姫君が暮らしている庵で、宰相は病気である尼上の看病をしていた。宮は尼上へのお見舞いの言葉を宰相に伝え、尼上は嬉しく光栄に思い、宰相を介してお礼を申し上げた。〉

女房たちが、（その様子を）覗いて拝見すると、鮮やかに出た夕月（の光）に、振る舞いなさっている（宮の）様子は、たとえようもなく素晴らしい。山の端から月の光が輝き出たような（宮の）お姿は、直視できない（ほど美しい）。光沢も色もあふれ出るほどのお召し物に、直衣が無造作に重なっている色合いも、どこに加わっている美しさであろうか、この世の人が染め出したものとも思えず、通常の色とも思えない様子で、模様も本当にめずらしく素晴らしい。（女房たちは）あまり良くはない男でさえ見慣れない心持ちなので、「世間にはこのような人もいらっしゃるのだなあ」と、褒めそやしている。本当に、（女房たちは）姫君に（宮を夫として）並べてみたく（思って）、微笑んで座っている。宮は、住まいの様子などをご覧になると、他の所とは様子が違って見える。人も少なく寂しい様子で、ここに物思いにふけるような人が住んでいるような心細さなどを、しみじみとかわいそうだとお思いにならずにはいられず、むやみになんとなく悲しく、お袖も涙で濡らしなさりながら、宰相にも、「なんとかして、甲斐がある〈＝姫君と良い結果となる〉ように（尼上に取りなし）申し上げなさい」などと語って帰りなさるのを、女房たちも名残多く思っている。

2 指定あり

最近の内容合致問題（場面や説明も含む）は、「●段落の内容」や「●～●段落の説明」、「●行目の場面」など、該当部分が設問文に書かれているほうが多く、とても親切です。本文全体から自分で該当箇所を探すよりも、だいぶ解きやすいはずです。

自分で該当部分を探す必要はありませんので、指定の該当部分が短いようであれば、選択肢の詳細は各該当部分を読んだ後に確認してもよいですし、該当部分が長ければ「指定なし」と同じように、先に選択肢にさっと目を通して、目安になりそうな語や場面などを大雑把につかんでもよいでしょう。どちらにしろ、該当箇所の大事な部分を正確に読み取り、選択肢から正しいものを選ぶのみです。

選択肢におかしな部分があれば即カットしていって、**消去法**で正解が導けるかもしれないことは、「1指定なし」と同じです。

それでは過去問にチャレンジしましょう。

過去問にチャレンジ

次の文章は、『蜻蛉（かげろう）日記』の一節である。療養先の山寺で母が死去し、葬式などを済ませて、作者や親戚は喪に服すために山寺に集まっていた。作者は夜も眠れず、このままここで死にたいと思ってしまうほど、ひどく嘆き悲しんだ。以下は、その後の場面から始まる。これを読んで、後の問いに答えよ。なお、設問の都合で本文の段落に1～6の番号を付してある。

（共通テスト追試）

（※ここでは2、3段落以外の本文を省略した）

2 かくて十余日になりぬ。僧ども念仏のひまに物語するを聞けば、「この亡くなりぬる人の、あらはに見ゆるところなむある。さて、近く寄れば、消え失せぬなり。遠うては見ゆなり」「いづれの国とかや」「みみらくの島となむいふなる」など、口々語るを聞くに、いと知らまほしう、悲しうおぼえて、かくぞいはるる。

ありとだによそにても見む名にし負はばわれに聞かせよみみらくの島

といふを、兄人（せうと）なる人聞きて、それも泣く泣く、

いづことか音にのみ聞くみみらくの島がくれにし人をたづねむ

3 かくてあるほどに、（注）立ちながらものして、日々にとふめれど、ただいまは何心もなきに、穢（けが）らひの心もとなきこと、おぼつかなきことなど、むつかしきまで書きつづけてあれど、ものおぼえざりしほどのことなればにや、おぼえず。

（注）立ちながらものして＝作者の夫である藤原兼家が、立ったまま面会しようとしたということ。立ったままであれば、死の穢れに触れないと考えられていた。

問　2段落、3段落の内容に関する説明として適当なものを、次の中から二つ選べ。ただし、解答の順序は問わない。

①僧たちが念仏の合間に雑談しているのを聞いて、その不真面目な態度に作者は悲しくなった。
②作者は「みみらくの島」のことを聞いても半信半疑で、知っているなら詳しく教えてほしいと兄に頼んだ。
③「みみらくの島」のことを聞いた作者の兄は、その島の場所がわかるなら母を訪ねて行きたいと詠んだ。
④作者は、今は心の余裕もなく死の穢れのこともあるため、兼家にいつ会えるかはっきりしないと伝えた。
⑤兼家は、母を亡くした作者に対して、はじめは気遣っていたが、だんだんといい加減な態度になっていった。
⑥作者は、母を亡くして呆然とする余り、兼家から手紙を受け取っても、かえってわずらわしく思った。

解説

段落指定があるので、自分で本文の該当部分を探す必要はありませんから、選択肢は各段落を読んだ後に確認してもよいですし、さっと目を通して、①なら「**僧たち**」や「**雑談**（古文単語なら「**物語**」など）」が目安になりそうな語、②、③は「**みみらくの島**」、④〜⑥は**兼家が絡んでいる**、などのように大雑把に目安をつかんでもよいです。

それでは、2段落の内容を確認していきます。二文目に「**僧ども**」と「**物語**」があるので、先に選択肢を確認した人は、選択肢①はこのあたりが該当部分だろうと見当をつけられます。「**ひま**」は「**すきま**」でしたね。念仏の「**すきま**」➡「**合間**」です。雑談を聞いているのは、**尊敬語がなくて日記➡作者**の可能性が高いです。ただし、『**蜻蛉日記**』**は、地の文で夫の兼家にも基本的に敬語を使っておらず、地の文では敬語で主語把握がしにくい作品**だということを、受験生は知っておくべきです。よって、文脈判断をします。ここでは、リード文から作者は喪に服すために山寺にいるので、僧たちの雑談を聞ける近さにいると考えておかしくありません。作者でよさそうです。「聞け**ば**」なので**主語が変わりやすく**、セリフが続き、最後のセリフの後ろが「**口々語る**」とあることから**僧たちの雑談**です。雑談の内容を大雑把につかむと、「亡くなった人がはっきりと見える所がある。近く寄ると消えて、遠くから見える」「どこの国か」「みみらくの島という」です。死者の姿が見える「みみらくの島」という島の話をしていることが読み取れます。

一つ目のセリフの「消え失せ**ぬ**なり」の「**ぬ**」が**打消**か**完了**かは、上の「失せ」が下二段活用なので未然形か連用形か不明のため、上からの判別はできません。下の「**なり**」が**断定**なら「**ぬ**」は**連体形**で**打消**、**伝聞推定**なら「**ぬ**」は**終止形**で**完了**です。結局は文脈判断が必要で、**断定**ならば「消え失せ**ないのである**」、**伝聞推定**なら「消え失せ**てしまうとかいう**」です。後ろの「見ゆ**なり**」の「**な****り**」は、**終止形**「見ゆ」についているので**伝聞推定**で、「遠くでは見える**とかいう**」です。そうすると、「近く」と「遠く」の対比と、遠くの話題の「なり」が伝聞推定であることから、近くのほうもおそらく伝聞推定で、「近く寄ると、消えてしまう**とかいう**」でおかしくなさそうです。

さて、その島の話を聞いた作者が、「とても知りたい」と思ったと考えられるので、「聞く**に**」は「**に**」ですが、主語は変わらず作者のままで、「(作者は) とても知りたく、悲しく思った」のです。「知りたい」のは、もちろん亡き母に会いたいからでしょう。ですが、あくまでも僧たちも伝え聞いた話で、そんな島はおそらく実在しませんよね。それなのに「知りたい」と思ってしまい、そして、悲しくなるのです。選択肢①の前半「僧たちが念仏の合間に雑談しているのを聞いて」と最後「作者は悲しくなった」はよいのですが、その間の「その不真面目な態度に」がおかしいので、①は不適。

さて、本文に「**みみらくの島**」は出てきましたが、選択肢②・③にある「**作者の兄**」はまだ出てきていないため、続きを読んでいきます。「悲しく思って、このように言った」ので、次の「ありとだに」は**作者**が詠んだ和歌です。「ありとだに／よそにても見む／名にし負はば／われに聞かせよ／みみらくの島」です。三句目が字余りですが、和歌をいつも区切るクセをつけておくと、字余り・字足らずでも自然な箇所で区切れるようになるはずです。二句目の「見む」には**尊敬語も命令形もない**ので主語は「**わたし**」で、この「む」は**意志**です。「**だに**」の下に**意志**があるので、初句の「**だに**」は限定「(**せめて**〜) **だけでも**」です。よって、ここまでの直訳は「あるとだけでも遠くからでも見よう」です。意志は「〜**よう**」ですが、意志は自分の願望でもありますので、「〜**たい**」と意訳することもよくあります。ここも「見たい」のほうが自然で、何を遠くから見たいのかは、前からの文脈で「（みみらくの島にいる）亡くなった母親」だとわかりますね。「母の姿だけでも遠くからでも見たい」のです。「名に**し**負は**ば**」の「**し**」は**強意**の副助詞で無視してかまいません。「負はば」は「**未然形＋ば**」で**順接仮定**条件です。四句目「聞かせよ」が**命令形**なので、「**あなた**」が主語になります。三句目から訳すと、「名前として背負っている〈＝持っている〉ならば、私に聞かせよ、みみらくの島」となります。「みみらくの島」に呼びかけていると考えられ、「あなた」＝「みみらくの島」です。「**みみらく**」＝「**耳楽**」と考え、「耳をプラスにさせるという名前がついているみみらくの島さん、そんな名前がついているのだから、私の耳をプラスにさせるために（良い情報を）聞かせてよ」と言いたいのです。では、何を聞きたいのか。「みみらくの島がどこにあるかわからない」という話の流れから、「母の姿を見るために、あなた〈＝みみらくの島〉のいる場所〈＝どこにあるのか〉を教えてくれ」ということです。

この和歌を聞いた**兄**が、泣く泣く和歌を詠んだのです。区切ると「いづことか／音にのみ聞く／みみらくの／島がくれにし／人をたづねむ」です。「**音に聞く**」は❶「**うわさに聞く**」、❷「**有名である**」の意味で、ここでは❶の意味です。「島がくれ**にし**人」の「**し**」は体言の上にあるので**連体形**で、**過去**の助動詞「**き**」です。「（連用形）＋**にき**」の「**に**」は**完了**なので、「みみらくの島に隠れ**てしまった人**」と訳せます。「死者がいる島に隠れた人」＝「母親」です。最後の「**む**」は**意志**で、直訳は「どこにあるとかうわさにだけ聞くみみらくの島。そこにいる母を訪ね**よう**〈＝訪ね**たい**〉」となります。

「**兄**」も出てきて②段落を読み終えたので、選択肢②・③を確認します。先に選択肢を確認していなかった人も、②段落が終わったので、ここでひとまず選択肢を①から見ていき、解けるものを解いていきます。選択肢②は「(作者は)半信半疑」とありますが、本文にはそのような様子は書かれていません。信じたり疑ったりしているわけではなく、会いたいので、どこにあるのか知りたいと思うものの、現実にはないのはわかっているので悲しくなったりしているのです。ないことはわかっていながらの願望です。また、選択肢の最後「兄に頼んだ」もあきらかにおかしいですね。作者が「教えてほしい」と呼びかけた相手は「みみらくの島」なので不適。選択肢③にはおかしなところがありません。よって、③が正解の一つです。

3段落を見ていきます。3段落は短いので、すべて読みきってから残りの選択肢を確認することにします。(注)も利用すると、夫の兼家が、毎日訪れてくれるようです。「ただいまは何心もなき」なのは、母が亡くなり、嘆き悲しんでいる作者ですね。次の「心もとなき(**心もとなし**)」や「おぼつかなき(**おぼつかなし**)」は重要単語で「**気がかり**」「**じれったい**」などの意味、「むつかしき(**むつかし**)」も重要単語で「**わずらわしい・不快**」の意味です。そうすると、「気がかりなことなどを、わずらわしいほどに書き続けている人」は、何も考えられない作者のはずがありませんから「兼家」です。次の「ものおぼえざりし」は「**ものを思えなかった**」で、「**何心もなき**」と**似た表現**で**作者**です。そして、作者はものを思えない、つまり、正気ではない状態なので、兼家からの手紙がわずらわしいだけで覚えていないのです。

それでは、残りの選択肢を確認していきます。選択肢④の後半「兼家にいつ会えるかはっきりしないと伝えた」がおかしいので不適。作者はわずらわしいと感じただけで、覚えてもいない状況です。⑤も本文とまったく違います。よって、もう一つの正解は**消去法**で⑥です。気がかりなことをいろいろ書いてくれていた兼家の手紙のことを「**むつかしきまで**書きつづけて」と書かれていることから、作者は「わずらわしく思った」と考えておかしくありません。

解答　③・⑥（順不同）

現代語訳

2　こうして十日あまりになった。僧たちが念仏の合間に話しているのを（作者が）聞くと、「この亡くなった人が、はっきりと見える所がある。そこで、近くに寄ると、消え失せてしまうらしい。遠くからでは見えるとかいう」「どこの国とかいうのか」「みみらくの島というらしい」などと、口々に語るのを（作者が）聞くと、とても知りたく、悲しく思って、ついこのように言う。

（母の姿が）あるとだけでも遠くからでも見たい。名前として持っているならば、私に（どこにあるのか）聞かせよ、みみらくの島よ。

と言うのを、兄である人が聞いて、兄も泣く泣く（詠んだ歌）、

どこにあるとかうわさにだけ聞くみみらくの島、その島に隠れてしまった人（＝亡き母）を訪ねたい

3　こうしているうちに、（夫の藤原兼家が）立ったまま面会しようとして、毎日訪ねてくるようだが、ただ今は（作者は）何も考えられないので、穢れのために（兼家は作者に会えず）もどかしいことや、気がかりなことなど、わずらわしいほど（兼家が手紙を）書き続けているが、（私は）正気ではない時のことであったからだろうか、（私はわずらわしいだけで）覚えていない。

THEME

3 複数テクスト問題①会話形式の問題

ここで自きめる！

- 本文を読む前に、会話文にサーっと目を通し、問題を解くうえで重要なことや情報をつかむ
- 空欄や傍線部の前後に重要なポイントがあることが多い
- この手の問題に慣れるには練習が必要不可欠！

1 会話文中の空欄補充問題

教師と生徒、または生徒同士などで、「題材の本文を読んだ後」という設定での話し合いの様子を読んで、その**会話文中にある複数（三箇所が多い）の空欄補充問題**が出題されています。この会話文を、本文、あるいは設問中にある「資料の古文」を読む前に先に目を通すと、本文や「資料の古文」を読むヒントになったり、問題を解くうえでの目安がわかったりすることがあるので、**先に目を通して、何が問われているのかなど大事な部分を、本文や「資料の古文」を読む前につかんでおきましょう。**ただし、この会話文は、リアルな会話を再現したように書かれていますので、会話文の全部を同じ調子で丁寧に読み込んでいると時間が不足してしまうはずです。**空欄、もしくは、傍線**

部の前後に問題を解くうえで重要なポイントが書かれていることが多いので、そこに着目して取り組みましょう。ただし、前後以外を飛ばせと言っているわけではありません。他の部分にも大事な情報はあるかもしれませんので、サーっと目は通していくのです。そして、たとえば、「みんなで考えてみましょう」や「なるほど、それは面白いですね」などは、立ち止まらずに一気に読み進めます。一方、「確かに、院の様子なんかそうかも。**【文章Ⅱ】**では X などは「**院の様子**」や**【文章Ⅱ】**が大事な情報なので、先にきちんと把握していれば、「 X を解くためには、【文章Ⅱ】の院の様子に気をつけて読んでいこう**」と本文を読むうえでの心づもりができますよね。

どこが大事そうで、どれが不要そうかをつかむには慣れが必要ですので、過去問や市販のオリジナル演習問題などで、会話形式の練習をたくさん積んでください。

それでは過去問にチャレンジしましょう。

過去問にチャレンジ

次の文章は源俊頼（としより）が著した『俊頼髄脳（としよりずいのう）』の一節で、殿上人たちが、皇后寛子のために、寛子の父・藤原頼通の邸内で船遊びをする場面である。これを読んで、後の問いに答えよ。なお、設問の都合で本文の段落に 1 ～ 5 の番号を付してある。（※ここでは 1 、 2 段落の本文を省略した。 1 ・ 2 段落には、紅葉を屋根に飾った船が邸内の池を巡り、庭には皇后のために祈禱をしていた僧たちや召使いの子供たちなど、大勢の人が見物しようと並んで座っている様子が描かれている。55～56ページ参照）

（共通テスト本試）

3 その中に、良暹（りやうぜん）といへる歌よみのありけるを、殿上人、見知りてあれば、「良暹がさぶらふか」と問ひければ、良暹、(注1)目もなく笑みて、平（ひら）がりてさぶらひければ、かたはらに若き僧の侍りけるが知り、「さに侍り」と申しければ、「あれ、船に召して乗せて(注2)連歌（れんが）などせさせむは、いかがあるべき」と、いま一つの船の人々に申しあはせければ、「いかが。あるべからず。後の人や、さらでもありぬべかりけることかなとや申さむ」などありければ、さもあることとて、乗せずして、ただささながら連歌などはせさせてむなど定めて、近う漕ぎよせて、「良暹、さりぬべからむ連歌などして参らせよ」と、人々申されければ、さる者にて、もしさやうのこともやあるとてまうけたりけるにや、聞きけるままに程もなくかたはらの僧にものを言ひければ、その僧、ことごとしく歩みよりて、

「もみぢ葉のこがれて見ゆる御船（みふね）かな

と申し侍るなり」と申しかけて帰りぬ。

4 人々、これを聞きて、船々に聞かせて、付けむとしけるが遅かりければ、船を漕ぐともなくて、やうやう築島（つくじま）をめぐりて、一めぐりの程に、付けて言はむとしけるに、え付けざりければ、むなしく過ぎにけり。「いかに」「遅し」と、たがひに船々あらそひて、二（ふた）めぐりになりにけり。なほ、え付けざりければ、船を漕がで、島のかくれにて、「かへすがへすもわろきことなり、これを今まで付けぬは。日はみな暮れぬ。いかがせむずる」と、今は、付けむの心はなくて、付けでやみなむことを嘆く程に、何事も覚えずなりぬ。

5 ことごとしく管絃の物の具申しおろして船に乗せたりけるも、いささか、かきならす人もなくてやみにけり。かく言ひ沙汰する程に、普賢堂の前にそこばく多かりつる人、皆立ちにけり。

人々、船よりおりて、御前にて遊ばむなど思ひけれど、このことにたがひて、皆逃げておのおの失せにけり。宮司、まうけしたりけれど、いたづらにてやみにけり。

（注）1　目もなく笑みて＝目を細めて笑って。
2　連歌＝五・七・五の句と七・七の句を交互に詠んでいく形態の詩歌。前の句に続けて詠むことを、句を付けるという。

問　次に示すのは、授業で本文を読んだ後の、話し合いの様子である。これを読んで、後の（i）～（iii）の問に答えよ。

教　師——本文の3～5段落の内容をより深く理解するために、次の文章を読んでみましょう。これは『散木奇歌集』の一節で、作者は本文と同じく源俊頼です。

人々あまた八幡の御神楽に参りたりけるに、こと果てて又の日、別当法印光清が堂の池の釣殿に人々ゐなみて遊びけるに、「光清、連歌作ることなむ得たることとおぼゆる。ただいま連歌付けばや」など申しゐたりけるに、かたのごとくとて申したりける、

釣殿の下には魚やすまざらむ　俊重

光清しきりに案じけれども、え付けでやみにしことなど、帰りて語りしかば、試みにとて、

うつばりの影そこに見えつつ　俊頼

（注）1 八幡の御神楽＝石清水八幡宮（いわしみずはちまんぐう）において、神をまつるために歌舞を奏する催し。
2 別当法印＝「別当」はここでは石清水八幡宮の長官。「法印」は最高の僧位。
3 俊重＝源俊頼の子。
4 うつばり＝屋根の重みを支えるための梁（はり）。

教　師――この『散木奇歌集』の文章は、人々が集まっている場で、連歌をしたいと光清が言い出すところから始まります。その後の展開を話し合ってみましょう。

生徒A――俊重が「釣殿の」の句を詠んだけれど、光清は結局それに続く句を付けることができなかったんだね。

生徒B――そのことを聞いた父親の俊頼が俊重の句に「うつばりの」の句を付けてみせたんだ。

生徒C――そうすると、俊頼の句はどういう意味になるのかな？

生徒A――その場に合わせて詠まれた俊重の句に対して、俊頼が機転を利かせて返答をしたわけだよね。二つの句のつながりはどうなっているんだろう……。

教　師――前に授業で取り上げた「掛詞（かけことば）」に注目してみると良いですよ。

生徒B――掛詞は一つの言葉に二つ以上の意味を持たせる技法だったよね。あ、そうか、この二つの句のつながりがわかった！　X　ということじゃないかな。

生徒C――なるほど、句を付けるって簡単なことじゃないんだね。うまく付けられたら楽しそうだけど。

教　師――そうですね。それでは、ここで本文の『俊頼髄脳』の3段落で良暹（りょうぜん）が詠んだ「もみぢ葉の」の句について考えてみましょう。

生徒A――この句は Y 。でも、この句はそれだけで完結しているわけじゃなくて、別の人がこれに続く七・七を付けることが求められていたんだ。

生徒B――そうすると、4・5段落の状況もよくわかるよ。 Z ということなんだね。

教　師――良い学習ができましたね。『俊頼髄脳』のこの後の箇所では、こういうときは気負わずに句を付けるべきだ、と書かれています。ということで、次回の授業では、皆さんで連歌をしてみましょう。

(i) 空欄 X に入る発言として最も適当なものを、次の①～④のうちから一つ選べ。

①俊重が、皆が釣りすぎたせいで釣殿から魚の姿が消えてしまったと詠んだのに対して、俊頼は、「そこ」に「底」を掛けて、水底（みなそこ）にはそこかしこに釣針が落ちていて、昔の面影をとどめているよ、と付けている

②俊重が、釣殿の下にいる魚は心を休めることもできないだろうかと詠んだのに対して、俊頼は、「うつばり」に「鬱」を掛けて、梁の影にあたるような場所だと、魚の気持ちも沈んでしまうよね、と付けている

③俊重が、「すむ」に「澄む」を掛けて、水は澄みきっているのに魚の姿は見えないと詠んだのに対して、俊頼は、「そこ」に「あなた」という意味を掛けて、そこにあなたの姿が見えたからだよ、と付けている

④俊重が、釣殿の下には魚が住んでいないのだろうかと詠んだのに対して、俊頼は、釣殿の「う

つばり」に「針」の意味を掛けて、池の水底には釣殿の梁ならぬ釣針が映って見えるからね、と付けている

（ii）空欄 Y に入る発言として最も適当なものを、次の①～④のうちから一つ選べ。

①船遊びの場にふさわしい句を求められて詠んだ句であり、「こがれて」には、葉が色づくという意味の「焦がれて」と船が漕がれるという意味の「漕がれて」が掛けられていて、紅葉に飾られた船が池を廻って（めぐ）いく様子を表している

②寛子への恋心を伝えるために詠んだ句であり、「こがれて」には恋い焦がれるという意味が込められ、「御船」には出家した身でありながら、あてもなく海に漂う船のように恋の道に迷い込んでしまった良暹自身がたとえられている

③頼通や寛子を賛美するために詠んだ句であり、「もみぢ葉」は寛子の美しさを、敬語の用いられた「御船」は栄華を極めた頼通たち藤原氏を表し、順風満帆に船が出発するように、一族の将来も明るく希望に満ちていると讃え（たた）ている

④祈禱を受けていた寛子のために詠んだ句であり、「もみぢ葉」「見ゆる」「御船」というマ行の音で始まる言葉を重ねることによって音の響きを柔らかなものに整え、寛子やこの催しの参加者の心を癒やしたいという思いを込めている

（iii）空欄 Z に入る発言として最も適当なものを、次の①～④のうちから一つ選べ。

①誰も次の句を付けることができなかったので、良暹を指名した責任について殿上人たちの間

で言い争いが始まり、それがいつまでも終わらなかったので、もはや宴（うたげ）どころではなくなった

②次の句をなかなか付けられなかった殿上人たちは、自身の無能さを自覚させられ、これでは寛子のための催しを取り仕切ることも不可能だと悟り、準備していた宴を中止にしてしまった

③殿上人たちは良暹の句にその場ですぐに句を付けることができず、時間が経っても池の周りを廻るばかりで、ついにはこの催しの雰囲気をしらけさせたまま帰り、宴を台無しにしてしまった

④殿上人たちは念入りに船遊びの準備をしていたのに、連歌を始めたせいで予定の時間を大幅に超過し、庭で待っていた人々も帰ってしまったので、せっかくの宴も殿上人たちの反省の場となった

解説

本文を読む前に会話文にサーっと目を通していきます。まず、最初の教師のセリフ「**本文の3～5段落**の内容をより深く理解するために、**次の文章**を読んで」と「作者は本文と同じく源俊頼」が重要そうな情報です。その中でも太字に着目して目を通していきます。何のために何を読むのか把握すべきですよね。そして、**本文との共通点**（もしくは、**相違点**）などもあればそれも押さえておくべきです。

「次の文章」にあたる囲み内は古文なので、先読みはせずにいったん飛ばします。次の教師のセリ

フに「**この**『散木奇歌集』の**文章は、人々が集まっている場で、連歌をしたいと光清が言い出すところから始まります**」とあり、とてもありがたい情報ですね。きちんと読み取ります。一方、「その後の展開を話し合ってみましょう」は立ち止まらずに一気に読み進めてください。次の生徒A・Bのセリフは、どちらも囲み内の古文を読む超ヒントとなるので、落ち着いてきちんと読み取ります。古文はまだ読んでいませんが、ここまでのセリフでだいぶ**あらすじ**がつかめましたよね。こういう場合があるので、先に会話文に目を通すことをオススメします。

その後の生徒Cからの各セリフの大事そうなところだけ、しっかり頭に残してポイントをつかむと「**俊頼の句の意味**」「**俊重の句と俊頼の句のつながり**」「**掛詞**」「**掛詞〜、二つの句のつながり〜** X 」です。

X が出てきたので（i）を確認します。**選択肢を横に見比べる**と、「**俊重が、〜と詠んだのに対して、俊頼は、〜掛けて、〜、と付けている**」が共通なので、俊重と俊頼の和歌の解釈が重要で、俊頼の和歌には何かしらの掛詞があることがわかります。これらと先ほどのセリフからのあらすじを踏まえて囲みの古文を読んでいくと、大筋は「人々がたくさん石清水八幡宮の催しに参上していたが、終わった翌日に、池の釣殿に人々が遊んでいるので」の続きにセリフがあります。先に確認をした教師のセリフから光清が「連歌をしたい」と言っているはずですね。そして、俊重と俊頼の和歌があります。俊重のは「釣殿の／下には魚（いを）や／すまざらむ」で直訳は「釣殿の下に魚は住んでいないのだろうか」です。選択肢を確認すると、同じ意味が取れるのは④しかありません。②は「釣殿の下にいる魚」がおかしいので不適。①と③は「いない」と断言しているので不適。①は「皆が釣りすぎたせい」も本文に書かれていないので不適です。③の後半もおかしいです。たしかに「**そこ**」は「**あ**

なた」の意味を持つ単語であることは重要ですが、ここでは「あなたの姿が見えたから」という解釈ではありません。よって、④が正解です。

俊重の和歌だけで解けてしまいましたが、念のために俊頼の付けた連歌（下の句なので「七・七」）も見ておくと、「うつばりの影／そこに見えつつ」は、「うつばり」（＝（注）より「屋根の重みを支えるための梁（はり）」）に「針」が掛かっていて、「針が映って底に見えている（から魚がいないのだろうか）」と、おかしくありません。

会話文の続きに戻ります。次の教師のセリフに「ここで**本文**の『俊頼髄脳』の**3段落で良暹（りょうぜん）が詠んだ「もみぢ葉の」の句**について考えて」とあり（太字が重要）、続いて「**この句は**［Y］」となっていることから、［Y］は**本文3段落の「もみぢ葉の」の句のあたりが該当箇所**です。さらに、会話文の続きを見ていくと、［Z］は直前から**4・5段落**が該当箇所だとわかります。本文を読む際に、それらを頭に入れて読んでいき、3段落を読み終えたら**(ii)**を、4・5段落を読み終えたら**(iii)**の選択肢を確認しましょう。

3段落の最初のあたりは、SECTION3の86ページで使用した題材と同じですね。再度確認をしておくと、殿上人が良暹がいるか尋ね、若い僧がいることを殿上人に申し上げると、殿上人が「あれを、船に呼んで乗せて連歌をさせるのはどうだろう」ともう一つの船の人々に言っています。「あれ」は良暹ですね。その人々が「あるべからず」、つまり、NGと言ったのです。よって、殿上人は「それもそうだ」と乗せなかったのですが、「そのまま連歌をさせよう」と決めて、近くに漕ぎ寄せて、「良暹よ、さりぬべからむ連歌などをして献上せよ」と言ったのです。「**む**＋体言」の「**む**」は**婉曲**（＝～ような）で、**大筋を取る際は無視**してかまいません。「**さりぬべし**」は「**そうするのに適している**」、

「それ相応である」の意味で、ここでは**「この場に適している」**ということです。このように「人々(=殿上人たち)が(**良暹に**)申されければ」なので、次の主語は**良暹**です。良暹は、聞いてすぐにそばの僧にものを言ったところ、その僧が、歩みよって、「もみぢ葉の」の句を発言していますが、前からの流れと話し合いのセリフからも、良暹が詠んだ句で、「もみぢ葉の/こがれて見ゆる/御船(みふね)かな」です。

(ii) を確認します。選択肢を横に見比べると、「〜**詠んだ句であり**」は同じなので、そこまでをまず確認すると、①「船遊びの場にふさわしい句を求められて」は問題ありません。②「寛子への恋心を伝えるために」は「この場に適している連歌」とは考えられませんので不適。③「頼通や寛子を賛美するために」や、④「祈禱を受けていた寛子のために」は、リード文や1・2段落の要約より一応考えられますので保留です。選択肢の後半を見比べると、①は「『こがれて』」には、葉が色づくという意味の『焦がれて』と船が漕がれるという意味の『漕がれて』が掛けられていて、紅葉に飾られた船が池を廻(めぐ)っていく様子」とあります。「こがれて」が**不自然な平仮名**で、**掛詞**になっている可能性は高いです。上からのつながりで「もみぢ葉が色づいて『焦がれて』」、下へのつながりで「『漕がれて』(行くのが)見える御船」とおかしくありません。また、状況もおかしなところはありません。よって、①が正解。③「『もみぢ葉』は寛子の美しさ」が本文からは読み取れないので不適。④の後半も読み取れないので不適。

本文4・5段落を見ていきます。4段落では、人々が良暹の句を聞いて、下の句を付けようとしたけれど、なかなか付けられないことが描かれています。二艘(そう)の船が「どうした」「遅い」と争っていますが、池を二周巡っても結局付けることができずに日が暮れてしまいました。付けられずに終わったことを嘆いています。5段落では、楽器を船に乗せていたが、演奏する人もいなくて終わったことや、たくさんの人が皆立ち去ったこと、船から降りた殿上人たちも、それぞれ逃げ帰ったことなどが描かれています。

これらを踏まえて(iii)を確認します。選択肢を横に見比べると、完全な共通点はないので、順番に確認していきます。①は「誰も次の句を付けることができなかった」はよいのですが、「良暹を指名した責任について殿上人たちの間で言い争いが始まり」がおかしいので不適。②は「次の句をなかなか付けられなかった殿上人たち」はよいのですが、「これでは寛子のための催しを取り仕切ることも不可能だと悟り」が本文には書かれていないので不適。③はおかしなところがありません。よって、③が正解。ちなみに、④は肝心な、殿上人たちが下の句を付けられなかったことに触れていないので不適です。

解答 (i) ④　(ii) ①　(iii) ③

現代語訳

3 その中に、良暹といった歌詠みがいたが、殿上人が、知り合いであるので、「良暹は控えているか」と問いかけたところ、良暹が、目を細めて笑って、平伏してお控えしていたので、そばにいました若い僧が気づいて、「そうでございます」と(殿上人に)申し上げたところ、(殿上人が)「あの者(＝良暹)を、船に呼びなさって乗せて連歌などをさせるようなことは、どうであろうか」と、もう一つの船の人々に申し上げて相談したところ、「どうか。あってはならない。後世の人が、そうでなくあるほうが(＝そんなことはしないほうが)きっとよかったことだなあと申す(のではない)だろうか」などと言ったので、(殿上人が)それももっともなことと思って、乗せないで、ただその

SECTION 5 設問形式別解法

ままﾠ(いるところで)連歌などをさせようなどと決めて、近くに漕ぎ寄せて、「良暹よ、この場に適している連歌などをして献上せよ」と、人々〈＝殿上人たち〉が(良暹に)申し上げなさったところ、(良暹は)なかなかの者で、もしかしたらそのようなこともあるかもしれないと思って準備していたのだろうか、聞くとすぐに間もなくそばの僧に何かを言ったので、その僧が、もったいぶって船の方に近づいていって、

「紅葉が焦がれたように色づいて見え、漕がれていくのが見える御船だなあ

と申し上げています」と言葉をかけ申し上げて帰った。

4 人々が、これを聞いて、二艘の船に聞かせて、(下の句を)付けようとしたが遅かったので、船を漕ぐということもなくて、ゆっくり築島をめぐって、一巡りの間に、付けて言おうとしたが、付けることができなかったので、無駄に過ぎた。「どうした」「遅い」と、お互いに二艘の船が争って、二巡りになった。それでもやはり、付けることができなかったので、船を漕がないで、島の陰で、「どう考えても良くないことである、これ〈＝下の句〉を今になっても付けないのは。日はすっかり暮れた。どうしようか」と、今は、(下の句を)付けようという気持ちはなくて、付けないで終わってしまうようなことを嘆くうちに、何もわからなくなった。

5 仰々しく管弦の楽器をお借りして船に乗せていたのも、少しも、弾く人もなくて終わった。このように話し合ううちに、普賢堂の前にたいそう多かった人が、皆立ち去った。人々が、船から下りて、皇后の御前で管弦の遊びをしようなどと思っていたが、このことが思うようにいかずに、皆逃げてそれぞれいなくなった。皇后に仕える役人が、(様々な催しを)準備をしていたが、無駄になって終わってしまった。

【設問中の『散木寄歌集』】

人々がたくさん石清水八幡宮の御神楽に参上したところ、歌舞の催しが終わって翌日、別当法印の光清の堂の池の釣殿に人々が並んで座って遊宴をしたところ、（光清が）「私光清は、連歌を作ることを会得したことと思われる。たった今連歌を付けたい」などと申し上げて座っていたので、形式通りにと言って申し上げた（句は）、

釣殿の下には魚は住んでいないのだろうか　俊重

光清はしきりに考えたが、付けることができないで終わったことなどを、帰って語ったので、試しにと言って（俊頼が自分で付けてみた句は）

梁（はり）であるうつばりの姿が水底に映って見えるように、釣針の影が池の水底に映って見えるからね

俊頼

THEME

4

複数テクスト問題②【資料】などが付く問題

ここできめる！

- 【資料】や【文章】が現代語の場合は、本文を読む前に目を通す
- それらに関わる小問があれば、問題を先に確認する
- 本文との読み比べが必要なものは、共通点と相違点を意識する

1 設問中に【資料】や【文章】などがある問題

設問中に**【資料】**や**【文章】**などがあり、それらと本文を関連させた説明問題などが出題される可能性があります。そのような問題があれば、まず設問文を読んだうえで、問われている内容や状況をきちんと把握しましょう。**【資料】**や**【文章】**は現代語の場合もあれば、古文の場合もあり、混合文かもしれません。現代語だった場合は、本文を読む際のヒントになる可能性もあるので、先に目を通してください。古文だった場合はいったん保留にして、設問中に小問が複数あるはずなので、小問を確認して、何が問われているのかを確認しましょう。本文を読む前に解けそうな問題があれば、先に取り組みます。解けない場合も、問題を解くために何を意識して読んでいくのかをつかんでくださ

い。本文との読み比べが必要な場合は、**共通点**と**相違点**を意識して読んでいきましょう。

複数資料問題が出題されていなければ、THEME3で学習した「会話形式の問題」が出題されている可能性が高く、どちらかが出題される、と思っていてもよいでしょう。そうでなければ、本文に**【文章Ⅰ】**と**【文章Ⅱ】**があるなど、**何かしら複数のテクストを読ませたり、会話文を読んで解いたりする必要があるはず**で、ひとまず本文が一つだけで、その本文のみの問題が出題されるということはなくなったと考えられます（万一、本文一つのみで本文のみの素直な出題がされたとしても、読解しやすくなるだけなので、何の問題もないはずです）。

それでは過去問にチャレンジしましょう。

過去問にチャレンジ

次の文章は、『蜻蛉日記（かげろうにっき）』の一節である。療養先の山寺で母が死去し、葬式などを済ませた後、作者や親戚たちは山寺に籠もって喪に服していた。悲しみがまったく癒えない作者だが、自宅に戻る日になり、牛車に乗って山寺を出発した後の場面である。これを読んで、後の問いに答えよ。なお、設問の都合で本文の段落に1～6の番号を付してある。（※ここでは5段落以外は省略した。2・3は149～150ページ参照）

（共通テスト追試）

5 降りて見るにも、さらにものおぼえず悲し。もろともに出で居つつ、つくろはせし草なども、わづらひしよりはじめて、うち捨てたりければ、生ひこりていろいろに咲き乱れたり。(注)わざとのことなども、みなおのがとりどりすれば、我はただつれづれとながめをのみして、「ひとむらすすき虫の音(ね)の」とのみぞいはるる。

手ふれねど花はさかりになりにけりとどめおきける露にかかりて

などぞおぼゆる。

（注）わざとのこと＝特別に行う供養。

問 5段落の二重傍線部「ひとむらすすき虫の音の」は、『古今和歌集』の、ある和歌の一部を引用した表現である。その和歌と詞書(ことばがき)（和歌の前書き）は、次の【資料】の通りである。これを読んで、後の（i）・（ii）の問いに答えよ。

【資料】

(注1)藤原利基朝臣(としもとのあそん)の右近中将にて住み侍り(はべ)ける(注2)曹司(ざうし)の、身まかりてのち、人も住まずなりにけるに、秋の夜ふけてものよりまうで来けるついでに見入れければ、もとありし前栽もいと繁く荒れたりけるを見て、はやくそこに侍りければ、昔を思ひやりてよみける

(注3)御春有助(みはるのありすけ)

君が植ゑしひとむらすすき虫の音のしげき野辺ともなりにけるかな

（注）1　藤原利基朝臣＝平安時代前期の貴族。
2　曹司＝邸宅の一画にある、貴人の子弟が住む部屋。
3　御春有助＝平安時代前期の歌人。

（ⅰ）**【資料】**の詞書の語句や表現に関する説明として最も適当なものを、次の中から選べ。

①「人も住まずなりにける」の「なり」は伝聞を表し、誰も住まないと聞いたという意味である。
②「見入れければ」は思わず見とれてしまったところという意味である。
③「前栽」は庭を囲むように造った垣根のことである。
④「はやく」は時の経過に対する驚きを表している。
⑤「そこに侍りければ」は有助が利基に仕えていたことを示す。

（ⅱ）**【資料】**および5段落についての説明として最も適当なものを、次の中から選べ。

①5段落の二重傍線部は、親しかった人が残した植物の変化を描く**【資料】**と共通しているために思い起こされたものだが、**【資料】**では利基の死後は誰も住まなくなった曹司の庭の様子が詠まれているのに対して、5段落では母が亡くなる直前まで手入れをしていたおかげで色とりどりに花が咲いている様子が表現されている。
②5段落の二重傍線部は、親しかった人が残した植物の変化を描く**【資料】**と共通しているために思い起こされたものだが、**【資料】**では荒れ果てた庭のさびしさが「虫の音」によって強調されているのに対して、5段落では自由に咲き乱れている草花のたくましさが「手ふ

れねど」によって強調されている。

③ 5段落の二重傍線部は、親しかった人が残した庭の様子を描く【資料】と共通しているために思い起こされたものだが、【資料】では虫の美しい鳴き声を利基に聴かせたいという思いが詠まれているのに対して、5段落では母の形見として咲いている花をいつまでも残しておきたいという願望が詠まれている。

④ 5段落の二重傍線部は、手入れする人のいなくなった庭の様子を描く【資料】と共通しているために思い起こされたものだが、【資料】では野原のように荒れた庭を前にしたもの悲しさが詠まれているのに対して、5段落では悲しみの中にも亡き母が生前に注いだ愛情のおかげで花が咲きほこっていることへの感慨が表現されている。

⑤ 5段落の二重傍線部は、手入れする人のいなくなった庭の様子を描く【資料】と共通しているために思い起こされたものだが、【資料】では利基が植えた草花がすっかり枯れてすすきだけになったことへの落胆が詠まれているのに対して、5段落では母の世話がないにもかかわらずまだ花が庭に咲き残っていることへの安堵（あんど）が表現されている。

解説

リード文の次に設問を確認すると、5段落の二重傍線部が、ある和歌の一部を引用した表現だとあります。**【資料】**には、その和歌と詞書（ことばがき）（和歌の前書き）が書かれています。よって、古文で書かれている**【資料】**は先読みせずに、いったん飛ばします。続いて小問**（i）（ii）**を確認します。

（i）は「**【資料】**の詞書の語句や表現に関する説明」の問題ですから、**【資料】**のみで完結できるため、本文を読む前に先に解いてしまいましょう。選択肢を先に確認して、おかしなものをカットしておきます。①は文法問題。「住まずなり」の「なり」が「伝聞」となっていますが、「～**ずなり**」の「**なり**」は**動詞**なので不適。「住まなく**なる**」と「**なる**」**で訳せる**ので、動詞で間違いありません。③は「前栽」が「庭を囲むように造った垣根」とありますが、「**前栽**」とは「**庭の植え込み**」のことで不適。ちなみに、「**せんざい**」と読みます。②・④・⑤は**【資料】**を読んでから判断します。②「見入れければ」、④「はやく」、⑤「そこに侍りければ」の語句が出てきたら、それぞれ選択肢を確認しましょう。

【資料】を読んでいきます。まず、「**詞書**」とは設問文中にもあるように「**和歌の前書き**」のことで、**どういう状況で詠まれた和歌なのかの説明**や、**歌の主題**などが書かれたものです。「藤原利基が右近中将の時に住んでいた部屋が、亡くなった後、人が住まなくなった」と書かれています。「身まかり（**身まかる**）」は「**死ぬ**」の意味の重要単語です。亡くなったのは、文脈から利基です。「秋の夜更けに来たついでに見入れければ」の主語が書かれていませんが、「詞書」なので和歌を詠んだ人物（＝後で出てくる御春有助）だと考えられます。②「見入れければ」の該当箇所です。「見入る」は、「外から中を覗く」の意味があり（「入る」の動きと同じイメージで「外→中」ですね）、ここでは、有助が参上したついでに、外から中を覗き込んだと考えておかしくありません。よって、「思わず見とれてしまった」という解釈ではないので不適。

【資料】の続きを見ていきます。もともとあった前栽がとても荒れているのを「見て」いる人は、「見入る」と**同一・類似表現**で「有助」です。「見**て**」で「**て**」なので、次の主語も「有助」のまま読んでいきます。「はやくそこに侍りければ」で④・⑤の該当箇所です。④「はやく」が「時の経過に対する驚き」とありますが、これはつまり、現代語の形容詞「はやい」（例）もうこんな時間になっている！　はやいっ！）です。この解釈でよいかどうかは、後ろへのつながりを確認する必要がありますので、先に「そこに侍りければ」の解釈をします。「**そこ**」にはTHEME1で見たように、「**あなた**」の意味もありますが、ここでは「あなた」で訳すとおかしいため、そのまま場所の「**そこ**」で、「**利基のところ**」ということでしょう。この「**侍り**」は**謙譲の本動詞**で、「利基に**仕えていた**」と考えられます。だからこそ、有助はついでに参上して、昔を思い出して和歌を詠んだのです。選択肢⑤にはおかしなところがないので、⑤が正解。そして、「そこに侍りければ」をそのように解釈するのであれば、時間の経過の「はやい」の解釈だとつながらないので不適。ちなみに、④の「はやく」は副詞で「以前」の意味です。

次に**(ii)**の設問を確認すると、**【資料】**と5段落についての説明問題です。選択肢を横に見比べると「**5段落の二重傍線部は、~を描く【資料】と共通しているために思い起こされたものだが、【資料】では~に対して、5段落では~**」がすべての選択肢で共通です。思い起こす共通の何かがありますが、内容には相違点があるようですね。

(i)で**【資料】**の和歌以外はすでに解釈していますので、先に**【資料】**の和歌を解釈しましょう。「君が植ゑし／ひとむらすすき／虫の音の／しげき野辺とも／なりにけるかな」です。ほぼそのままで「君が植えた一群（ひとむら）のすすきが、虫の音がたくさん（聞こえてくる）茂っている野原となったことだなあ」のような感じだとわかると思われます。**【資料】**の内容を踏まえて選択肢を確認すると、①「利基の死後は誰も住まなくなった曹司の庭の様子が詠まれている」、②「荒れ果てた庭のさびしさが『虫の音』によって強調されている」、④「野原のように荒れた庭を前にしたもの悲しさが詠まれている」

はよいですが、③「虫の美しい鳴き声を利基に聴かせたいという思いが詠まれている」と、⑤「利基が植えた草花がすっかり枯れてすすきだけになったことへの落胆が詠まれている」は不適。思い起こす理由として①・②の「親しかった人が残した植物の変化」と、④「手入れする人のいなくなった庭の様子」は、**【資料】**ではどちらもあてはまるので、これ以上は絞れません。残りは５段落を読んでから判断します。

５段落の出だし「降りて見るにも」は、リード文から「牛車を降りた」のでしょう。そして、「降りた」ということは自宅に着いたはずです。牛車から降りて、自宅の様子を見るにつけても、まったく何も考えられないほど悲しいのです。「**もろともに**」は「**ともに**」、「つくろはせし草」の「**し**」は**過去**なので、「母と一緒に出て、誰か〈＝召使い〉につくろわせた草」と、おそらく母のことを思い出して、庭を見ている様子が読み取れます。「**わづらひし**より」は「**病気になった**ときから」で、主語は「母」ですね。母が病気になってから放置したので、「生ひこりて」がキレイに訳せなくても「いろいろ咲き乱れている」のはわかりますね。供養なども各自でするので、自分はただ物思いにふけるばかりで、「ひとむらすすき虫の音の」とだけ言ったのです。次の和歌は、実はＳＥＣＴＩＯＮ４の１０４ページで扱った和歌なのですが、再度見ておきましょう。「手ふれねど／花はさかりに／なりに**けり**／とどめおきける／露にかかりて」で**三句切れ**の和歌です。直訳は「手は触れていないけれど、花は盛りになっていたよ。とどめおいていた露にかかって」です。句末が中途半端なので**倒置**になっていますね。とどめておいた露にかかって、手入れはしていないのに花が盛りになっていたのです。「とどめておいた露にかかって」の解釈が少し難しいだろうと思われます。「とどめおく」は「残しておく」という意味で、ここでは庭を見て、亡き母を思い出しながら詠んでいる和歌なので、「亡くなった母がこの世に残しておいた」ということです。これらを踏まえて残っている選択肢を確認していきます。

選択肢前半の①・②「親しかった人が残した植物の変化」と、④「手入れする人のいなくなった庭の様子」は、どちらも5段落にあてはまるので、ここは判断材料になりません。

選択肢の「5段落では」以降を見ていきます。①は「母が亡くなる直前まで手入れをしていたおかげで」が不適。②は「自由に咲き乱れている草花のたくましさが『手ふれねど』によって強調されている」とあります。たしかに手は触れていませんが、「露にかかって」盛りになっていたのです。よって、露のおかげであり、「草花のたくましさが『手ふれねど』によって強調」はおそらく不適ですが、迷うならいったん保留にしておきましょう。残りの④で判断できる可能性もありますよね。④は「亡き母が生前に注いだ愛情のおかげで花が咲きほこっていることへの感慨」とあります。「亡くなった母がこの世に残しておいた露にかかって、花が盛りになる」という解釈でしたが、「花にかかった露」が、本当に母が残しておいた露とは考えられそうにありません（花のお世話を放置していても大丈夫なほどの露を、事前に意図的に残しておくのは不可能です）。ですが、作者は「花にかかった露」のことを「亡き母が残しておいた露」と言っています。おそらく比喩（ひゆ）だと考えられ、どういうことが言いたいのかは（かなり難しいと思われますが）、選択肢も利用すると、この「露」を「母の愛情」に喩（たと）えていると考えられそうです。「亡き母が残しておいた生前の愛情（＝露）によって、花は咲きほこっている」と言いたいのです。この解釈は難しく、比喩が読み取れないと、保留にしていた②にしてしまう人もいそうです。ですが、「露」なしで放置していれば、咲き乱れることはできなかったはずですから、「手はふれていないが」は花のたくましさの強調として詠んでいるという解釈の②は不適。「露」

があるからこそ咲きほこり、そして、作者は「露」に「生前の母の愛情」をなぞらえているのです。よって、④が正解。

解答 (i) ⑤ (ii) ④

現代語訳

5 (牛車を)降りて(自宅の様子を)見るにつけても、まったく何もわからないくらい悲しい。(母と)一緒に(廂に)出ては、(召使いに)手入れをさせた草なども、(母が)病気になったときから以前と変わって、放置していたので、生い茂っていろいろに咲き乱れている。特別に行う供養なども、みなが各自でそれぞれにするので、私はただ所在なく物思いにふけるばかりで、「ひとむらすき虫の音の」とだけつい口ずさむ。

手入れもしていないが花は盛りになったことよ。(亡き母が)残しておいた露によって。

などと思われる。

【資料】

藤原利基朝臣が右近の中将であった時に住んでいました部屋が、(利基が)亡くなって後、人も住まなくなったが、(私〈=詠者の御春有助〉が)秋の夜更けにある所から参上したついでに覗いて外から中を見たところ、もともとあった庭の植え込みもとても茂って荒れていたのを(私が)見て、以前そこ〈=利基のところ〉にお仕えしていたので、昔に思いをはせて詠んだ(歌)

御春有助

あなたが植えた一群のすすきは、虫の鳴き声がたくさん聞こえる、生い茂った野原のようになったことだなあ。

SECTION
古文過去問実践演習

古文過去問実践演習

（共通テスト本試）

次の文章は、「車中雪（しゃちゅうのゆき）」という題で創作された作品の一節である（『草縁集（そうえんしゅう）』所収）。主人公が従者とともに桂（かつら）（京都市西京区の地名）にある別邸（本文では「院」）に向かう場面から始まる。これを読んで、後の問い（問1～4）に答えよ。なお、設問の都合で本文の上に行数を付してある。

桂の院つくりそへ給（たま）ふものから、（ア）あからさまにも渡り給はざりしを、友待つ雪（注1）にもよほされてなむ、ゆくりなく思（おぼ）し立（注2）たすめる。かうやうの御歩（あり）きには、源少将、藤式部をはじめて、今の世の有職（いうそく）と聞こゆる若人のかぎり、必ずしも召しまつはしたりしを、（イ）とみのことなりければ、かくとだにもほのめかし給はず、「ただ親しき家司（けいし）（注3）四人五人（よたりいつたり）して」とぞ思しおきて給ふ。

やがて御車引き出（い）でたるに、「空より花の（注4）」とaうち興じたりしも、めでゆくまにまにいつしかと散りうせぬるは、かくてやみぬとにやあらむ。「さるはいみじき出で消えにこそ」と、人々死に返り（注5）妬（ねた）がるを、「げにあへなく口惜し」と思せど、「さてb引き返さむも人目悪（わろ）かめり。なほ法輪（注6）の八講にことよせて」と思しなりて、ひたやりに急がせ給ふほど、またもつつ闇（注7）に曇りみちて、ありしよりけに散り乱れたれば、道のほとりに御車たてさせつつ見給ふに、何がしの山、くれがしの河原も、ただ時の間に c面変(おも)はりせり。

かのしぶしぶなりし人々も、いといたう笑み曲げて、「これや小倉(をぐら)(注8)の峰ならまし」「それこそ梅津(注9)の渡りならめ」と、口々に定めあへるものから、松と竹とのけぢめをだに、とりはづしては違(たが)へぬべかめり。「あはれ、世に面白しとはかかるをや言ふならむかし。なほここにて(注10)を見栄(は)やさまし」とて、やがて下簾(したすだれ)(注11)かかげ給ひつつ、

ここもまた月の中なる里ならし雪の光もよに似ざりけり

など d興ぜさせ給ふほど、(ウ)かたちをかしげなる童(わらは)の水干(すいかん)着たるが、手を吹く吹く御あと尋(と)め来て、榻(しぢ)(注12)のもとにうずくまりつつ、「これ御車に」とて差し出でたるは、源少将よりの御消息なりけり。e大(たい)夫(ふ)とりつたへて奉るを見給ふに、「いつも後(おく)らかし給はぬを、かく、

X　白雪のふり捨てられしあたりには恨みのみこそ千重に積もれれ」

とあるを、ほほ笑み給ひて、畳紙(たたうがみ)に、

Y　尋め来やとゆきにしあとをつけつつも待つとは人の知らずやありけむ

やがてそこなる松を雪ながら折らせ給ひて、その枝に結びつけてぞたまはせたる。

やうやう暮れかかるほど、さばかり天霧(あまぎ)(注13)らひたりしも、いつしかなごりなく晴れわたりて、名に負ふ里の月影はなやかに差し出でたるに、雪の光もいとどしく映えまさりつつ、天地(あめつち)のかぎり、白銀(しろかね)うちのべたらむがごとくきらめきわたりて、あやにまばゆき夜のさまなり。

院(注14)の預かりも出で来て、「かう渡らせ給ふとも知らざりつれば、とくも迎へ奉らざりしこと」など言ひつつ、頭(かしら)もたげで、よろづに追従するあまりに、牛の額の雪かきはらふとては、軛(くびき)に触れて烏(え)帽子(ぼし)を落とし、御車やるべき道清むとては、あたら雪をも踏みしだきつつ、足手の色を海老(えび)(注15)になして、桂風(かつらかぜ)を引き歩く。人々、「いまはとく引き入れてむ。かしこのさまもいとゆかしきを」とて、もろそ(注16)そきにそそきあへるを、「げにも」とは思すものから、ここもなほ見過ぐしがたうて。

（注）1　友待つ雪——後から降ってくる雪を待つかのように消え残っている雪。

2　思し立たす——「す」はここでは尊敬の助動詞。

3　家司——邸(やしき)の事務を担当する者。後出の「大夫」はその一人。

4　空より花の——『古今和歌集』の「冬ながら空より花の散りくるは雲のあなたは春にやあるらむ」という和歌をふまえた表現。

5　死に返り——とても強く。

6　法輪の八講——「法輪」は京都市西京区にある法輪寺。「八講」は『法華経』全八巻を講義して讃(たた)える法会。

7　つつ闇——まっくら闇。

8 小倉の峰――京都市右京区にある小倉山。

9 梅津の渡り――京都市右京区の名所。桂川左岸に位置する。

10 ここにてを見栄やさまし――ここで見て賞美しよう。

11 下簾――牛車の前後の簾（下図参照）の内にかける帳。

12 榻――牛車から牛をとり放したとき、「軛」を支える台（下図参照）。牛車に乗り降りする際に踏み台ともする。

13 天霧らひ――「天霧らふ」は雲や霧などがかかって空が一面に曇るという意。

14 院の預かり――桂の院の管理を任された人。

15 海老になして――海老のように赤くして。

16 もろそそき――「もろ」は一斉に、「そそく」はそわそわするという意。

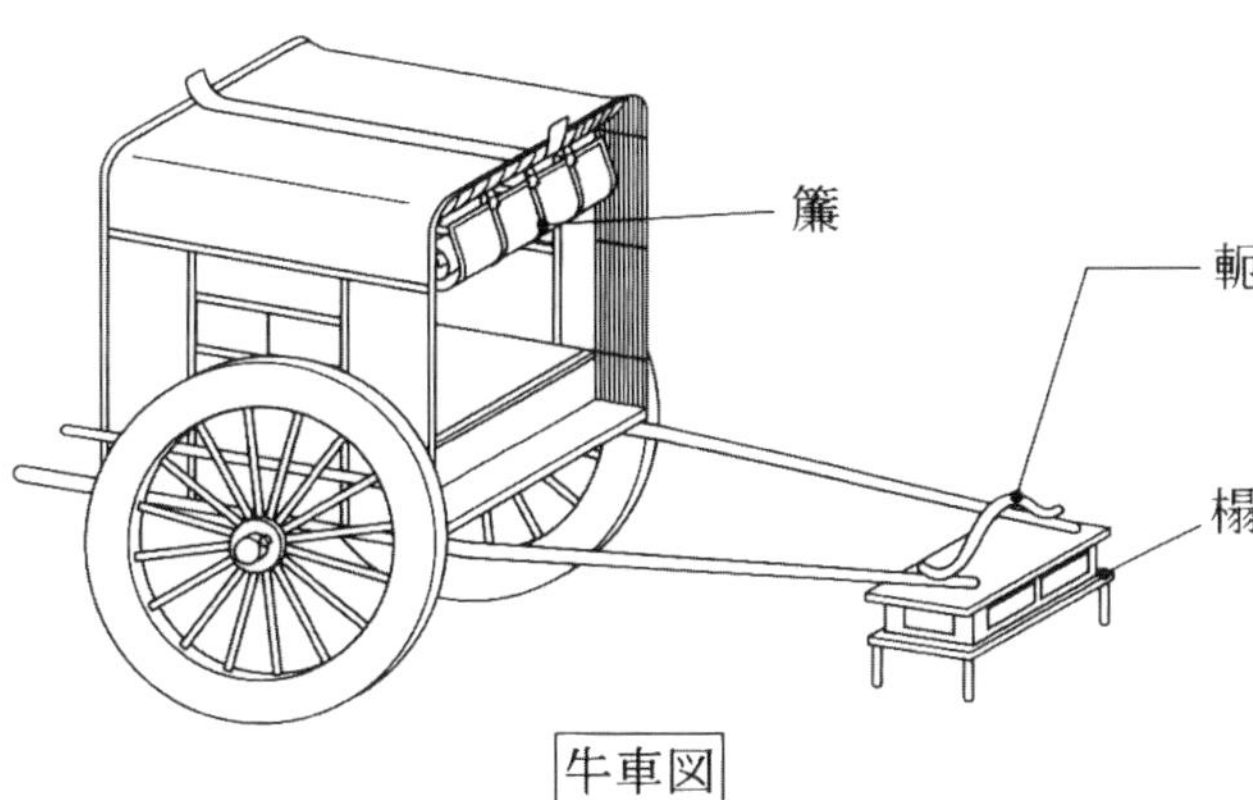

牛車図

問1 傍線部（ア）～（ウ）の解釈として最も適当なものを、次の各群の①～⑤のうちから、それぞれ一つずつ選べ。

（ア） あからさまにも
① 昼のうちも
② 一人でも
③ 少しの間も
④ 完成してからも
⑤ 紅葉の季節にも

（イ） とみのこと
① 今までになかったこと
② にわかに思いついたこと
③ ひそかに楽しみたいこと
④ 天候に左右されること
⑤ とてもぜいたくなこと

（ウ） かたちをかしげなる
① 格好が場違いな
② 機転がよく利く
③ 和歌が上手な
④ 体を斜めに傾けた
⑤ 見た目が好ましい

問2　波線部a〜eについて、語句と表現に関する説明として最も適当なものを、次の①〜⑤のうちから一つ選べ。

① a「うち興じたりしも」の「し」は強意の副助詞で、雪が降ることに対する主人公の喜びの大きさを表している。

② b「引き返さむも」の「む」は仮定・婉曲の助動詞で、引き返した場合の状況を主人公が考えていることを表している。

③ c「面変はりせり」の「せり」は「り」が完了の助動詞で、人々の顔色が寒さで変化してしまったことを表している。

④ d「興ぜさせ給ふ」の「させ」は使役の助動詞で、主人公が和歌を詠んで人々を楽しませたことを表している。

⑤ e「大夫とりつたへて奉るを見給ふ」の「給ふ」は尊敬の補助動詞で、作者から大夫に対する敬意を表している。

問3　和歌X・Yに関する説明として最も適当なものを、次の①〜④のうちから一つ選べ。

① 源少将は主人公の誘いを断ったことを気に病み、「白雪」が降り積もるように私への「恨み」が積もっているのでしょうね、という意味の和歌Xを贈った。

② 源少将は和歌Xに「捨てられ」「恨み」という恋の歌によく使われる言葉を用いて主人公への恋情を訴えたため、主人公は意外な告白に思わず頬を緩めた。

③ 主人公は和歌Yに「待つ」という言葉を用いたのに合わせて、「待つ」の掛詞（かけことば）としてよく使われる「松」の枝とともに、源少将が待つ桂の院に返事を届けさせた。

④ 主人公は「ゆき」に「雪」と「行き」の意を掛けて、「雪に車の跡をつけながら進み、あなたを待っていたのですよ」という和歌Yを詠んで源少将に贈った。

問4　次に示すのは、「桂（かつら）」という言葉に注目して本文を解説した文章である。これを読んで、後の（ⅰ）〜（ⅲ）の問いに答えよ。

> 本文は江戸時代に書かれた作品だが、「桂」やそれに関連する表現に注目すると、平安時代に成立した『源氏物語』や、中国の故事がふまえられていることがわかる。以下、順を追って解説していく。
>
> まず、1行目に「桂の院」とある。「桂」は都の中心地からやや離れたところにある土地の名前で、『源氏物語』の主人公である光源氏も「桂の院」という別邸を持っている。「桂の院」

という言葉がはじめに出てくることで、読者は『源氏物語』の世界を思い浮かべながら本文を読んでいくことになる。

次に、15行目の和歌に「月の中なる里」とある。実はこれも「桂」に関わる表現である。古語辞典の「桂」の項目には、「中国の伝説で、月に生えているという木。また、月のこと」という説明がある。すなわち、「月の中なる里」とは「桂の里」を指す。したがって、15行目の和歌は、「まだ桂の里に着いていないはずだが、この場所もまた『月の中なる里』だと思われる。なぜなら、［Ｉ］」と解釈できる。

「桂」が「月」を連想させる言葉だとすると、23行目で桂の里が「名に負ふ里」と表現されている意味も理解できる。すなわち、23〜25行目は［Ⅱ］、という情景を描いているわけである。

最後に、29行目に「桂風を引き歩く」とある。「桂風」は「桂の木の間を吹き抜ける風」のことであるが、「桂風を引き」には「風邪を引く」という意味も掛けられている。実は『源氏物語』にも「浜風を引き歩く」という似た表現がある。光源氏の弾く琴の音が素晴らしく、それを聞いた人々が思わず浜を浮かれ歩き風邪を引くというユーモラスな場面である。『源氏物語』を意識して読むと、26〜30行目では主人公がどのように描かれているかがよくわかる。すなわち、［Ⅲ］。

以上のように、本文は「桂の院」に向かう主人公たちの様子を、移り変わる雪と月の情景とともに描き、最後は院の預かりや人々と対比的に主人公を描いて終わる。作者は『源氏物語』や中国の故事をふまえつつ、「桂」という言葉が有するイメージをいかして、この作品を著したのである。

（i）空欄 Ⅰ に入る文章として最も適当なものを、次の①～④のうちから一つ選べ。

① 小倉や梅津とは比較できないくらい月と雪が美しいから
② 雪がこの世のものとは思えないほど光り輝いているから
③ ひどく降る白い雪によって周囲の見分けがつかないから
④ 月の光に照らされた雪のおかげで昼のように明るいから

（ii）空欄 Ⅱ に入る文章として最も適当なものを、次の①～④のうちから一つ選べ。

① 空を覆っていた雲にわずかな隙間が生じ、月を想起させる名を持つ桂の里には、一筋の月の光が鮮やかに差し込んできて、明るく照らし出された雪の山が、目がくらむほど輝いている
② 空を覆っていた雲がいつの間にかなくなり、月を想起させる名を持つ桂の里にふさわしく、月の光が鮮やかに差し込み、雪明かりもますます引き立ち、あたり一面が銀色に輝いている
③ 空を覆っていた雲が少しずつ薄らぎ、月を想起させる名を持つ桂の里に、月の光が鮮やかに差し込んでいるものの、今夜降り積もった雪が、その月の光を打ち消して明るく輝いてい

る

④ 空を覆っていた雲は跡形もなく消え去り、月を想起させる名を持つ桂の里だけに、月の光が鮮やかに差し込んできて、空にちりばめられた銀河の星が、見渡す限りまぶしく輝いている

(iii) 空欄 Ⅲ に入る文章として最も適当なものを、次の①～④のうちから一つ選べ。

① 「足手の色」を気にして仕事が手につかない院の預かりや、邸の中に入って休息をとろうとする人々とは異なり、「ここもなほ見過ぐしがたうて」とその場に居続けようとするところに、主人公の律儀な性格が表現されている

② 風邪を引いた院の預かりを放っておいて「かしこのさまもいとゆかしきを」と邸に移ろうとする人々とは異なり、「『げにも』とは思す」ものの、院の預かりの体調を気遣うところに、主人公の温厚な人柄が表現されている

③ 軽率にふるまって「あたら雪をも踏みしだきつつ」主人を迎えようとする院の預かりや、すぐに先を急ごうとする人々とは異なり、「ここもなほ見過ぐしがたうて」と思っているところに、主人公の風雅な心が表現されている

④ 「とくも迎へ奉らざりしこと」と言い訳しながら慌てる院の預かりや、都に帰りたくて落ち着かない人々とは異なり、「『げにも』とは思す」ものの、周囲の人を気にかけないところに、主人公の悠々とした姿が表現されている

解答・解説

解答

問1 (ア) ③ (イ) ② (ウ) ⑤ 問2 ②

問3 ④ 問4 (ⅰ) ② (ⅱ) ② (ⅲ) ③

解説

問1

(ア) 「あからさまに」は形容動詞「**あからさまなり**」の連用形。❶「**ちょっと・仮に**」、❷「**急に**」の意味で、**打消**と一緒に用いている場合は、「**かりにもまったく〜ない**」と訳します。ここでは「**あからさまにも渡り給はざりし**」と**打消**「ざり(ず)」と用いているので、「かりにもまったく」と同じ意味が取れる③が正解。

(イ) 「**とみ**」は名詞で「**急なこと・にわか**」の意味。該当するのは②のみなので、②が正解。もとは「**とん**」で、「とみ」は漢字で「**頓**」と書きます。「**頓知**」(=その場で**即**出る知恵)や「**頓死**」(=**急**死)と絡めて覚えておくと便利です。

(ウ) 「**かたち**」は名詞で❶「**容姿**」、❷「**容貌**」などの意味。①「格好」と⑤「見た目」に絞ります。「をかしげなる」は形容動詞「**をかしげなり**」の連体形で、「**かわいらしい・いかにも趣がある様子**」の意味です。よって、プラスの意味「好ましい」で訳している⑤が正解。

今回はこのように、すべて単語のみで本文を読む前に解けましたが、全問このパターンなのは珍しいです。一つは本文を読む前に解けても、残りは文脈判断が必要、もしくは、すべて文脈判断が必要などのほうが多いので気をつけましょう。

問2　語句と表現に関する説明です。本文を読む前に文法事項で解ける、もしくはカットできるものがあるかもしれませんので、先に選択肢の文法事項を順番に確認していきます。

①「し」は強意の副助詞とあります。たしかに「**しも**」は**強意の副助詞になりやすい**ですが、ここでは「たり」が連用形で「**連用形＋し**」は**過去の助動詞「き」**です。②「引き返さむも」の「む」は仮定・婉曲の助動詞とあります。**文中の「む」**なので、**仮定・婉曲**でよさそうです。③「せり」は「り」が完了の助動詞とありますが、いったん保留です。ちらなのか確認する必要があり、いったん保留です。③「せり」は「り」が完了の助動詞とあります。この「せ」は「**する」と訳せる**ので**サ変動詞**です。**サ変の未然形**についている「**り**」ですから、**完了の助動詞**でよさそうです。④「させ給ふ」の「させ」は使役の助動詞とあります。助動詞「**さす**」の**下に尊敬語**「給ふ」があるので、**使役と尊敬**の両方が考えられ、いったん保留です。⑤「見給ふ」の「**給ふ**」は**尊敬の補助動詞**とあり、そのとおりです。よって、今回は文法事項でカットできるものはなく、①と④は本文読んでからの判断となります。

波線部**a**の前後を確認します。(注)より「空より花の」と和歌を口ずさんで、おもしろがっ**た**のです。そうして、おもしろがって賞美していくにつれて早くも散って消え**た**（＝「ぬる」が完了の助動詞「ぬ」の連体形）という場面です。よって、この「し」は過去の助動詞で、「た」で訳すほうが自然なので①は不適。波線部**b**の前後を確認します。雪が消え失せてしまい残念に思うのですが、「引き返さむも人目悪かめり」なので、「**引き返したならば人目によくないだろう**」と思ったのです。婉曲でとり、「**引き返すようなことも、人目によくないだろう**」としてもおかしくありません。残念に思った人に、「**思**

せ」と**尊敬語**が使用されています。この文章で**地の文で敬意を払うのは主人公のみ**ですから、残念に思ったのは**主人公**です。「人目によくないだろう」と思った人にも、「**思し**なりて」と**尊敬語**を使用していることから、この人も**主人公**です。よって、**b**にはおかしなところがないので、②が正解です。

ちなみに、波線部**c**を少し前から確認すると、「何がしの山、くれがしの河原**も**、ただ時の間に面変はりせり」となっています。「**〜も**」は**主語**なので、「何とかという山や、何とかという河原**が**、少しの間で様子が変わってしまった」のです。よって、「人々の顔色の変化」ではないので③は不適。波線部**d**は「下簾をかかげなさりながら、和歌など興ぜさせ給ふ」です。主人公自身が和歌を詠んでおもしろがっていて、この「**させ**」は**尊敬**です。本文2行目「**思し**立た**す**」も、**(注)**を踏まえると**二重尊敬**です。本文4行目「**思し**おきて**給ふ**」もそうですね。よって、この主人公に二重尊敬を使う場合もあると考えられます。したがって、「させ」を「使役」でとり、人々におもしろがらせた（＝人々を楽しませた）という解釈はおかしいので、④も不適。波線部**e**は「大夫とりつたへて奉るを見給ふ」で、「大夫」は**(注3)**「家司」の中で「後出の『大夫』はその一人」とあることから、邸の事務を担当する者です。「（源少将からの手紙を）大夫が取り次いで差し上げるのを見なさる」のです。「見**給ふ**」の主語は**尊敬語**があることから**主人公**で、この**尊敬語**「給ふ」は**主人公**に対する敬意です。大夫に対する敬意ではありませんので、⑤も不適。大夫は先ほども書いたとおり、（注3）から「邸の事務係」で家来の一人と考えられますので、そもそも家来に敬意を払うというのも考えられません。**(注)をおろそかにしない**ように気をつけましょう。

問3 和歌Xは、本文（源少将からの手紙を主人公が見たあとのカギカッコ内なので、源少将の手紙と判断）や、選択肢からも源少将が詠んだ和歌です。区切ると「白雪の／**ふり**捨てられし／あたりには／恨みのみこそ／千重に積もれれ」です。「**ふり**」が**掛詞**で、上からのつながりは「白雪の**降り**」、下へのつながりは「**振り**捨てられし」です。「振り捨てられた」というのは、冒頭の段落で、雪が降ったので桂の別邸に出かけることにした主人公が、普段は源少将たちを誘うが、今回は突然思いついたことだったので、ほのめかさずに親しい家司四、五人とだけで行ったことが書かれていたことから、「置いてきぼりにされた」ということです。その「振り捨てられた」人は、**尊敬語も命令形もない**ので（もしくは、冒頭部分の文脈から）、源少将**本人**です。下の句の「こそ」の訳は不要で、結びの已然形「れ」を終止形「り」に戻して訳すと、「恨みのみが幾重に積もっている」です。「置いてきぼりにされた」ことへの恨みの気持ちが詠まれています。よって、①「源少将は主人公の誘いを断った」も、②「主人公への恋情を訴えた」もおかしいので不適。

和歌Yは、文脈や選択肢からも主人公からの返歌です。選択肢を確認すると、掛詞が使用されているようです。さらに選択肢の続きを読むと、③に「源少将が待つ桂の院に」とありますが、**桂の院に行くのに置いてきぼりにされた源少将が、桂の院で待っているわけがありません**。したがって、和歌の解釈をせずとも③は不適だとわかります。よって、**消去法**で④が正解。

念のため、主人公の和歌も解説しておきます。区切ると「**尋め来**やと／**ゆき**にしあとを／つけつつも／**待つ**とは人の／知らずやありけむ」です。「**尋め来**」は、本文16行目「**尋め来て**」と**同一表現**です。「**御**あと尋め来て」は、「**主人公の**あとを尋ねて追いかけて来て」ということなので、「尋め来やと」は「私のあとを尋ねて追いかけて来るかと」と解釈できます。「**ゆき**にしあとをつけつつも」は正解の選択肢も利用すると、「**雪**に跡をつけながら、牛車で**行く**」ということです。「（そうしながら）待つとは**人**が知らなかったのだろうか」で、「**人**」は返事の相手の**源少将**を指します。意訳すると「あなたは知らなかったのか？　待っていたんだよ」と解釈できます。

ちなみに、和歌の後ろに「そこにある**松**を雪がついたまま折って、その松の枝に結び付けてお与えになった」とあり、③に書かれていた「**待つ**」と「**松**」の掛詞はおかしくありません。

問4

複数テクスト問題です。囲み内の文章は長いですが、現代語で書かれていることと、設問文に「**本文を解説した文章**」とあることから、**本文を読む前**に、先に**（i）～（iii）の問題**と、**囲み内の文章にサーっと目を通す**ほうがよいです。（i）～（iii）を確認すると空欄補充問題です。**空欄の前後**を意識しつつ、囲み内の文章に目を通していきましょう。

（i）

空欄 I は、囲み内の文章から15行目の和歌の解釈問題です。和歌と解釈を見比べましょう。和歌を区切ると「ここもまた／月の中なる／里な**らし**／雪の光も／よに似ざりけり」で、「**らし**」が終止形で**三句切れ**です（「ならし」の「な」は、断定の助動詞の連体形「なる」の撥音便無表記）。囲み内の文章中の解釈は「まだ桂の里に着いていないはずだが、この場所もまた『月の中なる里』だと思われる。なぜなら、 I 」となっています。書かれている部分は上の句の解釈で、空欄には、その理由を入れることがわかります。「**らし**」は**推定**の助動詞で、通常和歌で使用されます。そして、**その根拠・理由は、「らし」が使われていないほうに書かれています**。つまり、今回は**上の句**に「**らし**」があるので、**根拠・理由は下の句**で、 I には下の句の内容が入ります。「ざり」は打消、和歌中の「けり」は詠嘆なので、下の句の直訳は「雪の光も**よに**似ていないなあ」です。「**よに**」を**副詞**で取ると、「雪の光も**まったく**似ていない」となります。その場合、何と似ていないのかは書かれていませんが、通常のものとはまったく違うということかな、と推測はできると思われます。「**世に**」で取ると、「雪の光も**この世のもの**に似ていない」となります。つまり、「**よに**」をどちらで取ったとしても、似たような解釈になりますね。

通常のものとは違う、この世のものとは似ていない、そんな「雪の光」だから、と言いたいのです。これと同じような解釈ができるのは②のみです。よって、②が正解。ちなみに、正解の選択肢「この世のものとは思えないほど光り輝いている」から、この「よに」は「世に」で解釈することがわかります。

(ii) 空欄 Ⅱ は、直前から23〜25行目が該当箇所です。選択肢を横に見比べると、「**空を覆っていた雲**」、「**月を想起させる名を持つ桂の里**」、「**月の光が鮮やかに差し込**（**んで**）」はすべての選択肢で共通です。これらの本文該当箇所は、注釈も利用すると「**天霧**（あまぎ）**らひたりし**」、「**名に負ふ里の月影はなやかに差し出でたる**」です。したがって、これ以外の部分をきちんと読み取り、選択肢を確認する必要があります。まず、雲に関しては、「いつしかなごりなく**晴れわたり**て」となっています。「V＋**わたり**」の「**わたり**」は「**ずーっと**」のイメージで、**時間**なら「**〜し続ける**」、**空間**なら「**一面に〜する**」と訳します。つまり、「**一面に晴れている**」のです。したがって、①「わずかな隙間が生じ」と、③「少しずつ薄らぎ」は不適。本文の共通部分以外をさらに確認すると、「雪の光も**いとどしく**映えまさりつつ、天地（あめつち）のかぎり、白銀（しろかね）うちのべたらむが**ごとく**きらめきわたりて…」とあります。「**いとどしく**」は形容詞「いとどし」の連用形で、形容詞「いとどし」は副詞「いとど」が形容詞化したものです。「**いとど**」は重要単語で「**ますます**」の意味。**(i)** で見たように、この世のものとは思えないほど光り輝いている雪の光も、**ますます**映えまさるほど光っている様子が読み取れます。「ごとく（**ごとし**）」は**比況・例示**の助動詞で「〜**のようだ**」と訳します。したがって、「白銀うちのべたらむ」は、雪が光り輝いているのが「白銀を伸ばしたようだ」という比況です。それくらい、雪が一面に光り輝いている様子が書かれています。②の解釈にはおかしなところがありませんので、②が正解。④は「空にちりばめられた銀河の星」が、本文で言及していないので不適。

(iii) 空欄 Ⅲ は、直前から26〜30行目が該当箇所です。26行目は「院の預かり」（＝（注）より「桂の院の管理を任された人」）の様子から書かれています。会話文中の主語把握法を使ってセリフを読み取ると、「あなたがこのようにいらっしゃるとも私は知らなかったので、私はあなたをすぐにもお迎え申し上げなかった」です。「**つつ**」、「**で**」、「**体言＋に**（＝あまりに）」、「**て**」は**主語が同じ**ままが多いので、29行目の「引き歩く」まで主語は「院の預かり」のままで訳すと「（院の預かりは）頭も上げないで、むやみに付き従うあまりに、牛の頭の雪を払おうとしては、轅に触れて烏帽子を落とし、御牛車が進むだろう道を掃除しようとしては、もったいない雪を踏み荒らしながら、足や手の色を海老のように赤くして、桂の里の風に吹かれ、風邪を引きながら歩く」となり、おかしくありません。ここから、①「『足手の色』を気にして仕事が手につかない」は不適。②「風邪を引いた」はよいので保留。③「軽率にふるまって」は、烏帽子を落としたり、雪を踏み荒らしたりしていることから読み取れるので保留。**烏帽子を落とすのは恥ずかしいこと**（90ページ）と理解していることも重要ですね。④「『とくも迎へ奉らざりしこと』と言い訳しながら」とありますが、「言い訳」はその前の部分なので、おそらく不適のはずですが、これだけでカットするのは危険だと思ったならば、いったん保留にしておくのもよいでしょう。

本文の続きを、（注）を利用しながら見ていきます。人々が、「早く引き入れよう。あそこの様子もとても見たいので」と言って、一斉にそわそわし合っています。「『げにも』とは**思す**ものから」の主語は、**尊敬語**があることから**主人公**で、「**げに**」は「**本当に**」、「**ものから**」は**逆接**から考えます。「**なほ**」は「**やはり**」、「**V＋がたう**（**がたし**）」は「**Vしにくい**」の意味です。そうすると、「主人公は『本当に』とはお思いになるが、ここもやはり見過ごしにくくて」で終わっていますが、最後が省略されていますが、「今いるところが見過ごしにくい」ということは、「まだそこにいたい」という気持ちです。囲み内の文章や(ii)で見たように、まだ桂の院には着いていないこの場所の様子も、雪が光り輝いていてとてもきれいなので、主人公はまだその景色を見ていたいのです。一方で人々は、あちら(＝目的地である「桂の院」と考えられる)の様子を見たがって、そわそわしていましたね。これらを踏まえて、残りの選択肢を確認していきましょう。②は「風邪を引いた院の預かりを放っておいて」とありますが、本文には「放っておいた」という記述はなく、また、「院の預かりの体調を気遣う」も書かれていないので不適。③はおかしなところがありません。よって、③が正解。④は、「都に帰りたくて落ち着かない人々」が不適。間違い選択肢がカットしやすいので、**消去法**で解いても正解にたどり着きやすい問題です。

現代語訳

(主人公が)桂の別邸を増設なさったが、少しの間も出かけなさらなかったところ、後から降ってくる雪を待つかのように消え残っている雪にうながされて、突然(別邸に行くことを)思い立ちなさったようだ。このようなお出かけには、源少将や、藤式部をはじめとして、今の世の識者と評判の若者の皆を、必ずお呼びになりそばに付き添わせたが、にわかに思いついたことであったので、こうとさえもそれとなく言いなさらず、「ただ親しい邸の事務を担当する者四、五人とともに(行こう)」と考えなさる。

すぐに御牛車を引き出したところ、「空より花の」と(『古今和歌集』の和歌を踏まえて)おもしろがったが、賞美していくにつれて早くも(雪が)散って消えたのは、こうして止んでしまうということであろうか。「それにしてもひどく見劣りがすることだ」と、人々がとても強く悔しがると、「本当に期待外れで残念だ」と(主人公は)お思いになるが、「それで引き返すようなことも人目によくないようだ。やはり法輪寺の法会を口実に(出かけよう)」とお思いになって、ひたすら急がせなさるうちに、再びまっくら闇に一面に曇って、先ほどよりももっと（雪が）散り乱れたので、道の脇に御牛車をたて〔＝停め〕させながら（主人公が）見なさると、何とかという山や、何とかという河原も、ただ少しの間に様子が変わってしまった。

あの（来るのに）渋々だった人々も、たいそうとても笑顔で顔をほころばせて、「これが小倉山であったら」「それが梅津の渡り（のよう）であるのだろう」と、口々に言い合っているけれど、松と竹との区別をさえ、うっかり誤って間違ってしまうにちがいないようだ。（主人公が）「ああ、とてもおもしろいとはこのようなことを言うのであるようだね。やはりここで見て賛美しよう」と言って、そのまま牛車の簾にかける帳をかかげなさりながら、

この場所もまた月の中にある里であるらしい。雪の光もこの世のものとは似ていないことよ。

などとおもしろがりなさるうちに、見た目が好ましい召使いの子供で水干を着ている召使いの子供が、手をふうふう吹き（牛車の）御跡を尋ね追って来て、軛を支えたり、牛車に乗り降りする際に踏み台にもしたりする台のもとにうずくまりながら、「これを御牛車（に乗ってらっしゃる人）に（お渡しください）」と言って差し出したのは、源少将からのお手紙であったよ。大夫〔＝邸の事務を担当する者〕が取り次いで差し上げたのを（主人公が）見なさると、（源少将からの手紙には）「いつも置いてきぼりになさらないのに、このように（今日は置いてきぼりになさるとは）、

白雪が降り、振り捨てられたあたり〔＝置いてきぼりにされた私〕には、恨みのみが幾重にも積もっているよ」

とあるので、（主人公は）微笑みなさって、畳紙に（返歌を書いた）、

尋ね追って来るかと雪に（牛車で）行った跡をつけながら待っているとは、あなたは知らなかったのであろうか

すぐにそこにある松を雪がついたまま折りなさって、その枝に結びつけて（使者に）お与えになった。

次第に日が暮れかかるうちに、それほど雲や霧などがかかって空が一面に曇ったのも、いつの間にか跡形もなく一面に晴れて、月を想起させる名を持つ桂の里の月の光が鮮やかに差し込んで来たので、雪明かりもますます映えまさっては、天地の果てまで、白銀を叩いて伸ばしたように一面にきらめいて、言いようもなくまぶしいくらい美しい夜の様子である。

桂の院の管理を任された人も出てきて、「このようにいらっしゃるとも存じ上げなかったので、すぐにもお迎え申し上げなかったこと」などと言いながら、頭も上げないで、むやみに付き従うあまりに、牛の頭の雪を払おうとしては、軛に触れて烏帽子を落とし、御牛車が進むだろう道を掃除しようとしては、もったいなく雪を踏み荒らしながら、足や手の色を海老のように赤くして、桂の里の風に吹かれ、風邪を引きながら歩く。人々が、「さあ早く（牛車を別邸へ）引き入れよう。あそこ（＝桂の院）の様子もとても見たいので」と言って、一斉にそわそわし合っていると、（主人公は）「本当に」とはお思いになるが、ここもやはり見過ごしにくくて（まだここにいたいと、その場から進めなく思っていた）。

巻末付録〈古文編〉

1　活用と活用形など
2　係り結びの法則と係助詞の意味
3　動詞
4　形容詞
5　形容動詞
6　助動詞

巻末付録〈古文編〉

1 活用と活用形など

❶ 活用

次の例のように**後ろの語**や**記号**によって、**形が変わる**ことを「**活用する**」といいます。

例「笑**ふ**」 笑**はず**／笑**ひ、**／笑**ふ。**／笑**ふ人**／笑**へど**／笑**へ！**

活用する品詞は、**動詞**・**形容詞**・**形容動詞**・**助動詞**の四つです。

❷ 語幹と活用語尾

❶の例で、形の変わらない「笑」の部分を**語幹**(ごかん)、形の変わる「**は**／**ひ**／**ふ**／**ふ**／**へ**／**へ**」の部分を**活用語尾**(ごび)といいます。

例 笑ふ → 笑 ＋ ふ
　　　　　語幹　**活用語尾**

来(く) → ○ ＋ く
　　　　語幹なし　**活用語尾**

③ 活用形

活用したときのそれぞれの形を**活用形**といいます。**活用形は、後ろの語や記号を確認すればわかります。**

代表的なものを次の表にまとめておきます。これらの活用形の名前と、後ろの語や記号はセットで覚えてください。本当に基本的なものしか掲載していませんが、これらは即わかるようにしましょう。

活用形	後ろの語	活用形	後ろの語／記号	活用形	後ろの語／記号
未然形	ず	連用形	用言(注1)・て・けり・たり・、	終止形	。・」・と
連体形	体言(注2)	已然(いぜん)形	ど・ども	命令形	。・」・と

（注1）**用言**＝**動詞**・**形容詞**・**形容動詞**のこと。　（注2）**体言**＝**名詞**のこと。

2 係り結びの法則と係助詞の意味

活用形は後ろの語や記号を確認しますが、**文末**（＝「。・」・**と**」など）だった場合は、文中に**係助詞**「**ぞ**・**なむ**（**なん**）・**や**・**か**・**こそ**」があるかないかを確認してください。あれば、**係り結びの法則**で文末の活用形はそれぞれ次の❶のようになります。なければ、**終止形**か**命令形**です。

❶ 係り結びの法則

文中に係助詞「**ぞ**・**なむ**（**なん**）・**や**・**か**」がある➡文末は**連体形**

文中に係助詞「**こそ**」がある➡文末は**已然形**

❷ 係助詞の意味

係助詞「**ぞ**・**なむ**（**なん**）・**こそ**」➡**強意**　※訳出不要。文中に出てきたら消して終止形で訳す

例 ～とこそ聞け。（**已然形**）　現代語訳 ～と聞**く**。（**終止形**）

係助詞「**や**・**か**」➡**疑問**か**反語**　※文脈判断が必要。「反語になりやすい形」は本冊25ページ参照

文中の「こそ～已然形、……」の場合は、已然形の後ろに**逆接**を補って訳す。

❶ 活用の種類【覚えておくべきもの】

カ行変格活用	**来**(く)・〜**来**
サ行変格活用	す・おはす・ものす 「〜**す**」＝「〜する」・「〜**ず**」＝「〜じる」と訳せる動詞（例 恋(こひ)す・信ず） **漢字一字の音読み＋す** or **ず**（例 啓(けい)す・打(ちやう)ず） 「〜んず」（例 安んず・念(ねん)ず）
ナ行変格活用	**死ぬ・往(い)ぬ・去(い)ぬ**
ラ行変格活用	**あり・居(を)り・侍(はべ)り・いまそかり・いますがり** など
上一段活用	**干(ひ)る・射(い)る・鋳(い)る・着る・似る・煮る・見る・居(ゐ)る・率(ゐ)る** ※「ひいきにみゐ＋る」と覚える
下一段活用	**蹴(け)る** ※下一段活用は「蹴る」の一語のみ

❷ 活用の種類【❶以外のもの】

「覚えておくべきもの」以外の動詞は、助動詞「**ず**（＝ない）」を付けて**上の音**で判断します。

a段＋ず＝四段活用　例 笑**ふ**⬇笑**は**ず＝**ハ**行四段活用

i段＋ず＝上二段活用　例 恥**づ**⬇恥**ぢ**ず＝**ダ**行上二段活用

e段＋ず＝下二段活用　例 見**ゆ**⬇見**え**ず＝**ヤ**行下二段活用

❸ 活用の仕方【変格活用】

活用の種類	未然形	連用形	終止形	連体形	已然形	命令形
カ行変格活用	こ	き	く	くる	くれ	こ（よ）
サ行変格活用	せ	し	す	する	すれ	せよ
ナ行変格活用	な	に	ぬ	ぬる	ぬれ	ね
ラ行変格活用	ら	り	り	る	れ	れ

4 活用の仕方【正格活用（変格活用以外）】

活用の種類	未然形	連用形	終止形	連体形	已然形	命令形
四段活用	a	i	u	u	e	e
上一段活用	i	i	iる	iる	iれ	iよ
下一段活用	け	**け**	**ける**	**ける**	**けれ**	**けよ**
上二段活用	i	i	u	uる	uれ	iよ
下二段活用	e	**e**	**u**	**uる**	**uれ**	**eよ**

上一段活用を覚えたら、「i」を「け」にすれば下一段活用です。

上二段活用を覚えたら、「i」を「e」にすれば下二段活用です。

また、上一段活用の活用語尾の一字目は「i」**のみ**です。一字目が「aiueo」の真ん中より上の「i」一つで変化するので、上一**段**活用です。

上二段活用の活用語尾の一字目は「i」と「u」の二つです。一字目がuと上の「i」と二つで変化するので上二段活用です。

様子や**状態**を表し、「～**し**」や「～**じ**」で終わる語です。

① 活用の種類

「**なる**」を付けて「～**く**なる」となれば**ク**活用、「～**しく**なる」となれば**シク**活用です。

② 活用の仕方

活用の種類	未然形	連用形	終止形	連体形	已然形	命令形
ク活用	（く）	く	し	き	けれ	○
	から	かり	○	かる	○	かれ
シク活用	（しく）	しく	し	しき	しけれ	○
	しから	しかり	○	しかる	○	しかれ

シク活用は、ク活用の上に「し」を付けるだけです（終止形以外）。

また、左側の活用は「**か＋ラ変**」と覚えておくと便利です。**助動詞**は基本的に「か＋ラ変」のように付きます。

5 形容動詞

様子や**状態**を表し、「～**なり**」や「～**たり**」で終わる語です。

① 活用の種類

ナリ活用と**タリ**活用があります。見たままで判断できます。

② 活用の仕方

活用の種類	未然形	連用形	終止形	連体形	已然形	命令形
ナリ活用	なら	なり／に	なり	なる	なれ	なれ
タリ活用	たら	たり／と	たり	たる	たれ	たれ

ナリ活用は「**な＋ラ変**」、タリ活用は「**た＋ラ変**」と覚えておくと便利です。**連用形**にそれぞれ「**に**」と「**と**」があることを忘れないようにしましょう。連用形に**助動詞**が付く場合は「**なり**」、「**たり**」に付きます。**活用表が二行ある場合は、基本的に「～＋ラ変」のほうに助動詞が付きます。**

6 助動詞

助動詞は、他の語に付いて意味を加える語です。何に付くのかは各助動詞でそれぞれきちんと決まっており、それを文法用語で**接続**といいます。また、助動詞は活用します。助動詞は「**接続**・**活用**・**意味**」を押さえることがポイントです。

❶ 接続（＝上の語の活用形や、上の語が何か）

接続	助動詞
未然形	る・らる・す・さす・しむ・む・ず・むず・じ・まし・まほし
連用形	き・けり・つ・ぬ・たり（完了）・けむ・たし
終止形（ラ変型の連体形）	めり・らむ・らし・まじ・なり（伝聞推定）・べし
サ変未然形・四段已然形	り
体言・連体形	なり（断定）
体言	たり（断定）
の・が・体言・連体形	ごとし

❷ 活用【型で押さえるもの】

型でまとめて覚えましょう。用言との共通点があるものは、それを利用すると覚えやすいです。

活用の型	助動詞
ラ変型	**「〜り」で終わる助動詞**　※断定「なり・たり」以外
ナ変型	**ぬ**
サ変型	**むず（んず）**
形容詞型	**「〜し」・「〜じ」で終わる助動詞**　※「じ・らし・まし」以外
形容動詞型	**断定「なり・たり」**
下二段型	**る・らる・す・さす・しむ・つ**
四段型	**む・らむ・けむ**　※「しむ」以外の「〜む」
無変化型	**じ・らし**
助動詞特有型	**ず・き・まし**　※具体的な活用表は❸参照

たとえば、「め**り**」は**ラ変型**で活用します。厳密に言うと、「〇／め**り**／め**り**／め**る**／め**れ**／〇」と活用し、ない活用形もありますが、大雑把に「**ラ変型で活用する**」と覚えてしまってかまいません。

❸ 活用【助動詞特有型】

「**ず・き・まし**」は用言と共通する活用ではなく、特有の活用をします。これら三つはスラスラ言えるまでしっかり覚えましょう。

助動詞	未然形	連用形	終止形	連体形	已然形	命令形
ず	ず	ず	ず	ぬ	ね	○
	ざら	ざり	○	ざる	ざれ	ざれ
き	せ	○	き	し	しか	○
まし	ませ ましか	○	まし	まし	ましか	○

「ず」の左は「ざ＋ラ変」と覚えておくとよいですね。形容詞などと同じく、**助動詞**は基本的に「ざ＋ラ変」のほうに付きます。「まし」は未然形が二つありますが、使用していた時代が違うだけです。未然形には「**ませ**」と「**ましか**」の二つがあると覚えましょう。

「接続」と「活用」は❶・❷のように、同じグループでまとめて覚えると覚えやすいのですね！
ちなみに、助動詞**「り」**の接続は**「さみしいりかちゃん」**という覚え方を聞いたことがあります。

「**サ**変**未**然形・**四**段**已**然形」の「サ未四已（さみしい）」ですね！

助動詞**「り」**の意味は**「完了・存続」**で、「りかちゃん」の「り」は助動詞「り」、「か」は完了の「か」です。

その他の助動詞の意味は、次ページの❹助動詞一覧表や、本編で学習する見分け方を参考にしてください。

4 助動詞一覧表

接続	助動詞	未然形	連用形	終止形	連体形	已然形	命令形	活用の型	意味
未然形	る	れ	れ	る	るる	るれ	れよ	下二型	受身・尊敬・可能・自発
	らる	られ	られ	らる	らるる	らるれ	られよ	下二型	
	す	せ	せ	す	する	すれ	せよ	下二型	使役・尊敬
	さす	させ	させ	さす	さする	さすれ	させよ	下二型	
	しむ	しめ	しめ	しむ	しむる	しむれ	しめよ	下二型	
	む	○	○	む	む	め	○	四段型	推量・意志・勧誘・適当・仮定・婉曲
	むず	○	○	むず	むずる	むずれ	○	サ変型	
	ず	ず／ざら	ず／ざり	ず／○	ぬ／ざる	ね／ざれ	○／ざれ	**特有型**	打消
	じ	○	○	じ	じ	じ	○	無変化型	打消推量・打消意志
	まし	ませ／ましか	○	まし	まし	ましか	○	**特有型**	反実仮想・ためらいの意志
	まほし	○／まほしから	まほしく／まほしかり	まほし／○	まほしき／まほしかる	まほしけれ／○	○	形容詞型	希望
連用形	き	せ	○	き	し	しか	○	**特有型**	過去
	けり	けら	○	けり	ける	けれ	○	ラ変型	過去・詠嘆
	つ	て	て	つ	つる	つれ	てよ	下二段型	完了・強意
	ぬ	な	に	ぬ	ぬる	ぬれ	ね	ナ変型	
	たり	たら	たり	たり	たる	たれ	たれ	ラ変型	完了・存続

連用形	たし	○ / たから	たく / たかり	たし / ○	たき / たかる	たけれ / ○	○	形容詞型	希望
	けむ	○	○	けむ	けむ	けめ	○	四段型	過去推量・過去原因推量・過去の伝聞・過去の婉曲
終止形（ラ変型ならば連体形）	らむ	○	○	らむ	らむ	らめ	○	四段型	現在推量・現在原因推量・現在の伝聞・現在の婉曲
	めり	○	めり	めり	める	めれ	○	ラ変型	推定（視覚）・婉曲
	なり	○	なり	なり	なる	なれ	○	ラ変型	伝聞・推定（聴覚）
	らし	○	○	らし	らし	らし	○	無変化型	推定
	べし	○ / べから	べく / べかり	べし / ○	べき / べかる	べけれ / ○	○	形容詞型	推量・意志・可能・当然・命令・適当
	まじ	○ / まじから	まじく / まじかり	まじ / ○	まじき / まじかる	まじけれ / ○	○	形容詞型	打消推量・打消意志・不可能・打消当然・禁止・不適当
サ変未然 四段已然	り	ら	り	り	る	れ	れ	ラ変型	完了・存続
体言 連体形	なり	なら	なり / に	なり	なる	なれ	なれ	形容動詞型	断定・存在
体言	たり	たら	たり / と	たり	たる	たれ	たれ	形容動詞型	断定
の・が・体言・連体形	ごとし	○	ごとく	ごとし	ごとき	○	○	形容詞型	例示・比況

CHAPTER 2

漢文編

SECTION 1
基礎知識

THEME

1 語順（返読文字含む）
2 置き字
3 よく目にする「すなはチ」「也」「以」

きめる! KIMERU SERIES

SECTION 1で学ぶこと

ここが問われる!

白文で出題された場合、語順の知識で正解を導くこともよくあります!語順をきちんと理解して、白文でも正しく読めるようにしましょう。

漢文とは、中国語の古典です。日本語と中国語の違いの一つは語順です。日本語はSOV型で「主語＋目的語＋動詞」の順番ですが、中国語は英語と同じくSVO型で「主語＋動詞＋目的語」の順番で文が構成されています。たとえば、「我鶏食。」と「我食鶏。」、正しく理解できますか?

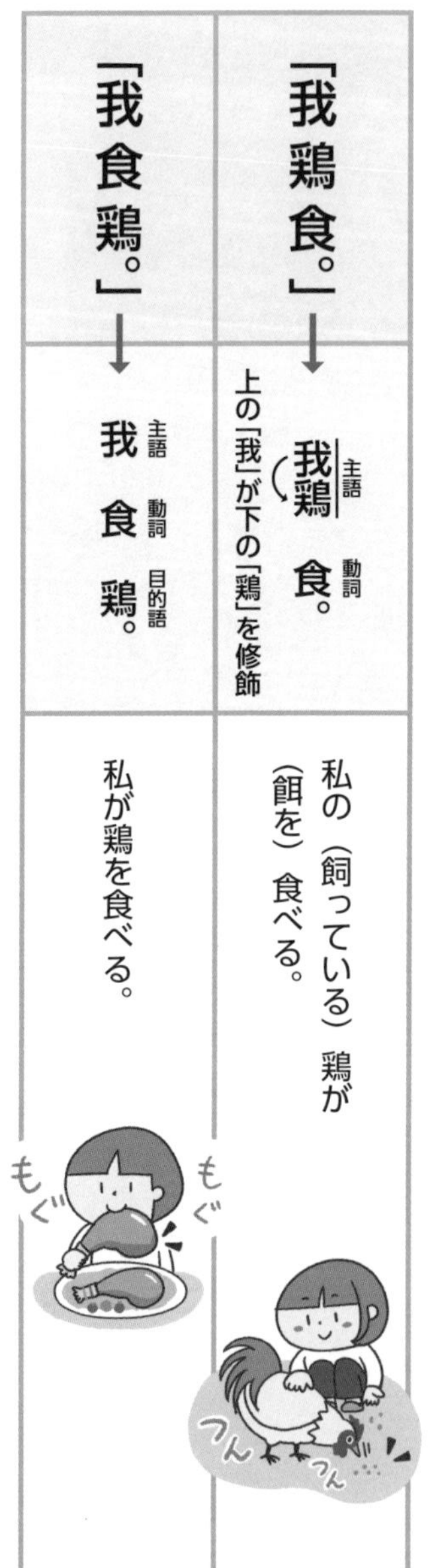

このように、同じ漢字を使っているのに、順番が違うだけで全然違う意味になるのです！語順が理解できていないと、正しく文章が読めないことを実感してもらえたと思います。語順の重要さを知らずに、サラッと流してしまう受験生も少なくありませんが、出題箇所が白文の場合も頻出です。しっかり押さえましょう！

ここが問われる！

漢文の文章中によく見かける漢字があります。読み、訳し方、働きなど、出題ポイントを押さえて学習しましょう。

「置き字」といわれる漢字や、「すなはチ」と読む複数の漢字、「也」、「以」など、よく見かける漢字を、それぞれのポイントを押さえて順番に見ていきましょう。

置き字　読まない文字ですが、意味はあります。読解や語順判別にいかせる重要なものも！

すなはチ　複数の漢字があります。訳し方が違うため、漢字と訳をセットで覚えましょう。

也　「断定」、「疑問・反語」、「提示・強調」の意味の見分け方と読み方がポイント。

以　多くの用法を三つのグループに分けて押さえると覚えやすいです。

THEME 1

語順（返読文字含む）

ここで差をつける！

- 日本語と中国語の語順の違いを理解する
- 白文で出題されたら、述語から探して語順をチェックする
- 「返読文字」の漢字を押さえて、返り点がなくても下から返って読めるようにする

1 語順

日本語と中国語では、語の順番が同じものもあれば違うものもあります。白文で出題された場合に、語順を理解していないと解けないことがよくあるため、語順を理解することはとても大切なのです。まずは日本語の語順と同じもの（❶）を確認して、その後に語順の違うもの（❷以降）を順番に見ていきましょう。

❶ 主語＋述語／修飾語＋被修飾語

「主語と述語」や「修飾語と被修飾語」の順番は、次のように日本語と同じです。

例 冥官大イニ怒ル。
（主：冥官　修飾語：大イニ　被修飾語・述：怒ル）

書 冥官大いに怒る。

訳 冥界の裁判官がひどく怒る。
（主：冥界の裁判官が　修飾語：ひどく　被修飾語・述：怒る）

② 主語＋述語＋目的語

述語の後ろに名詞の塊が一つあれば、**目的語**の場合が多いので、**「ヲ」**の送り仮名を付けて読んでみましょう。文意が通れば目的語です。

※文意がおかしければ、補語「ニ・ト・ヨリ（モ）」で考え直す。

例 余書ク レ詩ヲ。
（主：余　述：書ク　目：詩ヲ）

書 余詩**を**書く。

訳 私は漢詩を書く。
（主：私は　目：漢詩を　述：書く）

③ 主語＋述語＋於・于・乎＋補語

述語の後ろに**置き字**「**於**・**于**・**乎**」（置き字はTHEME2で学習）のどれかがあり、その後ろに名詞の塊が一つあれば、**補語**の場合が多いので「**ニ・ト・ヨリ（モ）**」のうち、一番スラっと文意が通る送り仮名を付けて読んでみましょう。文意が通れば補語です。

※おかしければ目的語「ヲ」で考え直す。

例 君至ル **於** 沢中ニ。
（主：君　述：至ル　補：沢中ニ）

書 君沢中**に**至る。

訳 君主は沢の中に至った。
（主：君主は　補：沢の中に　述：至った）

過去や完了を表す漢字や送り仮名などが特になくても、「〜た」と訳したほうが自然な場合は、勝手に入れて訳してOK。

4 主語＋述語＋補語＋目的語

述語の後ろに名詞の塊が二つあれば、**補語**＋**目的語**の場合が多いので、上の名詞に「**ニ**」、下の名詞に「**ヲ**」の送り仮名を付けて読んでみましょう。

例 卿(主) 問(述)ㇷ二 朕(補)ニ 是非(目)ヲ一。
書 卿朕(けいちん)**に**是非(ぜひ)**を**問(と)ふ。
訳 そなた(主)が私(補)に正しいか正しくないか(目)を問う(述)。
※卿＝二人称。 朕＝皇帝の一人称。

5 主語＋述語＋目的語＋於・于・乎＋補語

述語の後ろに名詞の塊が二つあり、その間に**置き字**「**於**・**于**・**乎**」のどれかがあれば、置き字を挟んだ上の名詞が**目的語**、下の名詞が**補語**の場合が多いので、上の名詞に「**ヲ**」、下の名詞に「**ニ**」の送り仮名を付けて読んでみましょう。

例 紀(述)(しるス)二 徳(目)ヲ **於** 斯(補)(ここ)ニ一。
書 徳(とく)**を**斯(ここ)**に**紀(しる)す。
訳 徳(目)をここ(補)に記した(述)。

POINT **白文の場合は何から探す？**
主語が省略されていることも多いため、まず述語から探しましょう（述語は省略されません）。

❻ 主語と述語の間に入るもの

「**副詞**」「**助動詞**（断定「也(なり)」以外）」「**再読文字**」「**前置詞を含む句**（「**与**(と)二〜〜一」「**自**(より)二〜〜一」など）」は、**主語と述語の間**に入ります。主語が省略されていることもよくあるので、述語の上にあるけれど、それが主語ではない場合、これらのうちのどれかです。

この知識をどのように使うかというと、たとえば「**卒**」という漢字は、**副詞**だと「**にはカニ**」と読み「**急に**」と訳す場合があり、**動詞**だと「**おハル**」や「**おフ**」と読み「**終了する**」と訳す場合があります。「**卒**倒」は「倒」が「倒れる」で述語なので、**述語の上にある「卒」は副詞**だと考えられ、「**急に**倒れる」という意味です。「**卒業**」は「業」が「事業」や「学業」などの名詞なので、「**卒」は必然的に動詞**です（述語は省略されないため）。動詞「卒」の下の名詞「業」は目的語なので、「事業を**終える**（＝完成させる）」「学業を**修了する**」という意味です。

漢文の「漢字の読み」問題は、副詞が出題されることが圧倒的に多いのですが、複数の品詞を持つ漢字の場合は、このように語順を考えて品詞を判断することも大切です。

❼ 文末に付くもの

断定の助動詞「**也**(なり)」や、**疑問**・**反語**・**詠嘆**などを表す文字（「**哉**」など）は文末に付きます。

例 失(述)レフ 之(目)ヲ 也(断定)。　書 之(これ)を失(うしな)ふなり。　訳 これを(目)失くした(述)のである(断定)。

SECTION 1 基礎知識

過去問にチャレンジ

次の傍線部と同じ意味の「手」を含む熟語として最も適当なものを後の中から選べ。（設問の都合で送り仮名を省いたところがある。）（センター本試）

手 植(ウ)二 両 海(かい)棠(だう) 于 堂 下一。

※両＝二株の。　海棠＝バラ科の花樹。

①名手　②挙手　③手記　④手腕　⑤手法

解説　「植」が述語。述語の下に二つの名詞の塊があり、間に**置き字**「**于**」があるので、上の「両海棠」が**目的語**、下の「堂下」が**補語**。**「手」が動詞「植」の上にある**ことがポイント。主語だとすると「手がバラを堂の下に植えた」となり、文意が通りません。この文は主語が省略されていて、動詞の上にある「手」は**副詞**と考えられます。**副詞**「**手**」は「**手づから**」と読み、「**自ら・自分自身で**」の意味です。「自らバラを植えた」という文脈でおかしくありません。

選択肢の中で副詞を探すと、動詞「記」の上に「手」があり、「自ら記す」と訳せる③が正解。

解答　③

書き下し文　手(て)づから両海棠(りやうかいだう)を堂下(だうか)に植(う)う。

現代語訳　自ら二株の海棠を堂の下に植えた。

2 返読文字

返読文字(へんどく)とは、語順の決まりに関係なく必ず**下から返って読む文字**です。次の❶〜❸の漢字は「**返読文字**」として押さえ、返り点が付いていなくても気づけるようにしましょう。

❶ 反対語で覚えるもの

「**有**・**無**」「**難**・**易**」「**多**・**少**」の主語にあたる語は、下のどこかにあります。

例 **多**(述)竹(主)。 書 竹(たけ)多(おほ)し。 訳 竹(主)が多い(述)。

❷ 助動詞(断定「也(なり)」以外)

断定「也」以外の**助動詞**(打消「**不**(ず)」、使役「**使**(しム)」、可能・許可「**可**(べシ)」、比況「**如**(ごとシ)・**若**(ごとシ)」など)は述語や体言(=名詞)の上にあり、下から返って読みます。

例 **若**(シ)(助動詞)夢(ノ)。 書 夢(ゆめ)のごとし。 訳 夢のようだ(助動詞)。

❸ その他

前置詞「**与**(と)」「**為**(ために)」「**自**(より)・**由**(より)・**従**(より)」や、動詞の上の「**所**」、逆接「**雖**(いへども)」、理由「**所以**(ゆゑん)」なども返読文字です。たとえば「妻**と**行く」は、漢文では「**与**妻行」という語順になります。

THEME 2

置き字

ここで差がつく！

置き字になる文字を理解する
それぞれの置き字の働きを押さえる
文中の「而」は、直前に読む送り仮名をチェックすることが重要

1 置き字

置き字とは、意味はあるけれど読まない字で、**書き下し文には書きません**。置き字には訓点が付いておらず、省いても支障がありません。それぞれの働きとポイントを押さえましょう。

① 而（文中）

接続の働きで、**「而」の直前に読む送り仮名をチェックすることが重要**です。「～テ・シテ・ニシテ・デ」ならば**順接**（「～テ」は逆接の場合もアリ）、「～モ・ドモ・ニ」ならば**逆接**です。

例 南遊ニビテ而（順接）反ル。 書 南に遊びて反る。 訳 南方を訪ね**て**帰る。

例 我欲利之、而彼欲害之。（逆接）

書 我之を利せんと欲すれども、彼之を害なはんと欲す。

訳 私がこれを相手のためになるようにしようとするが、彼はこれを害しようとする。

❷ 於・于・乎

前置詞の働きで、「場所・比較」など様々な意味があります。意味は漢文を読めばわかるため、覚えなくてOKです。意味よりも、THEME1で扱った白文の際の語順の見分け方の目安として、これらの置き字を使えるようにしましょう。**後ろの名詞が補語になりやすい**ため、後ろの名詞の送り仮名は「**ニ・ト・ヨリ（モ）**」の中から、一番スラっと文意が通るものをあてはめましょう。

例 自天子至於庶人、…

書 天子より庶人に至るまで、…

訳 皇帝から庶民**に**至るまで、…

❸ 矣・焉（文末）

強意の働きで、読解の際は無視してOKです。

例 其術窮**矣**。

書 其の術窮せん。

訳 その策略は行き詰まるだろう。

❹ 兮

調子を整える働きで、読解の際は無視してOKです。詩などの韻文で用いられます。

THEME

3 よく目にする「すなはチ」「也」「以」

ここできめる！

「すなはチ」は漢字と訳をセットで押さえる

「也」は文中か文末かをまずチェックする

「以」は三つのグループに分けて押さえる

1 「すなはチ」の漢字と訳

「**すなはチ**」と読む漢字はたくさんあります。まずは「すなはチ」と読めることも大事ですが、それぞれの**文字と意味をセット**で覚えましょう。

① 則

直前に読む送り仮名が「**バ**」か「**ハ**」の場合は、読解の際は**無視してOK**です。それ以外は様々な訳し方がありますが、特に覚える必要はありません。

② 即

「**すぐに**」と訳します。現代語でも使用するので簡単ですね。

③ 便

「**すぐに**」「**簡単に**」と訳します。「**便**利なものは**すぐに簡単に**できる」と覚えておきましょう。

④ 乃

「**そこで**」「**やっと**」「**なんと**」と訳します。どの訳になるかは文脈判断が必要なため、「すなはチ」の中では入試で一番問われやすいです。

例 （病気で寝込んでおり）後ニ**乃チ**知ル之ヲ於走使ヨリ。 ※走使＝使用人。

書 後に乃ち之を走使より知る。 訳 後日**やっと**これを使用人から聞いて知った。

⑤ 輒

「**いつも**」「**すぐに**」と訳します。どちらで訳すかは文脈判断が必要です。

例 （家々に太鼓を置き）盗発スレバ**輒チ**撃チ、…

書 盗発すれば輒ち撃ち、… 訳 盗賊が現れると**すぐに**（太鼓を）打ち、…

⑥ 而

「而」は**置き字だけではありません**。「而」に送り仮名「チ」がついている場合は「すなはチ」です。「そこで」「ならば」と訳しますが、訳はほぼ出題されませんので、「すなはチ」と読む場合があることだけ把握しましょう。

過去問にチャレンジ

次の傍線部（ア）・（イ）はここではそれぞれどのような意味か。その組合せとして最も適当なものを後の中から選べ。

（センター本試）

夢ミ二母ノ(注1)来前一、スルヲ夢中ニ(ア)即チ知ル二其ノ為ルヲレ母也。既ニ覚メ、(イ)乃チ(注2)噭けう然ぜんトシテ以テ哭こくシテ曰ハク、…

（注）1 来前＝目の前にやってくる。　2 噭然＝大声をあげるさま。

①（ア）すぐに　（イ）そこで
②（ア）意外にも　（イ）まさしく
③（ア）そこで　（イ）すぐに
④（ア）すぐに　（イ）まさしく
⑤（ア）意外にも　（イ）そこで

解説 （ア）・（イ）ともに「**すなはチ**」と読む漢字です。（ア）「**即**」は、「即答」（すぐに答える）などと現代でも用いるのと同じく「**すぐに**」と訳します。よって、①か④に絞ります。（イ）「**乃**」は「**そこで**」・「**やっと**」・「**なんと**」と訳します。文脈判断が必要なのですが、選択肢を利用すると①が該当することがわかります。本文で確認すると、「目が覚めて、**そこで**大声をあげてそして泣いて」としておかしくありません。

ちなみに、「噭然として**以て**哭して（＝動詞**テ以テ**動詞）」の「**以**」は接続詞です（後ほど学習します）。

解答 ①

書き下し文 母の来前するを夢み、夢中に即ち其の母たるを知るなり。既に覚め、乃ち噭然として以て哭して曰はく、…

現代語訳 母が目の前にやってくる夢を見て、夢の中ですぐにその人が母であることを理解したのである。目が覚めてから、そこで大声をあげてそして泣いて言うことには、…

2 「也」の読みと意味

「也」の読みや意味は、文中か文末かで分けて覚えましょう。
文末の場合は、上に疑問や反語の文字があるかないかをチェックします。

❶ 文中の「也」

「**や**」と読みますが、読まない場合もあります。**提示**や**強調**の働きなので、読解の際に**文中の「也」は無視してOK**です。

❷ 上に疑問・反語がある場合の、文末の「也」

「**や**」や「**か**」と読み、**疑問**や**反語**の意味です。

例 **何**（疑問）ゾ去ルコトレ我ヲ之速ヤカナル**也**（疑問）。

書 何（なん）ぞ我（われ）を去（さ）ることの速（すみ）やかなる**や**。

訳 どうしてあんなに急いで私を残してこの世を去ったの**か**。

❸ 上に疑問・反語がない場合の、文末の「也」

「**なり**」と読み、**断定**の意味です。確認の働きで、読まない場合もあります。

例 真ニ吾ガ母**也**（断定）。

書 真（しん）に吾（わ）が母（はは）**なり**。

訳 本当に私の母**である**。

3 「以」の用法

読みは「**もつテ**」ですが、用法はたくさんあります。三つのグループに分けて押さえましょう。

❶ 解釈上は無視してOKの「以」

● **「動詞 以テ 動詞」**

直前に読む送り仮名が「**テ**」の場合は、前後の動詞をつなぐ接続詞「そして」です。解釈の際に「そして」は省いても問題ないため、大筋を取るだけであれば無視してOKです。

例 帰リテ 以テ 誇ル レ 人ニ。（帰：動詞、誇：動詞）　書 帰（かへ）りて以（もつ）て人（ひと）に誇（ほこ）る。　訳 帰って（そして）人に自慢した。

● **「以テ 動詞」**

動詞の上にある単独の「以」は、動詞を導く働きなので、解釈の際は無視してOKです。

例 **以テ** 安ンズ レ 我ヲ。（安：動詞）　書 以（もつ）て我（われ）を安（やす）んず。　訳 私を寝かせた。

② 「為」と用いる「以」

● **「以(テ)レ A(ヲ) 為(ス)レ B(ト)」**

「以」の文字から少し離れた下に「**為**」の文字があれば、「**Aヲもつテ B トなス**」と読み、「**AをBと思う・みなす・する**」と訳します。入試頻出です。白文でも読めるようにしましょう。

例 **以**無用**為**用。　書 無用を以て用と為す。　訳 役立たないものを役立つとみなす。

● **「以(テ)為(ス)レ B(ト)」**

「**以A為B**」のAが省略されたものです。「**もつテBトなス**」と読み、「**Bと思う・みなす・する**」と訳します。

例 **以為**知。　書 以て知ると為す。　訳 知っているとみなす。

● **「以為(ラク) 〜」**

「**以為B**」のBが長い場合は「為」には返り点を付けず、「**以為**」で「**おもヘラク**」（「以為〜(ト)。」で「おもヘラク〜ト。」）と読みます。訳は同じで「**〜と思う・みなす・する**」です。

③ 理由・手段・目的を表す「以」

● **「以(テ)ニ 〜(ヲ)一」**

前置詞「以」は**返読文字**で、直前に読む送り仮名が「**ヲ**」の場合は、**理由**や**手段**の働きです。「〜

から」や「〜**で**」と訳します。

例 **以**テ寡ヲ覆ス衆ヲ。（以レ寡覆レ衆。） 書 寡（くわ）を以（もつ）て衆（しゆう）を覆（くつがへ）す。 訳 少ない兵力**で**多くの敵を倒す。〈**手段**〉

●「以テ〜ヲ動詞」（以二〜一動詞）

「**以**テ〜ヲ」（以二〜一）の下に動詞が付いている場合は、**理由**や**手段**の他に、**目的**を表す場合があります。理由「〜**だから**…する」、手段「〜**で**…する」、目的「〜**を**…する」の中で、一番スラっと文意が通るもので訳しましょう。

例 中外**以**テ太平ヲ責（もと）メン焉。（中外以二太平一責焉。）（動詞） 書 中外太平（ちゆうぐわいたいへい）を以（もつ）て責（もと）めん。 訳 （人々は国の）内外の太平**を**求めるだろう。〈**目的**〉

●「動詞ニ以テス〜ヲ。」（連体形）

「**以**テ〜ヲ**動詞**」の動詞が倒置して、上にある形です。働きは同じく、**理由**、**手段**、**目的**のどれかで文脈判断をします。重要なのは読み方で、「**動詞の連体形ニ〜ヲもつテス。**」です（文が続く場合は、「〜ヲもつテシ、…」など臨機応変に活用させること）。

例 欺クニ**以**テス其ノ方ヲ。（動詞連体形） 書 欺（あざむ）くに其（そ）の方（はう）を以（もつ）てす。 訳 理にかなった方法**で**欺く。〈**手段**〉

SECTION 2
句法

THEME

1 再読文字
2 使役・受身
3 否定
4 疑問・反語
5 比較
6 限定・累加
7 詠嘆・抑揚
8 仮定・願望

ここが問われる！

入試で句法は頻出中の頻出！白文でも、漢字を見ただけで何の句法か理解できるようにしましょう。

「漢文は句法が大事」、さらには「漢文は句法さえやっておけば、ある程度点数が取れる」という、ちょっと危険なニオイがするセリフを耳にしたことがある人も多くいると思います。「さえ」は言い過ぎにしても、そういうセリフが存在するのもわからなくはないくらい、句法は超大切なのです。

たとえば、句法をまったく勉強していない人と、理解している人の違いを見てみましょう。

「為弟所見」

↓

ただ漢字が続いているだけにしか見えず、無理やり日本語にしようとする。

「弟のために見た目で判断する」……かな？
うん、きっとそうだ……

「為弟所見」

↓

「為」と「所」が目に入ってくる。
「弟」＝体言、「見」＝動詞➡受身だ！

「弟に見られた」と解釈できる！

THEME2で学習しますが、少し先取りすると「為＋[体言]＋所＋V（動詞）」は受身の句法で「[体言]にV（動詞）される」と訳します。これを理解している人は、先ほどの白文を見ると、「為」と「所」が目に飛び込んでくるのです。その間が[体言]、「所」の下が動詞になっていれば受身なので、その確認をして判別します！

ここが問われる！

読みが絡む問題も入試頻出です。正しい読み方がわかれば、それだけで正解を導ける問題も！

漢字を見て何の句法か気づけるだけではなく、白文でもきちんと読めるようにしましょう。たとえば、現代語訳は「弟に見られた」ですが、漢文「為弟所見」を読む場合は、「弟**に**」ではなく「弟**の**」となるのです！　受身「為＋[体言]＋所＋V」は次のように読みます。

為[体言]所V → 「[体言]のVする所(ところ)と為(な)る」と読む。

※Vする＝連体形

これを踏まえて「為弟所見」を正しく読んでみましょう。「見る」はマ行上一段活用なので、連体形は「見る」です。「弟(おとうと)の見(み)る所(ところ)と為(な)る」となりますね！
このように、漢字を見て何の句法かわかるように、そして、白文でも正しく読めて訳せるように、得点に直結する重要句法を学習していきましょう。

THEME 1

再読文字

ここで差がつく！

- 再読文字になる漢字十個を押さえる
- 再読文字の漢字を見て、読み方と訳し方をスラスラ言えるようにする
- 二回目の読みの直前の形を理解する（古文文法の接続と同じ）

1 再読文字

再読文字は、**まず返り点を無視して読み、次は返り点に従って二回読む文字**です。再読文字は十個あり、次の七つに分けて覚えましょう。二回目の直前に読む形は、古文文法の接続が理解できていれば、同じなので余裕ですね（古文文法も頑張りましょう！）。

また、再読文字を書き下し文にする場合、**一回目は漢字**、**二回目の読みは平仮名**にします。語順は**主語と述語の間**（**述語よりも上**）でしたね（227ページ）。

① 未 読 いまダ～（未然形）ず 訳 まだ～ない

例 言(主) 未レダ既(つキ)(述)。

書 言未(いま)だ既(つ)きず。(未)

訳 言葉はまだ終わらない。

現代語でも「未知」とかで使う漢字ですよね？

そうです！ 再読文字として表すと「未レダ知ラ」で、「未(いま)だ知(し)らず」と書き下し、「まだ知らない」と訳します。白文「未知」でも「いまダしラず」と読めて、訳せるようにしましょう。

2 将・且

読 **まさニ～（未然形ント）す** 訳 **今にも～しようとする**

「**将**来」の「**将**」で、**これから**のことを表します（「且」は「将」と同じと覚えてください）。「**ン**トす」の「**ン**」は古文の助動詞「**む**」で、直前は**未然形**になります。

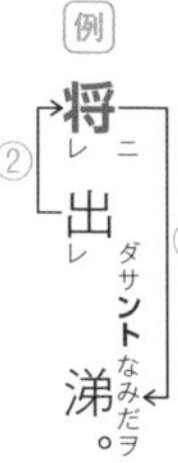

例 **将**ニ レ出ダサントレ涕(なみだ)ヲ。

書 **将**(まさ)**に**涕(なみだ)を出(い)ださ**んとす**。(未)

訳 **今にも**涙を流**そうとする**。

POINT **優先順位は「再読文字」**

「将」や「且」にはそれぞれ、「将タ(はた)」や「且ツ(かつ)」など再読文字ではない用法も複数あります。訓点が付いていればわかりますが、設問箇所が白文、もしくは返り点のみが付いている場合に再読文字の漢字があれば、**まずは再読文字から考える**のがポイントです。文脈にあてはめておかしくなければ再読文字で確定です（複数の用法を持つ他の再読文字の場合も同様です）。

❸ **当・応** 読 まさニ～（終止形orラ変型連体形）ベシ 訳 当然～すべきである・きっと～だろう

例 当ニ還ス命ヲ。 書 **当に**命を還す**べし**。（終） 訳 **当然**命を返す**べきである**。

❹ **宜** 読 よろシク～（終止形orラ変型連体形）ベシ 訳 ～するのがよい

例 

書 **宜しく**然る**べし**。（ラ変型体） 訳 そう**するのがよい**。

❺ **須** 読 すべかラク～（終止形orラ変型連体形）ベシ 訳 必ず～する必要がある

例 

書 **須らく**病を問ふ**べし**。（終） 訳 **必ず**病気を問う**必要がある**。

「すべかラク」の読みが重要！訳は「必須」を連想しよう。

❻ **猶・由** 読 なホ～（体言ノor連体形ガ）ごとシ 訳 まるで～のようだ

例 猶ホ二左右ノ手一也。 書 猶ほ左右の手のごときなり。 訳 まるで左右の手のようである。

例 由ホ下見ルガ君上。 書 由ほ君を見るがごとし。 訳 まるであなたを見るようだ。

7 盍 読 なんゾ〜（未然形）ざル 訳 どうして〜しないのか・〜したらよいではないか

例 盍ゾ聞カ。 書 盍ぞ聞かざる。 訳 どうして聞かないのか。（➡聞いたらよいではないか。）

過去問にチャレンジ

問1 「当下有リテ二聖人一適上レ周二。」の傍線部の本文中における意味として最も適当なものを次の中から選べ。

（共通テスト試行調査改）

① ちょうど〜のようだ　② どうして〜しないのか
③ きっと〜だろう　④ ただ〜だけだ

問2 「西伯[注]将出猟ト之」の返り点の付け方と書き下し文との組合せとして最も適当なものを次の中から選べ。（共通テスト試行調査）

（注）西伯＝人物名。

①西伯将㆓出㆑猟ト㆒㆑之　西伯将に猟(か)りに出(い)でて之を卜(うらな)ふべし

②西伯将出猟ト㆑之　西伯の将出でて猟りして之を卜ふ

③西伯将出㆑猟ト㆑之　西伯将(は)た猟りに出でて之を卜ふか

④西伯将㆑出㆑猟ト㆑之　西伯猟りに出づるを将(ひき)ゐて之を卜ふ

⑤西伯将㆓出猟㆒ト㆑之　西伯将に出でて猟りせんとし之を卜ふ

問3 「猶㆑免㆓於剪伐㆒」の解釈として最も適当なものを次の中から選べ。（センター本試）

①きっと切り取られるのを避けるにちがいない

②依然として切り取られることには変わりない

③切り取られることから逃れようとするだろう

④まだ切り取られずにすんだわけではないのだ

⑤切り取られずにすんだのと同じようなことだ

問4 「盍嘗観於富人之稼乎」の読み方として最も適当なものを次の中から選べ。（早稲田大）

①なんぞこころみにふじんのかをみんや
②なんぞこころみにふじんのかをみざるや
③なんすれぞこころみにふじんのかをみるや
④けだしこころみにふじんのかをみるならんや
⑤けだしこころみにふじんのかをみるべけんや

解説

問1 「当」が出題されたら、再読文字から考えるのがコツです。選択肢を利用しても、すべて「○〜△△」と二回読む形で訳していることから、再読文字でおかしくなさそうです。再読文字「**当**」は「**まさニ〜べシ**」と読み、「**当然〜すべきである・きっと〜だろう**」と訳します。よって、③が正解。ちなみに、①「**ちょうど〜のようだ**」は「**猶**」か「**由**」、②「**どうして〜しないのか**」は「**盍**」です。④「ただ〜だけだ」はTHEME6で学習する「限定」の訳し方です。

問2 「将」が出題されたら、再読文字から考えるのがコツです。「西伯」は（注）から人物名、「出」「猟」は動詞で、「将」が主語と述語の間にあるので、語順もおかしくありません。再読文字「**将**」は「**まさニ〜（ント）す**」と読み、「**今にも〜しようとする**」と訳します。「将に」と読んでいるのは①か⑤で、二回目の読みが「んとし」となっている⑤が正解です。①は「〜べし」となっているので不適。

返り点の付け方と書き下し文との組合せが出題された場合、間違え選択肢でも通常の返り点の通りに読んでいることが多いので、順番通りに読んでいるかの確認は時間のムダになるため不要です。

問3 「猶」が出題されたら、再読文字から考えるのがコツです。動詞「免」の上にあるので、語順もおかしくありません。再読文字「**猶**」は「**なホ～**（**体言ノ** or **連体形ガ**）**ごとシ**」と読み、「**まるで～のようだ**」と訳します。同じ意味が取れる⑤が正解。

問4 「盍」が出題されたら、再読文字から考えるのがコツです。動詞「観」よりも上にあるので、語順もおかしくありません（「嘗」（＝こころミニ）は副詞。副詞も動詞の上でしたね。ここでは「再読文字＋副詞＋動詞～」の語順になっています）。再読文字「**盍**」は「**なんゾ～ざル**」と読み、「**どうして～しないのか・～したらよいではないか**」と訳します。よって、②が正解。

解答

問1 ③　**問2** ⑤　**問3** ⑤　**問4** ②

書き下し文

問1 当(まさ)に聖人(せいじん)有(あ)りて周(しう)に適(ゆ)くべし。

問3 猶(な)ほ剪伐(せんばつ)を免(まぬが)るるがごとし

問4 盍(なん)ぞ嘗(こころ)みに富人(ふじん)の稼(か)を観(み)ざるや

現代語訳

問1 きっと聖人がいて周に行くだろう。

問2 西伯はこれから狩りに出ようとしてその成果を占った

問4 どうして試しに富農の田を見ないのか

THEME

2 使役・受身

ここできめる！

- 古文文法の知識を活かす。助動詞で表す場合、使役は「しむ」、受身は「る・らる」で、接続はそれぞれ未然形（「る」はa段、「らる」はa段以外に付くのも古文と同じ）
- 助動詞の漢字を押さえる。使役「使・令・遣」など／受身「見・被」など
- 文章中の同一漢字の送り仮名に注目する
- 受身は、助動詞以外の句法も把握する

1 使役

助動詞「しむ」は漢字で表す場合と、送り仮名で表す場合があります。

❶ 助動詞【漢字】「使・令・遣」など 読（未然形）しム 訳～せる・～させる

助動詞は返読文字で、語順は**主語**（S）**と述語**（V）**の間**に入ります〈⬇S使V〉。**やらせる人**（N）**は助動詞とVの間**に入れ、**送り仮名が**「ヲシテ」になることが重要です。目的語（O）も入れた語順は「**S使NVO**」となり、「**SNヲシテOヲVしム**」と読み、「**SがNにOをVさせる**」と訳します。「使V」以外は省略されることもあるので、**白文の場合はまず助動詞の下を見てVを探しましょう**。

POINT

白文ならばVから探す

設問箇所が白文で「使・令・遣」の漢字がある場合は、**使役の助動詞**「しム」の可能性が高いです。それらの下を見ていき、Vになり得る文字を探しましょう（Vは省略不可なので必ずあります）。**助動詞とVの間に体言があればN（使役の対象）**なので、「**ヲシテ**」の送り仮名を付けて読みます。**Vの下にある体言はO**なので、「ヲ」の送り仮名を付けて読みましょう。

例　師（S）**使**（助動詞）弟子（N）**問**（V）之（O）。

書　師弟子（しでし）**をして**之（これ）**を**問（と）は**しむ**。（未）

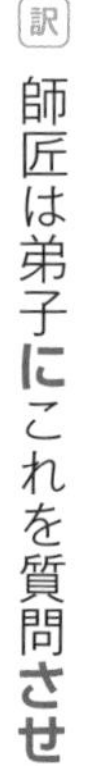

訳　師匠は弟子**に**これを質問**させた**。

白文で、下に動詞が複数ある場合は、どの動作までをやらせているのか文脈判断をして、**させた動作の最後のVから「使」に返って読みます。**

❷ 助動詞【送り仮名】　読（未然形）シム　訳 ～せる・～させる

「**命ジテ**」「**令シテ**」「**召シテ**」「**遣**（つか）**ハシテ**」「**教ヘテ**」などの**使役を暗示させる動詞**がある場合は、その下にある動作をさせていると考えられるので、**下のVに送り仮名「シム」を付けて使役**にします。

例 **命**ジテ問レハシム之ヲ。（V O）

書 
命じて之を問は**しむ**。（未）

訳 **命令して**これを質問**させた**。

あります！　下に動詞が複数ある場合は、どの動作までをやらせているのか文脈判断をして、**させた動作の最後のVのみに「シム」を付けます。**

③ 同一漢字に気をつける

設問箇所が白文で、その部分の動詞と同じ（本文中の他箇所の）漢字に送り仮名「シム」が付いている場合、設問箇所の動詞にも「シム」を付けて使役で解釈する可能性が高いので気をつけましょう。

過去問にチャレンジ

次の文は「狙（そ）（猿）を飼うことで生計を立てている者が、明け方に必ず猿をグループに分けて」の続きである。返り点・送り仮名の付け方と書き下し文の組合せとして最も適当なものを後の中から選べ。

使老狙率以之山中、求草木之実。その十分の一を徴収して、自分の暮らしをまかなっていた。

（共通テスト試行調査改）

①使ム下老狙ヲシテ率ヰテ以テ之キ二山中一ニ、求メ中草木之実ヲ上
老狙をして率(ひき)ゐて以て山中に之(ゆ)き、草木の実を求めしむ

②使ヒテ二老狙ヲ一率ネ以テ之カシメ二山中一ニ、求ム二草木之実ヲ一
老狙を使ひて率(おほむ)ね以て山中に之かしめ、草木の実を求む

③使メテ二老狙ヲシテ率ヘ一以テ之キ二山中一ニ、求ム二草木之実ヲ一
老狙をして率(とら)へしめて以て山中に之き、草木の実を求む

④使シ老狙率ヰテ以テ之カバ二山中一ニ、求ム二草木之実ヲ一
使(も)し老狙率(ひき)ゐて以て山中に之かば、草木の実を求む

⑤使ム下老狙ヲバ率ヘテ以テ之キ二山中一ニ、求メ中草木之実ヲ上
老狙をば率(とら)へて以て山中に之き、草木の実を求めしむ

解説　「使」が出題されたら、使役から考えるのがコツです。**選択肢もヒントにしつつ**、下を見てVを探すと「率」「之」「求」の三つと考えられます。**「使」と動詞「率」の間にある「老狙」が使役の対象**で**「ヲシテ」**の送り仮名が付くので①か③に絞ります。①は「求」から「使」に返って

いるので、そこまでの動作をすべてさせており、③は「率」から「使」に返っているので、「率」だけさせて、残りは本人がしたという解釈です。リード文から、猿によって生計を立てている者が、老狙（＝年輩の猿）に何かをさせているのですね。続き「その十分の一を徴収して」からも、「老狙に（他の猿たちを）率いさせて山中に行かせて、草木の実を探させている」と判断できます。よって、三つ目「求」から返って「しム」と読んでいる①が正解。③はリード文や文脈に合わず不適。

解答 ①

現代語訳 老狙に率いさせて山の中に行かせ、草木の実を求めさせた。

2 受身

助動詞「る・らる」は漢字で表す場合と、送り仮名で表す場合があり、助動詞以外の受身の表し方もあります。順番に見ていきましょう。

1 助動詞【漢字】「見・被」など

読 （a段＋）る・（~~a段~~＋）らル　訳 ～れる・～られる

助動詞は返読文字で、語順は**主語（S）と述語（V）の間**に入ります（⬇S見V）。**動詞の上にポツンと「見」「被」があれば受身**の可能性が高いです。

例 **見**レ与ヘ。（V）　書 与（あた）へ**らる**。（~~a段~~）　訳 与え**られた**。

② 助動詞【送り仮名】 読（a段＋）ル・（a段＋）ラル 訳 ～れる・～られる

置き字「於・于・乎」の下の体言（N）が、上のVの動作主の場合、Nには送り仮名「ニ」を、**Vには送り仮名「ル」「ラル」を付けて受身**にします。

例 笑ハ（V）**於**彼ニ（N）。 書 彼（かれ）**に**笑（わら）は**る**。 訳 彼に笑わ**れた**。

★「彼」が「笑」の動作主の場合　（→「笑った」のは「彼」です）

③ 同一漢字に気をつける

設問箇所が白文で、その部分の動詞と同じ（本文中の他箇所の）漢字に送り仮名「ル・ラル」が付いている場合、設問箇所の動詞にも「ル・ラル」を付けて受身で解釈する可能性が高いです。

④「為ニ N 所レ V」 読 NノVスルところトなル 訳 NにVされる

助動詞以外の受身の句法「**為N所V**」も頻出です。「**為**」と「**所**」が少し離れて用いられ、「為」と「所」の間に**体言**（N）、「所」の下に**動詞**（V）があれば**受身**です。「N**ノ**」の送り仮名がポイント。「Vスル」は連体形を表しています。白文でも読めて訳せるようにしましょう。

例 **為**人（N）**所**資（V）。 書 人（ひと）**の**資（し）する（体）所（ところ）と為（な）る。 訳 人**に**利用**される**。

過去問にチャレンジ

「君為人所給（あざむク）矣。」に関して次の問いにそれぞれ答えよ。なお、設問の都合で返り点・送り仮名を省いたところがある。

（センター追試改）

問1　どのような意味を表す句形が用いられているか。最も適当なものを次の中から選べ。

①反語　②使役　③受身　④禁止　⑤疑問

問2　返り点の付け方と書き下し文の組合せとして最も適当なものを次の中から選べ。

①君為二人所一レ給矣。　君（きみ）人の給（あざむ）く所と為（な）る。

②君為二人所給一矣。　君人の所に給くを為さしむ。

③君為レ人所レ給矣。　君人に為りて給く所ならんや。

④君為二人所一レ給矣。　君人の給く所の為（ため）なり。

⑤君為人所レ給矣。　君為に人の給く所や。

解説

問1 「為」と「所」が少し離れて用いられており、「為」と「所」の間が「人」で**体言**（N）、「所」の下が「給ク」で**動詞**（V）なので、**受身**の句法です。よって、③が正解。

問2 「**為N所V**」は「**NのVする所と為る**」と書き下し、「**NにVされる**」と訳します。よって、①が正解。文末の「矣」は置き字（231ページ）で、書き下し文には書きません。

解答

問1 ③　**問2** ①

現代語訳

あなたは人にだまされたのだ。

THEME 3

否定

ここできめる！

- 否定は返読文字で、「下の内容を否定する」ことを押さえる
- 否定のほぼすべての土台である「単純否定」を完璧にマスターする
- 不可能の三つの句法を理解する（特に「読み」）

1 単純否定

否定は**返読文字**なので、白文でも下（のどこか）から返って読めるようにしましょう。それぞれの**漢字**と**何の否定**か、**読み**、**訳**をセットで把握することがポイントです。

❶ 不・弗【動作の否定】 読 ず 訳 ～（し）ない

助動詞なので**書き下し文では平仮名**にします。接続は古文同様に**未然形**です。

例 **不**疑。 書 疑(うたが)はず。 訳 疑わ**ない**。

「不」・「弗」は動作の否定なので基本的に下は動詞が多いのですが、たとえ動詞でなくても下の内容を否定していることは同じです。

2 無・莫・毋・勿【存在・所有の否定】 読 なシ 訳 ～（がorは）ない

基本的に下は**体言**ですが、活用語ならば**連体形**にします。また同じ漢字でも、「**カレ**」の送り仮名が付いている場合は「**なカレ**」と読み、**禁止**「～**するな**」と訳します。

例 **無** 敵（体言）。 書 敵（てき）**無**（な）**し**。 訳 敵**はいない**。

3 非・匪【状態・内容の否定】 読 （～ニ）あらズ 訳 ～（では）ない

直前の送り仮名が「ニ」であることがポイントです。古文文法で、断定（～**である**）の助動詞「なり」の語源は「**に＋あり**」だと学習しました（27ページ）。その知識を利用すると、「～**にあらず**」を「～**では**ない」と訳すことも、「ニ」の直前が**体言**か**連体形**になることも覚えやすいですね。

例 **非** 悪人（体言）。 書 悪人（あくにん）**に非**（あら）**ず**。 訳 悪い人**ではない**。

2 不可能

「**できない**」と訳す三つの句法は、読みが頻出です。接続もそれぞれ押さえましょう。できない理由も書きましたが、問われないのでサラッと流す程度で大丈夫です。

① 不レ可カラレV　読（終止形 or ラ変型連体形）ベカラず　訳【許可がなくて】できない

「不」「可」ともに助動詞なので下から返って読み、接続は古文文法と同様です。

例 不可得。　書 得う（終）べからず。　訳 得ることが**できない**。

② 不レ能ハレV（コト）　読（連体形〈コト〉）あたハず　訳【能力不足で】できない

「**能**」（＝**できる**）の読みは「**よク**」です。「不」がつくと「**あたハず**」と読み、まったく違うので読みが頻出です。

例 不レ能レ勝ルニ吾子ニ也。　書 吾子（ごし）に勝る（体）**能**（あた）**はざる**（体）なり。　訳 あなたには勝て**ない**のである。

断定「なり」の接続は連体形ですね。

❸ **不レ得レV(コト)ヲ** 読 **(連体形〔＋コト〕ヲ)えず** 訳 【機会がなくて】**できない**

「不得[体言]」の場合は、「[体言]を手に入れない」と訳し、不可能ではないので気をつけましょう。

例 **不得**語。 書 語(かた)る(体)(こと)**を得(え)ず**。 訳 語ることが**できない**。

3 二重否定

否定を二つ重ねて用いる句法を二重否定といい、訳は**強い肯定**となります。白文でも下から順に返って読み、何の否定かを踏まえた訳をつなげるだけなので、丸暗記は不要です。

❶ **無不～** 読 **～ざル(ハ)なシ** 訳 **～しないものはない(＝全部～する)**

「不↓無」の順に読むので、「無」の前の「不」は**連体形**に活用させて「**ざルなシ**」となります(「ざル**ハ**なシ」もあり)。「無」は「～(こと・もの)**は**ない」、「不」は「～**し**ない」で、「不↓無」の順につなげて「～**し**ないもの**は**ない」と訳します。

例 **無不**飾。 書 飾(かざ)ら(未)**ざる無(な)し**。 訳 飾ら**ないものはない**(＝全部飾る)。

これ以降も考え方は同じです。白文を見て、読めて訳せるか確認しましょう。

2 **無非～** 読 ～**ニ**あらザル（ハ）なシ 訳 ～**では**ないもの**は**ない（＝全部～である）

3 **非不～** 読 ～ざル**ニ**あらズ 訳 ～**しない**の**では**ない（＝～する）

4 **非無～** 読 ～なキ**ニ**あらズ 訳 ～**がない**の**では**ない（＝～がある）

5 **不可不～** 読 ～ざルベカラず 訳 ～**しない**こと**はできない**（＝～しなければいけない）

★訳は「不可（できない）」と「不」に分けて考える。

4 全部否定・部分否定

副詞と「不」の順番が「**副詞＋不～**」の場合は**全部否定**、「**不＋副詞～**」の場合は**部分否定**になるのですが、否定は返読文字で**下の内容を否定する**ことを理解していれば、その場で判別できるため丸暗記は不要です。全部否定と部分否定をセットにして、順番に見ていきましょう。

❶ **常不～【全】** 読 つねニ～ず 訳 いつも～ない
不常～【部】 読 つねニハ～ず 訳 いつも～とは限らない

★矢印は読む順番ではなく、**どこを否定しているのか**のイメージ

全部否定の「不」は下の「～」の内容を否定しており（＝～しない）、その上に副詞「常」（＝いつも）があるだけなので、「**つねニ～ず**」と読み、「**いつも～しない**」となります。一方、「**不常～**」**の場合は、「不」は「常」（＝いつも）を否定している**と考えてください。そうすると「**いつもとは限らない**」（＝～する時もあれば、～しない時もある）ので**部分否定**となります。読みがポイントで「不常～」は「つねニ**ハ**～ず」と「**ハ**」を入れて読みます。

例 **常不**レ疑。 書 **常に**疑は**ず**。 訳 **いつも**疑わ**ない**。
例 **不**ニ**常**疑一。 書 **常には**疑は**ず**。 訳 **いつも**疑う**とは限らない**。

部分否定の読みで❶と同様に「**ハ**」を追加するものを三つ、❷「**シモ**」を追加するもの、❸**追加ナシ**のものを見ていきましょう。

●**倶不～【全】** 読 ともニ～ず 訳 両方とも～ない
不倶～【部】 読 ともニ**ハ**～ず 訳 両方とも**は**～ない

●尽不～【全】 読 ことごとク～ず 訳 すべて～ない

不尽～【部】 読 ことごとク**ハ**～ず 訳 すべて～とは限らない

※「尽」＝「悉」

●甚不～【全】 読 はなはダシク～ず 訳 ひどく～ない

不甚～【部】 読 はなはダシク**ハ**～ず 訳 それほど～とは限らない

❷必不～【全】 読 かならズ～ず 訳 必ず～ない

不必～【部】 読 かならズ**シモ**～ず 訳 必ず～とは限らない

❸復不～【全】 読 まタ～ず 訳 今回もまた～ない

不復～【部】 読 まタ～ず 訳 二度とは～ない（※一度はする）

❸は読み方が同じなので判別が難しそうですね……。

たしかに副詞に送り仮名が付いていれば、❸以外は読み方で判別できますが、読み方ではなく「下を否定する」ことを利用して考えるとわかりますよ。「**復**」は「**まタ**」と読み、「**再び**」の意味です。「復＋不～」は「再び～しない」（＝二回目もしない）のです。**「不復～」は二回目を否定している**と考えて、「一度はするけど二回目はしない」（＝二度とはしない）となります。

5 少し離れた箇所で否定の文字を二つ使用するもの

❶ 無ニ N 不レ V　読 NトシテVざルハなシ　訳 VしないNはない

★矢印は読む順ではなく、訳すときのイメージ。❷も同じ

❷ 無ニ N^1 無レ N^2　読 N^1トシテN^2なキハなシ　訳 N^2がないN^1はない

❸ 無レ A 無レ B　読 AトなクBトなク　訳 AとBの区別なく

★白文の場合、❷のN^1とN^2は対義語ではなく、❸のAとBは対義語であることで区別する

❹ 不ニ（ずンバ／ざレバ）
無ニ（クンバ／ケレバ）
非ニ（ズンバ／ザレバ）
} ～、不ニ……

読 ～ずンバ or ざレバ…ず　訳 ～しないならば、…しない

読 ～なクンバ or なケレバ…ず　訳 ～がないならば、…しない

読 ～あらズンバ or あらザレバ…ず　訳 ～でないならば、…しない

上の否定の送り仮名が「**～ンバ**」か「**～レバ**」ならば、**上は否定の仮定条件**です。

★下の「不…」が「無…」の場合は、訳の最後が「…しない」ではなく、「…はない」となる

6 その他

1 **未二嘗～一** 読 **いまダかつテ～ず** 訳 **今まで一度も～ない**

例 **未**ダ ル二 **嘗**テ 相ヒ 語ラ一 也。 書 **未**(いま)**だ嘗**(かつ)**て**相(あ)ひ語(かた)ら**ざる**なり。

※「嘗」＝「曽」 訳 **今まで一度も**お互いに語り合ったことが**ない**のである。

2 **未三嘗不二～一** 読 **いまダかつテ～ずンバアラず** 訳 **～しないことは今まで一度もない**

「不」から再読文字「未」に返るときの読み「**ずンバアラず**」がポイントです。訳は「未嘗」と「不」に分けて、下から「～しない」と「今まで一度も～ない」をつなげるだけなので簡単ですね。

3 **不二敢～一** 読 **あヘテ～ず** 訳 **決して～ない**

「**不敢**」は**強い否定**です。「敢不～」という句法もあるので（275ページ）、ひとまず今は「不敢」の読みと訳をしっかり覚えましょう。

4 **不三敢不二～一** 読 **あヘテ～ずンバアラず** 訳 **～しないことは決してない（＝必ず～する）**

「不」から「不」に返るときの読み「**ずンバアラず**」がポイントです。訳は「不敢」と「不」に分けて、下から「～しない」と「決してない」をつなげるだけなので簡単ですね。

過去問にチャレンジ

問1 次の文の解釈として最も適当なものを後の中から選べ。（共通テスト本試）

君タル者無ク不ルハ思ハ求ムルヲ其ノ賢ヲ、賢ナル者罔シ不ルハ思ハ効いたスヲ其ノ用ヲ。

①君主は賢者の仲間を求めようと思っており、賢者は無能な臣下を退けたいと思っている。
②君主は賢者を顧問にしようと思っており、賢者は君主の要請を辞退したいと思っている。
③君主は賢者を登用しようと思っており、賢者は君主の役に立ちたいと思っている。
④君主は賢者の意見を聞こうと思っており、賢者は自分の意見は用いられまいと思っている。
⑤君主は賢者の称賛を得ようと思っており、賢者は君主に信用されたいと思っている。

問2 次の文は「各自が長所を伸ばせば、おのおのの才能を開花させて役立てることができる」の続きである。書き下し文として最も適当なものを後の中から選べ。（センター追試改）

不必与人斉同。他人に左右されてはいけない。

①必ず人の斉同なるに与せず。
②必ず人の斉同なるに与らず。
③必ずしも人に斉同なるを与へず。
④必ずしも人と斉同ならず。
⑤必ずしも人より斉同ならず。

解説

問1 「**無不**」と「**罔不**」が**二重否定**です。直訳は「君主で賢者を求めることを思わない者はおらず、賢者はその用を効す〈=役に立つ〉ことを思わない者はいない」です。つまり、「君主は賢者を求め、賢者は役に立ちたいと思う」ということです。よって、③が正解。

問2 「**不必**」は**部分否定**で「**必ずしも〜ず**」と読むので、③〜⑤に絞ります。「斉同」は「同じ」の意味です。「各自の長所を伸ばそう」というリード文と、続き「他人に左右されてはいけない」を踏まえて文脈判断すると、「必ずしも人と同じでなくてもよい」という解釈ができる④が正解。③「必ずしも人に同じものを与えない」は文脈に合わず不適。⑤「必ずしも人より同じではない」は意味不明で不適。

解答 **問1** ③ **問2** ④

書き下し文 **問1** 君たる者其の賢を求むるを思はざるは無く、賢なる者其の用を効すを思はざるは罔し。

現代語訳 **問2** 必ずしも人と同じとは限らない（➡人と同じである必要はない）

THEME 4

疑問・反語

ここできめる！

- 疑問と反語は同じ漢字を用いることが多く、白文の場合は文脈判断が勝負！
- 送り仮名がある場合は「ン（ヤ）」が反語の目印となる
- 複数の読みがある文字は、読みと訳をセットで押さえる

1 文頭か文中の「疑問・反語」

★文末の「哉・乎・也」などとセットで使うこともあります

「未然形**ン**（**ヤ**）」（**ンや**）と用いていれば**反語**、「連体形（かorや）」ならば**疑問**です（が、**「ン」の有**〈＝**反語**〉・**無**〈＝**疑問**〉**で判別する**ほうがラクです）。

1 何・曷・奚

読 【疑】**なんゾ**〜連体形（かorや）／【反】**なんゾ**〜未然形**ン**（**ヤ**）

訳 【疑】**どうして**〜か／【反】どうして〜**か、いや、〜ない**

※以降、疑問のみ掲載。「〜ン（ヤ）」と用いていれば「〜か、いや、〜ない」と反語で訳すこと

読 **なにヲ**（**カ**）〜　訳 **何を**〜か

読 **いづレノ～**　訳 **どの～か**

読 **いづクニカ～**　訳 **どこに～か**

「何・曷・奚」は様々な読みがあります。複数の読みがある文字は、**読み**と**訳**をセットで覚えましょう。**白文の場合は、何の疑問や反語なのかを文脈から読み取る必要があります。**

例 **何**ゾ異ナラン**哉**や。

書 **何**なん**ぞ**異ことなら**んや**。

訳 **どうして**異なるだろう**か、いや、**異なら**ない**（＝同じだ）。

※この例文は、文頭の「何ゾ」と**2**で学習する文末の「哉」を組合せて使っています。

2 何為～　※「何」＝「曷・奚」（以下同）　読 **なんすレゾ～**　訳 **どうして～か**

読みが頻出です。

3 若何～　※「若」＝「如・奈」（以下同）　読 **いかんゾ～**　訳 **どうして～か**

「若何」は文末の用法（274ページ）もあります。読みも訳も違いますので、まずは**文頭や文中の「若何」は「いかんゾ」**と読み、通常の疑問の訳し方であることを押さえましょう。

4 何以～ 読 なにヲもつテ（カ）～ 訳 どうして～か・何によって～か

「**以**」には**理由・手段**の意味がありましたね（238ページ）。「**何以**」は**理由・手段**の疑問か反語です。

5 安・悪・焉 読 **いづクンゾ～／いづクニカ～** 訳 **どうして～か／どこに～か**

「**いづクンゾ**」が**通常**の疑問か反語、「**いづクニカ**」が**場所**の疑問か反語です。

送り仮名が「ンゾ」や「ニカ」しかないのを見たことがあるのですが……

送り仮名は後から日本人が付けたものなので、ズレがあることがあります。どちらでも判別できるので、「ク」の有無に神経質にならなくて大丈夫です。

6 誰 読 たれカ～／たれヲ（カ）～ 訳 **誰が～か／誰を～か**

7 孰 読 **たれカ～／いづレカ～** 訳 **誰が～か／どちらが～か**

二者択一の文脈の場合が「**いづレカ**」です。

⑧ 幾何 読 いくばくゾ 訳 【疑】どれくらい〜か
【反】どれくらい〜か、いや、どれほどでもない

「幾何」は文末の用法もありますが、**どこにあっても数量（どれくらい）の疑問か反語**です。文末では「いくばくナラン」など疑問と反語で同じ読みの場合もあり、文脈判断が必要です。

2 文末の「疑問・反語」

「幾何」以外の文末にある疑問・反語表現を見ていきましょう。

① 〜哉・乎・也。 読 〜か。or〜や。／〜ンや。 訳 〜か。／〜か、いや、〜ない。

他に「**耶・邪・与・歟**」なども同じです。

② 〜何也。 読 〜（ハ）なんゾや。 訳 〜はどうしてなのか。

疑問のみの用法で、直前の送り仮名は「**ハ**」です。

③ 〜何若。 読 〜いかん。 訳 〜はどのようであるか。

状態や結果の疑問です（反語の用法はありません）。

❹ ～若何。 読 ～いかん（セン）。 訳 【疑】～はどうしようか。 【反】～はどうしようか、いや、どうしようもない。

※「読み」は疑問・反語同じ

手段の疑問か反語です。どちらの場合も「**いかんセン**」と読むので、文脈判断が必要です。また、**状態**や**結果**の疑問で使用している場合は、❸同様「**いかん**」と読みますが、まずは「いかんセン」を覚えましょう。「いかん**セ**ン」の「**セ**」はサ変動詞の未然形です。サ変は「**する**」と訳すので、「いかん**セ**ン」の訳は「どう**する**のか」（＝どうしようか）となります。

「**Aを**どうするのか」と**目的語**がある場合、語順は「**若＋A＋何**」となり、**「若」と「何」の間**に入ります。よって、文末が「**何**」の場合、上をザッと見て「**若・如・奈**」を探しましょう。直前にあれば「いかんセン」、間に何かあれば、それは**目的語**なので「**ヲ**いかんセン」と読みましょう。

3 反語のみの句法

次の五つの句法は反語の用法のみで、疑問の用法はありません。

❶ 豈～ 読 あニ～ン（ヤ） 訳 どうして～だろうか、いや、～ない

「豈」は実は反語以外にも、「累加（るいか）」（287ページ）や「詠嘆（えいたん）」（290ページ）などの用法もありますが、送り仮名「**ン**（**ヤ**）」があれば**反語**です。白文の場合は文脈判断が必要です。「推量」の用法なども含め、別冊（40～41ページ）にまとめていますので参考にしてください。

例 **豈有**ランレ二ニ**哉。** 書 **豈に**二有らんや。 訳 **どうして**二つある**だろうか、いや、ない。**

② 寧クンゾ **～**ン(ヤ) 読 **いづクンゾ～ン（ヤ）** 訳 **どうして～だろうか、いや、～ない**

「いづクンゾ」の漢字が「**寧**」の場合は、**反語のみ**の用法です。

③ 敢ヘテ**不**ラン二**～**一**乎** 読 **あへテ～ざランや** 訳 **どうして～しないだろうか、いや、～する**

「**不敢**」は「**あへテ～ず**」と読み、「**決して～ない**」という**強い否定**でしたよね（267ページ）。「**敢不～**」は、結論は「**する**」という**肯定**で正反対だ！

そうなのです。ややこしいですね。「不」＝否定とわかると思うので、**「不」から始まる「不敢」のほうが否定**と覚えておくと、逆の「敢不～」は肯定とわかりますね。そして、「敢不～」の結論を肯定にするために、否定「不」をひっくり返す➡**「反語」になる**のです。よって、送り仮名「ン」が付くため「不」は未然形で「ざラン」と読みます。

④ 何N之有 読 なんノNカこレあラン 訳 何のNがあろうか、いや、何のNもない

読み方だけで選択肢が絞れることも多いので、白文でも読めるようにしましょう。訳も重要です。

⑤ 可(ケン)ニ～一乎 読 ～ベケンや 訳 ～できるだろうか、いや、～できない

「**ベケンや**」の読みが重要。訳は「**可**能」の「**可**」と、「**ンや**」＝**反語**がわかれば暗記しなくてもその場で訳せますね。

過去問にチャレンジ

問1 次の詩の一句中の傍線部「奈レ春何」の読み方として最も適当なものを後の中から選べ。

人(ハ)随(ヒテ)レ春(ニ)去(リ)奈レ春何

（共通テスト本試）

①はるもいかん
②はるにいづれぞ
③はるにいくばくぞ
④はるをなんぞせん
⑤はるをいかんせん

問2 「可㆔遽定㆓真偽于工拙間㆒乎」の解釈として最も適当なものを次の中から選べ。

（センター追試改）

①本物か偽物かは上手か下手かという点からどうすればただちに決められるだろうか
②本物か偽物かは上手か下手かという点からただちに決められるはずだ
③本物か偽物かは上手か下手かという点からはただちに決められない

問3 次の傍線部「豈常雉乎」の解釈として最も適当なものを後の中から選べ。

（共通テスト追試）

秦雉（注）、陳宝也、豈常雉乎。

（注） 陳宝＝童子が変身した雉。

①きっといつもの雉だろう
②どうして普通の雉であろうか
③おそらくいつも雉がいるのだろう
④なんともありふれた雉ではないか
⑤なぜ普通の雉なのだろう

SECTION 2
句法

解説

問1 詩の句末が「何」で、**「奈」と「何」の間に「春」**があるので、この「春」は**目的語**で**「春を奈何せん」**と読む**手段**の疑問か反語です（文脈より、ここでは反語）。よって、⑤が正解。

問2 **「可ケン〜乎」**（**〜べけんや**）は**可能の反語**で、**「どうして〜できるだろうか、いや、できない」**と訳します。ここでは「〜定むべけんや」なので、「決められるか、いや、決められない」という結論になります。よって、③が正解。

問3 「豈」には反語の他に、累加、詠嘆、推測などの意味があります。反語以外はまだ学習していませんが、傍線部が**白文のため、文脈判断をする必要があります**。直前の（注）を参考にすると、「童子が変身した雉」だとわかります。どう考えても普通の雉ではありません。よって、②が正解。「豈に〜んや」と読む反語の用法です。

解答

問1 ⑤　**問2** ③　**問3** ②

書き下し文

問1 人は春に随ひて去り春を奈何せん。

問2 遽かに真偽を工拙の間に定むべけんや。

問3 秦の雉は、陳宝也、豈に常雉ならんや。

現代語訳

問1 人は春といっしょに去っていき（過ぎ去る）春はどうすることもできない。

問3 秦の（昔話の）雉は、童子が変身した雉で（ある）、どうして普通の雉であろうか。

THEME

5 比較

ここできめる！

- 「若・如」の上に「不」や「無」があれば比較と判断する
- 「不若」は比較、「無若」は最上級で、直前の送り仮名はともに「ニ」
- 置き字「於・于・乎」の上が形容詞か形容動詞であれば比較の可能性が高い

1 「若」の文字を使用する比較の句法

「**若**」や「**如**」は様々な句法で使用します。**上に「不」や「無」があれば比較の句法**だとわかるようにしましょう。その他に「**孰若**」も**比較**（の疑問）です。順に見ていきます。

❶ X（ハ）不レ若レカ Yニ　読 X（ハ）Yニしカず　訳 **Xは Yに及ばない・Xより Yのほうがよい**

※「不」＝「弗」、「若」＝「如」

「不若」の**直前に読む送り仮名**は「ニ」です。Xは省略されていることもあります。「**不若**」があれば**下に書かれているもののほうがよい**と、すぐに反応できるようになりましょう。

例 法士自ラ知ル㆓芸ノ**不**ルヲ㆑**如**カ㆑楊ニ㆒也。

※法士・楊＝人物。

書 法士自ら芸の楊**に如かざる**を知るなり。

訳 法士は自分で才能が楊**に及ばない**ことを自覚していた。

2 **無㆑シ若㆑クハY㆓**

読 **Yニしくはなし**

訳 **Yが一番よい**

※「無」＝「莫」、「若」＝「如」

「無若」の**直前に読む送り仮名**は「ニ」です。「**無若**」があれば**下に書かれていることが最上**と、すぐに反応できるようになりましょう。

例 **莫**㆑シ**如**㆑クハ春㆓。

書 春**に如くは莫し**。

訳 春**が一番よい**。

3 **X(スルハ)孰㆓若レゾY㆒(スル)㆓**

読 **X（スルハ）Y（スル）ニいづレゾ**

訳 **X（するの）とY（するの）とどちらが勝っているか**

※「若」＝「与」

比較の疑問ですが、内心「**Yのほうがよい」と思っている**ことが多いため、「X（する）よりY（するほう）がよい」とほぼ同じ意味です。

例 冬ハ**孰**㆓**若**レゾ夏㆒㆓。

書 冬は夏に**孰若れぞ**。

訳 冬と夏と**どちらが勝っているか**。（冬より夏のほうがよい。）

2 その他

① A二於〜一（ヨリ(モ)）　※「於」＝「于・乎」　読 〜ヨリ（モ）A　訳 〜より（も）A

置き字「於・于・乎」の上のAが**形容詞**か**形容動詞**の場合は、**比較**の可能性が高いです。下の**名詞**や**連体形**に「**ヨリ**（**モ**）」の送り仮名を付けて文意が通じるか確認しましょう。

② 無(シ)レA(ハ)レ焉(ヨリ)　読 これヨリA（体）ハなシ　訳 これが一番Aだ

「**焉**」の上にレ点がついているので、置き字ではなく「**これ**」と読みます。Aは**形容詞**か**形容動詞**で、**連体形**に活用させます。

③ 寧(ロ)A(ストモ)無(カレ)レB(スル)　読 むしロAストモ（終）Bスル（体）なカレ　訳 むしろAはしてもBはするな

AとBを比較して、**Aを選択し、Bを禁止する**文です。Aは**終止形**、Bは**連体形**に活用させます。白文「**寧A無B**」でも、正しく読めるようにしましょう。

例 **寧**(ロ)為(ルトモ)二鶏口(ト)一**無**(カレ)レ為(ル)二牛後(ト)一。

書 **寧ろ**(むし)鶏口(けいこう)と為る(な)（終）**とも**牛後(ぎゅうご)と為る(な)（体）**無かれ**(な)。

訳 **むしろ**鶏の口**となっても**牛の尻に**はなるな**。

（※「鶏の口」＝小さい集団のトップ、「牛の尻」＝大きい集団の末端の喩(たと)え）

過去問にチャレンジ

「丈人不若未為相。」について、(i)書き下し文・(ii)その解釈として最も適当なものを次の中からそれぞれ選べ。

（センター本試改）

(i) 書き下し文

①丈人に若かずんば未だ相と為らず。
②丈人若の未だ相と為らずんば不ず。
③丈人未だ相と為らざるに若かず。
④丈人に若かずんば未だ相の為にせず。

(ii) 解釈

①誰もあなたに及ばないとしたら宰相を補佐する人はいません。
②あなたはまだ宰相とならないほうがよろしいでしょう。
③あなたは今や宰相とならないわけにはいきません。
④誰もあなたに及ばないとしたら宰相となる人はいません。

解説 「**不若〜**」は「**〜ニしカず**」と読み、**下に書かれている内容のほうがよい**という意味です。下の「未為相」の部分から「〜に若かず」と書き下しているのは③のみです。よって、**(i)** は③が正解。②は「若かず」と読んでいないので不適。①、④は上から「丈人に若かず」と読んでいるので不適。

「**未**為相」の「**未**」は再読文字で、「**未だ〜ず**」(＝**まだ〜ない**)です。「未だ相と為らざる」は「まだ宰相とならない」の意味で、そのほうがよいということですから、**(ii)** は②が正解。

解答 **(i)** ③　**(ii)** ②

THEME

6 限定・累加

ここで働きめる！

限定は「ただ」「ひとり」「のみ」の漢字を押さえる

累加「不惟A、而亦B」は「not only A, but also B」と同じ

反語「あニ～ンヤ」と限定「ただ・ひとり～のみ」を一緒に用いると累加になる

1 限定

「ただ～」や「～だけ」などの限定用法を三つ学習しましょう。

❶ 惟・唯・只・但・徒（～）読 ただ（～ノミ）訳 ただ（～だけ）

送り仮名「ノミ」とよく用います。他に「直・特」などもあります。

例 惟孔子一人。書 **惟だ**孔子一人**のみ**。訳 **ただ**孔子一人**だけだ**。

2 独リ（〜ノミ） 読 ひとり（〜ノミ） 訳 ただ（〜だけ）

読みは「**ひとり**」ですが、訳は「**ただ**」です。送り仮名「**ノミ**」とよく用います。

例 **独**寇準知レ之。 書 **独り**寇準**のみ**之を知る。 訳 **ただ**寇準**だけ**がこれを知っている。

3 耳・已・而已・而已矣・爾 読 のみ 訳 だけ

これらが文末にポツンとあれば、助詞「**のみ**」で「**だけ**」と訳します。書き下し文では**平仮名**にします。「而**已**」「而**已**矣」は「**已**」に置き字が付いているだけです。見て読めたらOKです。

例 学ブ二聖人一而已矣。 書 聖人に学ぶ**のみ**。 訳 聖人に学ぶ**だけだ**。

過去問にチャレンジ

「徒知ルノ値千金ナルヲ」の傍線部のここでの意味と最も近い意味を持つ漢字はどれか。次の中から選べ。

（共通テスト本試）

①只 ②復 ③当 ④好 ⑤猶

解説 傍線部は**限定**「**たダ**」と考えられ、限定を表す漢字は①のみ。よって、①が正解。

解答 ①

書き下し文 徒だ値の千金なるを知る

現代語訳 ただ価値が高いことがわかる

2 累加

「累」は「重ねる」の意味で、「累加」は「重ねて加える」ということです。「**AだけではなくBも**」と訳します。

❶ 不二惟ダニA一、（而シテ）亦B　読 たダニAノミナラず、（しかうシテ）またB　訳 ただ単にAだけではなく、またBでもある

※「惟」は他の限定の漢字でも同じ／「**亦**」＝「**又**」

累加の場合「惟」は「**たダニ**」と読みます。「惟」が「**独**」の場合、読みは「たダニ」が「**ひとリ**」になりますが、訳は同じです。「亦」は「まタ」の場合もあります。

❷ 非ズ二惟ダニA一ノミニ、（而シテ）亦B　読 たダニAノミニあらズ、（しかうシテ）またB　訳 ただ単にAだけではなく、またBでもある

❶の「不」が「非」になったものです。「非」の直前の送り仮名は「**ニ**」でしたね。

③ 豈惟ダニ A ノミナランヤ

読 あニたダニAノミナランヤ

訳 どうしてただAだけであろうか、いや、Aだけではない

※「惟ダニ」が「独リ」でも訳は同じ

反語「あニ〜ンヤ」と限定「たダ〜ノミ」を用いた累加です。累加なので「ただ**ニ**」と読みます。

例 **豈独リ**愧ヅル**ノミナランヤ**于古人ニ。

書 **豈に独り**古人に愧づる**のみならんや**。

訳 **どうしてただ**昔の人に対して恥じる**だけだろうか**、**いや**、それ**だけではない**。

過去問にチャレンジ

「叔(注1)不ニ惟ダニ薦ムルノミナラ仲(注2)ヲ、又能ク左右スルコト之ヲ如シ此クノ」の解釈として最も適当なものを、次の中から選べ。

（センター本試）

（注）1 叔＝鮑叔（はうしゆく）。春秋時代の斉の重臣。　2 仲＝管仲（くわんちゆう）。斉の宰相。

① 鮑叔（ほうしゅく）は管仲（かんちゅう）を宰相に推薦しただけでは心配で、このように自らもまた桓公（かんこう）を通じて政治に関与していたのである

② 鮑叔が管仲を宰相に推薦しただけではなく、このように管仲もまた鮑叔のことを気づかうこ

とができたのである

③鮑叔は管仲を宰相に推薦しただけでは心配で、このように管仲が道を踏みはずさぬように導いてもいたのである

④鮑叔が管仲を宰相に推薦しただけではなく、このように管仲もまた鮑叔と権力をわけあうことができたのである

⑤鮑叔は管仲を宰相に推薦しただけではなく、このように見えないところでうまく管仲を補佐してもいたのである

解説　「**不惟**～、**又**…」は**累加**で、「**惟だに～のみならず、また…**」と読み、「**ただ単に～だけではなく、また…でもある**」と訳します。「～だけでは心配で」と訳している①と③は不適。後半「能く之を左右すること」の「之」は、前半からのつながりで「管仲」を指し、主語は前半の鮑叔のままです。よって、⑤が正解。②と④は「管仲も」と管仲が主語になっているため不適。ちなみに、「**左右する**」は「**補佐する**」の意味。

解答　⑤

書き下し文　叔惟だに仲を薦むるのみならず、又能く之を左右すること此くのごとし

THEME

7 詠嘆・抑揚

ここで聞きめる!

「〜ずや」(ずヤ)の読みは詠嘆の目印となる

「抑揚」とは古文文法の「だに〜まして」と同じ

「況」が抑揚の目印。「いはンヤ」と読み「まして」と訳す

1 詠嘆

文末の「哉・乎・夫」などを「**かな**」と読む場合や、「**嗚呼**(ああ)」と一緒に用いていれば**詠嘆**(えいたん)(**ああ、〜なあ**)です。それ以外に四つの句法を押さえましょう。

❶ 不二亦A一乎 ※「乎」＝「哉」など(以下同) 読 **またAずや** 訳 **なんとAではないか**

Aには**形容詞**か**形容動詞**の**未然形**が入ります。「亦」は「まタ」の場合もあります。

例 **不**二**亦**遠一**乎**(カラ)。 書 **亦**遠(とほ)(形容詞㊍)から**ずや**。 訳 **なんと**遠い**ではないか**。

❷ 豈ニ不レA乎 読 あニAずや 訳 なんとAではないか

Aは**形容詞**か**形容動詞**の**未然形**のことが多いです。「豈不V乎」と**動詞**ならば、「**豈にVざらんや**」と読み、「どうして～しないのか、いや、する」と訳す**反語**になりやすいです。すべてに送り仮名が付いている本文の場合は、「**不**ラン」が**反語**、送り仮名が付いていなければ「**ず（や）**」で**詠嘆**ですが、白文の場合は、「不」の直前に読む品詞が**形容詞**・**形容動詞**か、**動詞**かを目安にしてください。

例 **豈ニ不レ**惑ヒナラ**乎ヤ**。 書 **豈に**惑(まど)ひなら**ずや**。（形容動詞㊍） 訳 **なんと**愚か**ではないか**。

❸ 豈ニ非ズレA二乎 読 あニAニあらズや 訳 なんとAではないか

❷の「不」が「非」になったもので、「**ズや**」の読みと直前の送り仮名「**ニ**」がポイントです。

例 **豈ニ非ズレ**孝ニ**乎**。 書 **豈に**孝(かう)**に非(あら)ずや**。 訳 **なんと**親孝行**ではないか**。

❹ 何ゾ（其レ）A（也） 読 なんゾ（そレ）A（や） 訳 なんとAではないか

Aは**連体形**に活用させます。「**何ゾ其レA也**」と送り仮名付き・省略なしであれば**詠嘆**とわかりやすいのですが、「其」や「也」が省略された「何A」だと疑問や反語と見た目が同じなので、どの意味なのか文脈判断をする必要があります。

例 何其不敬也。

書 **何ぞ其れ**不敬なる**や**。（体）

訳 **なんと**無礼**ではないか**。

過去問にチャレンジ

「其不相似者何其少也」から読み取れる筆者の心情を説明したものとして最も適当なものを、次の中から選べ。（センター追試改）

①似ている点がもう少しあってもよいのにと疑念を抱いている
②多くの点において似ていることに感嘆している
③多くの点において似るのは間違いないと確信している
④多くの点において似ているのはなぜだろうかと疑問を持っている

解説 「**何ぞ其れ～也**」は**詠嘆**の句法です。選択肢を見ると、①疑念、②**感嘆**、③確信、④疑問からだけでも②が正解とわかります。直訳は「それらがお互いに似ていないことは、なんと少ないではないか」となり、つまり「よく似ている」と感動しているのです。

解答 ②

書き下し文 其の相ひ似ざる者何ぞ其れ少なきや

2 抑揚

古文文法の類推「だに〜まして」(65ページ)で学習した「**AさえBだ、ましてCはなおさらBだ**」と同じ訳し方で、漢文の句法用語では「**抑揚**(よくよう)」といいます。

❶ A且(スラ)B、況(ンヤ)C乎(ヲ)

読 **AスラかツB、いはンヤCヲや**

※「且」＝「猶(なホ)・尚(なホ)」／「乎」＝「哉」など

訳 **AさえBだ、ましてCはなおさら(B)だ**

白文で「**況**」の文字があり、上のほうに「**且・猶・尚**」のどれかがあり、文末が「**乎**」であれば、「**Aスラかツ**(orなホ)**B、いはンヤCヲや**」と読めて、「**AさえBだ、ましてCはなおさらBだ**」と訳せるようにしましょう。後半「況(ンヤ)C乎(ヲ)」(＝ましてCはなおさらだ)しかない場合もあります。

例 天**尚**(スラ)(ホ)如(シ)(レ)此(かくノ)、**況**(ンヤ)於(イテヲ)(レ)君(ニ)**乎**。

書 天(てん)**すら尚**(な)**ほ**此(かく)のごとし、**況**(いは)**んや**君(きみ)に於(お)いて**をや**。

訳 天**でさえ**このようだ、**まして**君主においては**なおさらだ**。

❷ 而(ルヲ)況(ンヤ)於(イテヲ)(レ)C(ニ)乎

読 **しかルヲいはンヤCニおイテヲや**

訳 **ましてCにおいてはなおさらだ**

❶の後半が少し長くなったものです。白文でも読めて訳せるようにしましょう。

過去問にチャレンジ

問1 「而況於レ人乎」の意味として最も適当なものを次の中から選べ。（成蹊大）

①しかし人間はそのようであるだろうか
②なぜ人間はそうではないのだろうか
③それならば人間の場合にもそうであるだろう
④かえって人間の場合にはそうではない
⑤まして人間の場合はなおさらそうである

問2 「此句他人尚不可聞、況僕心哉」の（i）書き下し文・（ii）その意味として最も適当なものを、次の中からそれぞれ選べ。（上智大）

（i）
①此の句すら他人の尚ほ聞くべからず、況んや僕の心にや
②此の句他人すら尚ほ聞くべからず、況んや僕の心をや
③此の句と他人すら尚ほ聞くべからず、況んや僕の心なるかな
④此の句は他人に尚ほ聞くべからず、況んや僕の心をや

(ⅱ)
①ほかの人であっても聞くにたえない悲しさであるのに、自分の気持ちとしてはなおさらだ
②この詩であっても他人の詩よりは寂しいものなのに、ましてや自分の心をうたった詩ではなおさらだ
③ほかの人にこの詩について聞くことはできないのに、自分の詩についてはなおさら無理だ
④この詩とほかの人との関係すら不明であるからして、自分との関わりがわからないことはなおさらだ

解説

問1 「**而況於〜乎**」は「**まして〜においてはなおさらだ**」と訳します。よって、⑤が正解。

問2 「**A尚B、況C哉**」は「**Aすら尚ほB、況んやCをや**」と書き下し、「**AさえBだ、ましてCはなおさら（B）だ**」と訳します。よって、**(ⅰ)**は②が正解。**(ⅱ)**の選択肢はすべて「〜なおさらだ」となっているため、きちんと解釈する必要があります。「此の句他人すら尚ほ聞くべからず、況んや僕の心をや」を直訳すると、「この句、他人でさえ聞くことができない、まして僕の心はなおさらだ」です。①「ほかの人であっても聞くにたえない」は、「他人でさえ聞くことができない」ということです。「自分の気持ち」は「僕の心」です。よって、①が正解。

解答

問1 ⑤ **問2** **(ⅰ)** ② **(ⅱ)** ①

書き下し文

問1 而(しか)るを況(いは)んや人(ひと)に於(お)いてをや

THEME

8 仮定・願望

ここで決める!

- 「若・如」が文頭にあり、返り点が付いていなければ仮定「もシ」
- 逆接「雖」が、仮定か確定かは文脈判断が必要
- 願望は「〜ン」なら「〜たい」、「〜命令形」なら「〜てください」と訳す

1 仮定

漢字を見て読めるようにしましょう。また、②と④は訳もきちんと押さえることがポイントです。

① 若シ・如シ（〜バ） 読 もシ（〜バ） 訳 **もし（〜ならば）**

文頭で返り点が付いていない「若・如」は、「**もシ**」と読む**順接仮定**です。上に主語がある場合もありますが、返り点が付いていなくて「**バ**」と一緒に用いていれば「もシ」から考えてください。

例 **若シ**以テレ類ヲ求ムレバ、… 書 **若し**類を以て求むれ**ば**、… 訳 **もし**仲間を探した**ならば**、…

② **苟シクモ（〜バ）** 読 **いやシクモ（〜バ）** 訳 **もし（〜ならば）**

読みも訳もどちらも重要です。「**バ**」と一緒に用いることが多いです。送り仮名が「クモ」の場合もあります。

例 **苟クモ**無クンバ二針弦一、… 書 **苟くも**針弦無くん**ば**、… 訳 **もし**針と弦がなかった**ならば**、…

③ **縦ヒ（〜トモ）** 読 **たとヒ（〜トモ）** 訳 **たとえ〜としても**

逆接仮定です。「**トモ**」と一緒に用いることが多いです。

例 **縦ヒ**不トモレ言ハ、… 書 **縦ひ**言はず**とも**、… 訳 **たとえ**言わない**としても**、…

④ **雖モ二〜一ト** 読 **〜トいへどモ** 訳 **たとえ〜としても／〜けれども**

「雖」は**返読文字**（229ページ）なので下から返って読み、直前に読む送り仮名は「**ト**」です。「い**へども**」と読めれば**逆接**はわかると思いますが、古文と違い、**確定と仮定の両方の働きがあります**。どちらになるかは文脈判断が必要です。

例 **雖モ**レ有リト二線矢一、**苟クモ**無クンバ二針弦一、…

書 線矢有りと雖も、苟くも針弦無くんば、…

訳 たとえ糸や矢があったとしても、もし針と弦がなかったならば、…

※続きが「苟」で仮定の話のため、この「雖」も仮定の話と考えられる。

過去問にチャレンジ

問1 「苟不自知其短、…」の傍線部のここでの読み方として最も適当なものを、次の中から選べ。 （センター追試）

① いへども
② いはゆる
③ いづくにか
④ いづくんぞ
⑤ いやしくも

問2 「雖」は逆接の接続詞で、大きくわけて仮定条件と確定条件の用法がある。次の①〜⑤のうち、異なる用法のものを一つ選べ。 （共通一次追試）

①雖(モ)二晋伐(うツト)一レ斉(ヲ)、楚必(ズ)救(ハン)レ之(ヲ)。
②其(ノ)身不(ンバ)レ正(シカラ)、雖(モ)レ令(スト)不レ従(ハレ)。
③門(ハ)雖(モ)レ設(ケタリト)而常(ニ)関(とざセリ)。
④心誠(ニ)求(ムレバ)レ之(ヲ)、雖(モ)レ不(ト)レ中(あタラ)不レ遠(カラ)矣。
⑤自(ラ)反(かへりミテ)而縮(なほクンバ)、雖(モ)二千万人(ト)一吾往(ゆカン)矣。

解説

問1　「**苟**」は「**いやシクモ**」と読み、「**もし〜ならば**」と訳します。よって、⑤が正解。

問2　①は「救は**ん**」と**未来**推量の「**ん**」を使用している文脈なので、**仮定**条件と考えられます。訳して確認すると、「**たとえ**晋の国が斉の国を伐つ**としても**、楚の国が必ず斉の国を救うだろう」と仮定でおかしくありません。②は「不」が少し離れて二つ使用されており、上が「**不ンバ**」の送り仮名であることから**仮定**条件の文脈です。よって、この「雖」も**仮定**条件と考えられます。訳して確認すると、「その身が正しくないならば、**たとえ**命令した**としても**従われない」と仮定でおかしくありません。③は「関せ**り**」と**完了**・**存続**の助動詞「り」を使用している文脈なので、**仮定の話ではありません**。**確定**で訳してみると、「門は設けているが、常に閉ざされている」とおかしくありません。よって、③が正解。④、⑤が仮定で訳せるか確認しておきます。④は「誠心誠意これを求めたならば、**たとえ**そのものでない**としても**遠くはない」、⑤「自ら反省して正しければ、**たとえ**相手が千万人だ**としても**私は進んで行こう」とおかしくありません。

解答

問1　⑤　**問2**　③

書き下し文

問1 苟しくも自ら其の短を知らざれば、…

問2 ①晋斉を伐つと雖も、楚必ず之を救はん。
②其の身正しからずんば、令すと雖も従はれず。
③門は設けたりと雖も常に関せり。
④心誠に之を求むれば、中たらずと雖も遠からず。
⑤自ら反みて縮くんば、千万人と雖も吾往かん。

現代語訳

問1 もし自分で自分の短所を知らないならば、…

2 願望

「**ン**」（＝意志の助動詞）と一緒に用いていれば**自分**の願望で「**（どうか〜し）たい**」、**命令形**と一緒に用いていれば**相手**への願望で「**（どうか〜し）てください**」と訳します。

1 願ハクハ〜ン／命令形

読 ねがハクハ〜ン／命令形

訳 （どうか〜し）たい／てください

例 **願**ハクハ以テ二土地ヲ一与ヘヨレ我ニ。

書 **願はくは**土地を以て我に与へよ。命

訳 **どうか**土地を私に与え**てください**。

② 請フ～　読 **こフ～ン／命令形**　訳 **（どうか～し）たい／てください**

例 **請**フ俟タン二後命ヲ一。　書 **請**（こ）**ふ**後命（こうめい）を俟（ま）た**ん**。

訳 **どうか**次の命令を待ち**たい**（⬇次の命令を待ちます）。

③ 庶（こひねが）**・幾**（こひねが）**・冀**（こひねが）**・庶幾**（こひねがハクハ）**～**　読 **こひねがハクハ～ン／命令形**　訳 **（どうか～し）たい／てください**

漢字だけでも読めるようにしましょう。

その他に、「**欲**スレ**V**ント」も願望で「**Vントほつス**」と読み、「**Vしたいと思う**・**Vしようと思う**」と訳します。「**Vント**」の読みがポイント。「ン」は助動詞「む」なのでVは**未然形**に活用させます。

SECTION

設問形式別解法

THEME

1　漢字の「読み」と「意味」
2　解釈問題
3　「返り点の付け方」と「書き下し文」の組合せ
4　空欄補充
5　説明問題
6　複数テクスト問題

SECTION1の基礎知識、SECTION2の句法を利用して問題に取り組みます。選択肢が絞れるだけかもしれませんが、本文を読む前に解けてしまうことも!

SECTION3では、次のような設問形式別の解法を学習していきます。

漢字の「読み」と「意味」

頻出の漢字などを覚える作業も必要ですが、古文単語と比べたら数は非常に少なく、定番のものを押さえれば得点源にできます。

解釈問題

これまで学習してきた知識が重要です。漢文によく用いられる対句などにも気をつけましょう。

返り点の付け方と書き下し文の組合せ

頻出の出題形式。これまでの知識が重要。また、選択肢に書かれている書き下し文を、無理やりにでも訳せる力も必要です。

空欄補充(漢詩以外)

句法関連の問題が頻出。ただし、それを前提に文脈判断が必要です。句法以外であれば、漢字の意味と前後の文脈をつかみましょう。

説明問題

これまで学習してきた知識が重要です。理由説明や心情説明などの場合も、まずは傍線部自体の正しい解釈が必要です。また、指示語があれば指示内容なども意識しましょう。

複数テクスト問題

ここまでの知識がきちんと身についていれば、複数テクストを使った問題でも解法は基本的に同じなので、焦らなくても大丈夫。練習を重ねて慣れましょう。

傍線部や空欄の前後の文脈がポイントになることも多いのですが、正しい解釈のためには、語順などの土台や、句法、漢字の意味など今までに学習してきた知識の理解が必須です。

入試漢文問題を解く手順

問題に取り組む際の注意点は、基本的に古文と同じです。本文を読む前に「リード文」や「設問」をきちんと確認しましょう。

出典はおそらく知らないものが出題されるので確認不要です（有名思想家の作品なら思想がヒントになるかも）。本文を読む前に知識だけで解けたとしても、本文を読んでいく際に選んだ解答をあてはめて、スラっと文意が通るか必ず確認をしてください。

THEME 1

漢字の「読み」と「意味」

ここでき決める！

- 基礎知識や句法の知識で解けるものは確実に得点する
- 頻出の漢字は覚えることが近道。きちんと押さえて得点源に！
- それ以外は文脈判断で勝負！

1 基礎知識や句法の知識で解けるもの

近年は「読み」よりも「意味」のほうがよく出題されていますが、どちらも基礎知識や句法の知識を学習した際に触れた漢字が出題されることもあります。この場合は、確実に得点できるようにしましょう。

「意味」は本文を読む際に、文脈がおかしくないか念のために確認してください。

それでは、基礎知識も句法の知識も学習済ですので、早速ですが復習も兼ねて過去問にチャレンジしましょう。

過去問にチャレンジ

問1　次の波線部（ア）・（イ）のここでの読み方として最も適当なものを、後の中からそれぞれ選べ。

*樵隠（ア）倶在山…　　*樵隠＝木こりと隠者。　　（センター本試）

①たまたま　②つぶさに　③すでに　④そぞろに　⑤ともに

*内人（イ）曾乞余作詩、…　　*内人＝妻。　　（センター追試）

①あへて　②すでに　③かつて　④まさに　⑤つひに

問2　次の波線部（ア）～（ウ）のここでの意味として最も適当なものを、後の中からそれぞれ選べ。

臣（ア）以為、求賢有術、…　　（共通テスト本試）

①考えるに　②同情するに　③行うに　④目撃するに　⑤命ずるに

継而（イ）復見之於園中。　　（共通テスト本試）

①なお　②ふと　③じっと　④ふたたび　⑤まだ

見テレ雉ヲ、即（ウ）為スハ二之ヲ宝ト一、…

①かえって　②そこではじめて　③すぐに　④そのときには　⑤かりに

（共通テスト追試）

解説

問1　**（ア）**「**倶**」は「**ともニ**」と読み、「**両方とも**」の意味です（264ページ）。よって、⑤が正解。

（イ）「**曾**」は「**嘗**」と同じく「**かつテ**」と読みます（267ページ）。よって、③が正解。

問2　**（ア）**「**以為〜**」の「為」に返り点がなく、「為」の続きが長い場合は「**おもヘラク**」と読み、「**〜と思う・とみなす**」の意味です（238ページ）。同じ意味が取れる①「考えるに」が正解。

（イ）「**復**」は「**まタ**」と読み、「**ふたたび**」の意味です（265ページ）。よって、④が正解。

（ウ）「**即**」は「**すなはチ**」と読み、「**すぐに**」の意味です（232ページ）。よって、③が正解。

解答

問1　**（ア）**⑤　**（イ）**③　**問2**　**（ア）**①　**（イ）**④　**（ウ）**③

書き下し文

問1　**（ア）**樵隠倶に山に在るも…

（イ）内人曾て余に詩を作らんことを乞ひ、…

問2　**（ア）**臣以為らく、賢を求むるに術有り、…

（イ）継いで復た之を園中に見る。

（ウ）雉を見て、即ち之を宝と為すは、…

現代語訳

問1 **(ア)** 木こりと隠者はともに山にいるが…

(イ) 妻がかつて私に詩を作ることを頼み、…

問2 **(ア)** 私が考えるに、賢者を求めるには方法があり、…

(イ) その後ふたたびこれを庭園で見た。

(ウ) 雉を見て、すぐにこれ（＝雉）を宝と考えるのは、…

これらは本文を読む前でも正解が予測できるはずです。本文を読んでいく際には、あてはめて確認しましょう。

2 「読み」や「意味」で頻出の漢字を押さえる

「読み」は**副詞**が頻出です。あとは「**是以**」「**以是**」「**於是**」「**若是**」など、似ていて紛らわしいものも頻出です。これらは覚えるしかないのですが、他の科目と比べて覚えなければいけないことは圧倒的に少なく、きちんと押さえてしまえば得点源になるのです。また、問題になっていなくても、本文中に出てくることもよくありますので、頻出の漢字は読めて意味がわかるようにしましょう。

代表的なものを次のページにまとめておきます。

語句	読み	意味	語句	読み	意味
遂・卒・終・竟	つひニ	とうとう・結局	俄・暴・遽・卒	にはカニ	急に
私・窃・陰	ひそカニ	こっそりと	忽	たちまチ	急に
親	みづから	自分で直接に	愈	いよいよ	ますます
固・本	もとヨリ	もともと	少	わかシ	若い・年少だ
寡	すくなシ	少ない	衆	おほシ	多い
詳・審	つまびラカニ	詳しく・細かく	蓋	けだシ	思うに
是以	ここヲもつテ	こういうわけで	以レ是	これヲもつテ	これで
由レ是	これニよりテ	こういうわけで	於レ是	ここニおイテ	そこで
如レ是・如レ此 若レ是・若レ此	かクノごとシ	このようだ	卒〈動詞〉	おハル・おエル しゆつス	終了する 死ぬ

他にもまだ重要語句はありますが、別冊でご紹介します。別冊も必ず確認して、それらの漢字は読めて意味がわかるようにしてください。

過去問にチャレンジ

問1　次の波線部（ア）～（ウ）のここでの読み方として最も適当なものを、後の中からそれぞれ選べ。

蓋（ア）知ル、後之於ケルモレ今ニ、世之相去ルコト愈（イ）遠ク、…　（センター本試）

（ア）①ますます　②はたして　③まさに　④すなはち　⑤けだし

（イ）①しばしば　②いよいよ　③かへって　④はなはだ　⑤すこぶる

寡（ウ）レ欲ヲ不レ期セレ労ヲ…　（センター本試）

①いつはりて　②つのりて　③すくなくして　④がへんじて　⑤あづけて

問2　次の波線部（ア）・（イ）のここでの意味として最も適当なものを、後の中からそれぞれ選べ。

審（ア）視ルコト良（やや）久シクシテ、…　（共通テスト本試）

①正しく　②詳しく　③急いで　④謹んで　⑤静かに

（イ）卒 逢ヒ二 *瓢（へう）風（ふう）暴雨ニ一、…　　*瓢風＝暴風。

（センター追試）

①意外なことに　②おもむろに　③偶然に　④次第に　⑤突然に

問3　次の波線部のここでの意味と、最も近い意味を持つ漢字はどれか。後の中から選べ。

此ノ術固已ニ深シ

（共通テスト本試）

①強　②難　③必　④絶　⑤本

解説

問1　**（ア）**「**蓋**」は「**けだシ**」と読み、「**思うに**」の意味です。よって、⑤が正解。

（イ）「**愈**」は「**いよいよ**」と読み、「**ますます**」の意味です。よって、②が正解。

（ウ）「**寡**」は「**すくなシ**」と読み、「**少ない**」の意味です。よって、③が正解。

問2　**（ア）**「**審**」は「**つまびラカニ**」と読み、「**詳しく・細かく**」の意味です。よって、②が正解。

（イ）「**卒**」は動詞「逢」の上にあるので副詞で、「**つひニ**」（＝**とうとう・結局**）と「**にはカニ**」（＝**急に**）がありますが、選択肢から該当するのは⑤「**突然に**」のみ。よって、⑤が正解。

問3　「**固**」は「**もとヨリ**」と読み、「**もともと**」の意味です。同じ意味を持つのは⑤「**本**」。

解答

問1　**（ア）**⑤　**（イ）**②　**（ウ）**③

問2　**（ア）**②　**（イ）**⑤

問3 ⑤

書き下し文

問1 **(ア・イ)** 蓋し知る、後の今に於けるも、世の相ひ去ること愈遠く、…

(ウ) 欲を寡くして労を期せず…

問2 **(ア)** 審らかに視ること良久しくして、…

(イ) 卒かに瓢風暴雨に逢ひ、…

問3 此の術固より已に深し

現代語訳

問1 **(ア・イ)** 思うに、後世の現代に対する関係も、世代が互いに離れることはますます遠く、…

(ウ) 欲は少なくして労苦を求めず…

問2 **(ア)** 詳しく見ることをしばらくして、…

(イ) 突然に暴風雨に遭い、…

問3 その術はもともと既に深い

3 文脈判断が必要なもの

1・2以外や、意味が複数ある漢字は文脈判断が必要です。過去問にチャレンジしてみましょう。

過去問にチャレンジ

問1　次の波線部のここでの意味として最も適当なものを、後の中から選べ。（共通テスト本試）

蝶落チ二其ノ(注1)袖ニ一、審ラカニ視ルコト良ややひさシクシテ、得二其ノ形色ヲ一、乃チ従容(注2)しょうようトシテ鼓うチテレ翅はねヲ而去ル。

（注）1　其の＝画家の。　2　従容＝ゆったりと。

①気がつく　②手にする　③映しだす　④把握する　⑤捕獲する

問2　次の文章は、皇帝である太宗(たいそう)が臣下の遂良(すいりょう)に意見を求めると、遂良が故事を引用し、吉報だと太宗に告げた後の場面である。波線部のここでの意味として最も適当なものを、後の中から選べ。（共通テスト追試）

上(注1)説(よろこビテ)曰(ハク)、「〈省略〉遂良所(ハ)謂多識(ノ)君子(ナル)哉(ト)。」〈省略〉此(注2)(レ)諂(注3)妄之甚(ダシキモノニシテ)、愚(注4)瞽(スルナリ)其(ノ)君(ヲ)。而(ルニ)太宗善(レ)之(ヲ)、史(注5)(モ)不(レ)譏(そしラ)焉。

（注）1 上＝太宗。　2 此＝遂良の見解。　3 諂妄＝こびへつらうこと。
4 愚瞽＝判断を誤らせる。　5 史＝史官。歴史書編集を担当する役人。

①崇拝する　②称賛する　③整える　④得意とする　⑤親友になる

解説

問1　「**得**」は「**できる**」と訳す重要な助動詞の用法がありますが、ここでは語順や選択肢からも動詞「得」だとわかります。（注）を利用し、**2**の「過去問にチャレンジ」**問1**で学習した「**審**」も踏まえると、波線部の前は「蝶が画家の袖にとまり、しばらくの間**詳しく**見ている」のです。そして、「その形や色を得」となっており、「その」は「蝶」です。蝶をしばらく観察して、蝶の形や色を「得る」ですから、この「得」は選択肢の中だと「把握する」が適当です。よって、④が正解。

問2　「**善**」は形容詞だと「**よシ**」と読み、「**よい**」などのプラスの意味ですが、ここでは選択肢から動詞「よシトス」です。どうプラスなのか文脈で判断します。波線部の前文を、（注）を利用して訳すと、「遂良の見解はひどくこびへつらったもので、主君（＝太宗）の判断を誤らせる」となります。「**而ルニ**」は**逆接**で、「それなのに、太宗はこれを善とした」のです。こびへつらった遂良（の見解）を「プラス」と捉えたのです。この「プラス」は選択肢の中だと「称賛する」

が適当です。最初の文でも、太宗は喜んで「遂良はいわゆる知識が豊富な君子であるなあ」と言っていることからも、「称賛する」で間違いありません。よって、②が正解。

解答

問1 ④　**問2** ②

書き下し文

問1 蝶其の袖に落ち、審らかに視ること良久しくして、其の形色を得れば、乃ち従容として翅を鼓ちて去る。

問2 上説びて曰はく、「〈省略〉遂良は所謂多識の君子なるかな」と。〈省略〉此れ諂妄の甚だしきものにして、其の君を愚瞽するなり。而るに太宗之を善しとし、史も譏らず。

現代語訳

問1 蝶はその（画家の）袖にとまり、（画家は）詳しく（蝶を）見ることをしばらくして、蝶の形や色を把握して、そこで（蝶は）ゆったりと翅をはばたいて飛び去った。

問2 太宗が喜んで言うことには、「〈省略〉遂良はいわゆる知識が豊富な君子であるなあ」と。〈省略〉これ（＝遂良の見解）はひどくこびへつらったもので、その主君（＝太宗）の判断を誤らせるものである。それなのに太宗はこれを称賛して、史官も非難しない。

THEME 2

解釈問題

ここできめる！

- 選択肢を横に見比べて、問いたい部分をつかむ
- 設問文だけではなく、本文の該当箇所をきちんと確認する
- 句法や対句などに気をつける。それ以外は文脈判断で勝負！

1 基礎知識や句法の知識で解けるもの

解釈問題が出題されたら、まずは**選択肢を横に見比べて、共通箇所と相違箇所を把握**しましょう。

また、設問文では白文や返り点しか付いていなくても、**本文の該当箇所には訓点が付いていることがあります**ので、必ずちらっと確認しましょう。訓点付きのほうが、圧倒的に読みやすいですよね。

そして、まれに基礎知識や句法の知識だけで、本文を読む前に解けるものも出題されます。この場合は、確実に得点できるようにしましょう。もちろん、本文を読んでいく際に文脈がおかしくないか念のために確認してください。

それでは、過去問にチャレンジしましょう。

POINT

選択肢を横に見比べてポイント箇所を見抜く

すべての選択肢で共通している箇所があれば、当然ですが、その内容は正しい解釈で確定です。共通の内容を利用するとともに、それ以外の箇所が問いたい部分なので、本文中の該当部分をきちんと解釈しましょう。

過去問にチャレンジ

次の傍線部「母、胡為乎使我至今日乃得見也」の解釈として最も適当なものを、後の中から選べ。（センター本試）

母、胡為乎使我至今日乃得見也。

①お母様、なぜ今日になって私がここにいるとわかったのですか。
②お母様、なぜ今日になって私をここに来させたのですか。
③お母様、なぜ今日になって私を思い出してくださったのですか。
④お母様、なぜ今日になって私に会ってくださったのですか。
⑤お母様、なぜ今日になって私の夢を理解してくださったのですか。

解説　選択肢を見比べると、「お母様、なぜ今日になって～のですか」はすべての選択肢で共通ですから、「母よ、胡為れぞ＋文末の也」と「今日に至りて」以外の部分の解釈をする必要があります。そして、設問文では返り点しか付いていませんが、本文該当箇所には送り仮名も付いています。いつもこうなっているとは限りませんが、本文の該当箇所を必ず確認しましょう。

ちなみに、「**胡為レゾ**」は**疑問**と**反語**があります（271ページ）が、今回は、**選択肢がすべて疑問なので判別する必要はありません。**万一、選択肢に疑問と反語の両方の解釈があった場合は、**送り仮名に「ン」がない**（もしくは、「使ムル也」＝「連体形＋や」の）ため、**疑問**だと簡単に判別できますね。

問題を解くために必要な箇所の中から、学習した句法や重要単語などを探しましょう。今回は「**使**」があり、送り仮名も使えば「**我ヲシテ～使ムル**」なので**使役**（251ページ）確定です。「**乃**」は「**そこで・やっと・なんと**」（233ページ）、「**得レVヲ**」は「**Vできる**」です。これらを踏まえて傍線部を直訳すると、「お母様、なぜ今日になってやっと私に見ることができるようにさせたのか」です。「私に見ることができるようにさせる」の意味が取れるのは、選択肢の中からだと④「私に会ってくださった」です。よって、④が正解。

解答　④

書き下し文　母よ、胡為れぞ我をして今日に至りて乃ち見るを得しむるや。

2 対句や対文に気をつける

返り点の打ち方や、品詞などの文構造が同じである**対句**や**対文**を利用する場合もあります。次の例で対句の確認をしましょう。

例 貴賤**相**(あひ)**懸**(へだタリ)、朝野**相隔**(タリ)、堂(ハ)遠(ク)**於**千里(ヨリモ)、門(ハ)深(シ)**於**九重(ヨリモ)。

（対義語／対義語／名詞 形容詞／名詞／名詞 形容詞／名詞）

書 貴賤(きせん)相懸(あひへだ)たり、朝野(ちやうや)相隔(あひへだ)たり、堂(だう)は千里(せんり)よりも遠(とほ)く、門(もん)は九重(きゆうちやう)よりも深(ふか)し。

訳 身分の高い者と低い者とが隔たり、朝廷と民間とが隔たり、堂（＝君主が執務する場所）が千里よりも遠く、門（＝王城の門）が九つも重なる門の奥にある。

この例は、前半の二句と後半の二句のそれぞれが、返り点の打ち方や構成要素が同じで対句になっています。**対句同士は同じような意味か、反対の意味**かどちらかです。ここでは、前半も後半も同じような意味でそれぞれセットになっています。

問題を解くだけではなく、文章を読む際にも対句・対文に気づけると読みやすくなる場合も多くあるため、対句や対文があれば意識できるようになりましょう。

それでは、過去問にチャレンジしましょう。

過去問にチャレンジ

次の文章は、馬車を操縦する「御術（ぎょじゅつ）」について書かれたものである。これを読んで、後の問いに答えよ。なお、設問の都合で返り点・送り仮名を省いたところがある。

王良は趙国（ちょうこく）の襄主（じょうしゅ）に仕える臣であり、「御術」における師でもある。ある日、襄主が王良に馬車の駆け競（くら）べを挑み、三回競走して三回とも勝てなかった。くやしがる襄主が、まだ「御術」のすべてを教えていないのではないかと詰め寄ると、王良は次のように答えた。（共通テスト本試）

凡御之所レ貴（ソ／ハ／ブ）、馬体安二于車一（ンジ／ニ）、人心調二于馬一（かなヒ／ニ）、而後可二以進一レ速（ル／ニ／シ／テ／ムコト／すみヤカニシテ）致レ遠（ス／キヲ）。今君後則欲レ逮レ臣、先則恐レ逮二于臣一。夫誘レ道争レ遠（すすメテ／ニ／フハ／キヲ）、非レ先則後也（ザレバ／ンズルニ／チ／ルル）。

問　傍線部「今君後則欲レ逮レ臣、先則恐レ逮二于臣一。」の解釈として最も適当なものを、次の中から選べ。

①あなたは私に後ろにつかれると馬車の操縦に集中するのに、私が前に出るとすぐにやる気を失ってしまいました。

②あなたは今回後れても追いつこうとしましたが、以前は私に及ばないのではないかと不安にかられるだけでした。
③あなたはいつも馬車のことを後回しにして、どの馬も私の馬より劣っているのではないかと憂えるばかりでした。
④あなたは後から追い抜くことを考えていましたが、私は最初から追いつかれないように気をつけていました。
⑤あなたは私に後れると追いつくことだけを考え、前に出るといつ追いつかれるかと心配ばかりしていました。

解説　本文該当箇所も設問文と同じく、返り点のみが付いているものです。選択肢を横に見比べても「あなたは」しか共通箇所はありません。句法や重要単語を探しますが、特にこれといった句法もありません。ただし、傍線部を確認した際に、「**後則欲**レ**逮**レ**臣**／**先則恐**レ**逮**二于**臣**一」の構成がとても似ていることに気づいたでしょうか。たしかに「逮」の返り点の種類が違っていますが、下は「于」が置き字なので、「臣」から「逮」に戻って読むのは同じです。よって、ここは**対句**だと考えられ、「後⇔先」、「欲しい（プラス）⇔恐れる（マイナス）」なので、**反対の意味**でセットになっています。「**後**」と「**先**」の意味は、後ろの文に**同一漢字**があり、それぞれ「**後**(ルル)」「**先**(ンズル)」と送り仮名が付いており、「道に誘(すす)めて遠きを争ふ」というのは、リード文から「馬車の駆け競(くら)べ」のことだと推測できます。そうすると、競争で「**遅れる**」か「**先になるか**」の意味だとわかります。前半は「君遅れる」なので「あなたが（私に）後れる」、後半はその反対で「あなたが（私よりも）先になる」の意味で、対比になっています。この対比がきちんと取れているのは⑤のみ。よって、⑤が正解。

ちなみに、「臣」は**目上の人に対しての一人称**。「逮」は、たとえば「逮捕」などを思い浮かべると「つかまえる」系だと推測できます。動詞「逮」の下の名詞「臣」は目的語なので、「欲逮臣」は「私**を**つかまえたい」です。⑤「(私に)追いつく」という解釈でおかしくありません。また後半は、その反対の「追いつかれる」で文脈もおかしくありません。「逮**于**臣」は置き字「**于**」を使った**受身**の句法(256ページ)ですね。動詞「逮」の動作主が「臣」で、「私につかまえ**られる**」(=私に追いつかれる)です。

①は主語が逆になっているので不適。②は「今回」と「以前」の対比になっているので不適。この「先」は「以前」の意味ではありません。③も「後」と「先」の解釈がおかしいので不適。④も「後から」と「最初から」の対比になっているので不適。

解答 ⑤

書き下し文 凡そ御の貴ぶ所は、馬体車に安んじ、人心馬に調ひ、而る後に以て進むこと速やかにして遠きを致すべし。今君後るれば則ち臣に逮ばんと欲し、先んずれば則ち臣に逮ばれんことを恐る。夫れ道に誘めて遠きを争ふは、先んずるに非ざれば則ち後るるなり。

現代語訳 そもそも馬を御する技術で重んじられることは、馬の体が車にしっくり合い、御者の心が馬に調和して、そうしたうえで速く進み遠くまで行き着くことができます。今君主様(=襄主)は私に後れると私に追いつくことだけを考え、前に出ると(いつ)私に追いつかれる(かと)心配ばかりしていました。そもそも道を進んで遠くまで競争するからには、前に出るのでなければ後れるのです。

THEME

3 「返り点の付け方」と「書き下し文」の組合せ

ここで働きめる!

- 返り点通りに読んでいるかのチェックはしない!
- 傍線部内に基礎知識や句法の知識、前後も含めて対句などがあるか確認!
- 書き下し文を無理やり訳して、スラっと文意が通るものを見つける

1 基礎知識や句法の知識・対句などで解けるもの

250ページでもお伝えしたように、「返り点の付け方」と「書き下し文」の組合せ問題が出題された場合、間違え選択肢でも返り点の通りに読んでいることが多いので、順番通りに読んでいるかの確認は不要です(万一、明らかに読み方のおかしいものがあった場合は、もちろん除外してください)。

解釈問題と同様に、基礎知識や句法の知識で選択肢が絞れるかを確認します。また、傍線部や前後に対句や対文があると、それがヒントになっている可能性も高いです。本文を読む前に知識だけで解けるものも出題されることがありますが、本文を読んでいく際に、文脈がおかしくないか念のために確認しましょう。

あとは、選択肢の書き下し文を見て、読みや品詞など、利用できるものは利用してください。

それでは、過去問にチャレンジしましょう。

過去問にチャレンジ

次の傍線部「惟　意　所　欲　適」の返り点の付け方と書き下し文との組合せとして最も適当なものを、後の中から選べ。（共通テスト本試）

吾有リ㆓千里馬ノ㆒〈中略〉惟意所欲適　九州(注)可シ㆓周ク尋ヌ㆒

（注）九州＝中国全土。

① 惟　意　所㆓欲　適㆒　　惟(た)だ意の欲して適(かな)ふ所にして
② 惟　意　所　欲㆑適　　惟だ意(おも)ふ所に適(かな)はんと欲して
③ 惟　意㆑所㆑欲　適　　惟だ欲する所を意(おも)ひ適(ゆ)きて
④ 惟　意　所㆑欲㆑適　　惟だ意の適(ゆ)かんと欲する所にして
⑤ 惟　意㆑所㆓欲　適㆒　　惟だ欲して適(ゆ)く所を意(おも)ひて

解説 「**惟**」は「**たダ**」と読む**限定**の句法ですが、選択肢すべて共通のため、この問題では手がかりになりません。「適」は選択肢の書き下し文を利用すると動詞です。「**欲V**」は「**Vントほつス**」と読む（300ページ）ので、②か④に絞ります。「所欲」の「**所**」は**返読文字**（229ページ）で「ほつスルところ」と読むので、④が正解。

本文を読んでいく際には、④で訳して文意が通るか確認します。「私（＝作者）は千里を走る名馬を持っており、ただ心が行きたいと思うのにまかせて、中国全土のあらゆるところを訪ねることができる」となり、おかしくありません。

解答　④

書き下し文　吾(われ)に千里(せんり)の馬(うま)有(あ)り〈中略〉惟(た)だ意(い)の適(ゆ)かんと欲(ほっ)する所(ところ)にして　九州(きゅうしゅう)周(あまね)く尋(たづ)ぬべし

2 書き下し文を無理やり訳してみる

1で解けない場合は、候補の選択肢の書き下し文を無理やり訳してみます。その時点で意味不明な訳になるものは当然不適です。残ったものの中で、前後の文脈がおかしくならず、自然にスラっと文意が通るものが正解です。

過去問にチャレンジ

次の文章は、作者の庭園に変わった蝶が飛んで来たが、その後、再びこの蝶を、名家の瓜爾佳(かじか)

氏の庭園で見かけた後の場面である。傍線部について、返り点の付け方と書き下し文との組合せとして最も適当なものを、後の中から選べ。

（共通テスト本試）

客有呼之入匣奉帰余園者、及ベバ至リテ園ニ啓クニ之ヲ、則チ空(注)匣(くうかふ)也。

（注）空匣＝空の箱。

①客 有三 呼レ 之 入二 匣 奉一 帰二 余 園一 者
　客に之を呼び匣(はこ)に奉じ入るること有りて余の園に帰る者あり

②客 有二 呼レ 之 入レ 匣 奉 帰 余 園 者一
　客に之を呼び匣に入れ奉じて帰さんとする余の園の者有り

③客 有下 呼二 之 入レ 匣 奉 帰二 余 園一 者上
　客に之を匣に入れ呼び奉じて余の園に帰る者有り

④客 有下 呼レ 之 入レ 匣 奉 帰二 余 園一 者上
　客に之を呼びて匣に入れ奉じて余の園に帰さんとする者有り

⑤客 有レ 呼レ 之 入レ 匣 奉レ 帰二 余 園 者一
　客に之を呼ぶこと有りて匣に入れ余の園の者に帰すを奉ず

解説 傍線部内の「**有～者**」に注目します。この場合は通常「～**者有り**」（＝～**な者がいる**）と読みます。よって、①と⑤は不適。②～④の残りの部分には特に句法などはありませんので、これらの選択肢の**書き下し文を無理やり訳してみます**。②は「客にこれを呼んで箱に入れてさしあげて帰そうとする私の庭園の者がいる」、③は「客にこれを箱に入れて呼んでさしあげて私の庭園に帰る者がいる」、④は「客にこれを呼んで箱に入れてさしあげて私の庭園に帰そうとする者がいる」です。

傍線部の後ろは「庭園に着いてこれを開けると、空の箱であった」で、「これ」は「箱」ですね。リード文も踏まえると、傍線部内の「之（これ）」は「蝶」だと考えられます。「蝶を箱に入れて私の庭園に持って帰ってきたのに、開けたら空だった」という流れになりそうです。そうすると、「これ」に「蝶」を入れて訳を確認した際に、一番自然にスラっと文意が通るのは④です。「客に蝶を呼んで箱に入れてさしあげて私の庭園に戻してあげようとした人がいた」のです。そして、「庭園に着いて箱を開けると、なぜか空箱になっていた」というオチでおかしくありません。②は、出だしは「客に」となっているのに、終わりが「私の庭園の者」となっており、主語が客人か庭師かどちらなのかよくわからないので不適。③は「蝶を箱に入れて」まではよいのですが、「呼んで」以降が誰を呼んで私の庭園に帰ってきたのかよくわからないので不適。

解答 ④

書き下し文 客（きゃく）に之（これ）を呼（よ）びて匣（はこ）に入（い）れ奉（ほう）じて余（よ）の園（えん）に帰（かへ）さんとする者（もの）有（あ）り、園（えん）に至（いた）りて之（これ）を啓（ひら）くに及（およ）べば、則（すなは）ち空匣（くうかふ）なり。

現代語訳 客にこれ〈＝蝶〉を呼んで箱に入れてさしあげて私の庭園に戻そうとする者がいたが、（私の）庭園に着いてこれ〈＝箱〉を開けると、空の箱であった。

THEME

4 空欄補充

ここで固める！

- 句法に絡んでいる漢字は、何の句法かわかるようにする
- 句法以外は漢字の意味を考える
- どちらの場合も、前後の文意がスラっと通るものを選ぶ

1 漢詩以外の空欄補充

ここでは、通常の文章中の空欄補充問題の取り組み方を学習します（漢詩の空欄補充問題はSECTION4で扱います）。

最近は選択肢が句法に絡んでいるものが多く、まず、**漢字を見て何の句法なのか、訳し方などがわかることが重要**です。さらに、それを踏まえて**前後の文意がスラっと通るものを選ぶ**必要がありますので、句法を理解して、きちんと読解できなければ解けません。

また、句法以外の場合も、漢字の意味を考えて（プラスかマイナスかで絞れる場合は絞ったり、その漢字を使用した二字熟語から類推したりして）、話の流れを正しくつかみ、文脈に合うものを選んでください。

それでは、過去問にチャレンジしましょう。

過去問にチャレンジ

唐の王宮の中に雉（きじ）が集まってくるという事件が何度も続き、皇帝である太宗（たいそう）は何かの前触れではないかと怪しんで、臣下に意見を求めた。以下は、この時に臣下の褚遂良（ちょすいりょう）が出した意見と太宗の反応とに対する批評である。これを読んで、後の問いに答えよ。なお、設問の都合で本文を改め、返り点・送り仮名を省いたところがある。

（共通テスト追試）

遂良曰ハク、「昔（注1）秦ノ文公ノ時、童子化シテ為ルレ雉（きじ）ト。雌ハ鳴キ二（注2）陳倉ニ一、雄ハ鳴ク二（注3）南陽ニ一。童子曰ハク、『得ルレ雄ヲ者ハ王タリ、得ルレ雌ヲ者ハ覇タリト。』文公遂ニ雄（ゆう）タリ二諸侯ニ一。（注4）陛下ハ本（もと）封ゼラルレ秦ニ、故ニ雄雌並ビニ見（あら）ハレ、以テ告グト二明徳ヲ一。」（注5）上（しやう）説（よろこ）ビテ曰ハク、「人［X］以無学、遂良所謂多識ノ君子ナル哉ト。」

（注）1　秦文公＝春秋時代の諸侯の一人で、秦の統治者。
2　陳倉＝地名。現在の陝西（せんせい）省にあった。
3　南陽＝地名。現在の河南省と湖北省の境界あたりにあった。
4　陛下本封レ秦＝太宗は即位以前、秦王の位を与えられていた。唐の長安も春秋時代の秦の領地に含まれる。
5　上＝太宗。

問　傍線部「人［X］以無学」について、空欄［X］に入る語と書き下し文との組合せとして最も適当なものを、次の中から選べ。

①須　　人須らく以て学無かるべし
②不如　人以て学無きに如かず
③不可　人以て学無かるべからず
④猶　　人猶ほ以て学無きがごとし
⑤不唯　人唯だ以て学無きのみにあらず

解説　選択肢の漢字を、書き下し文を利用しながら確認していきます。①「**須らく〜べし**」は**再読文字**で、「**必ず〜する必要がある**」（246ページ）、②「**〜に如かず**」は**比較**で「**〜には及ばない・〜のほうがよい**」（279ページ）、③「**〜べからず**」は**不可能**「**〜できない**」か**禁止**「**〜てはいけない**」（261ページ）、④「**猶ほ〜ごとし**」は**再読文字**で、「**まるで〜のようだ**」（246ページ）、⑤は「不唯」が「唯だ〜のみにあらず」と書き下されていますが、「**不唯**」は**累加**で「**唯だに〜のみならず**」（286ページ）と書き下します。「**唯だ（に）〜のみにあらず**」は「**非唯**」なので、⑤は不適です。

前後をきちんと読んで、どの訳がピッタリかを探します。傍線部までは、意見を求められた遂良が、昔の秦の故事を引用し、雉が出現しているのは「明徳を告げる」と結論づけています。「明徳」をきれいに訳せなくても、漢字からプラスのイメージはわかると思います。その後で、太宗が喜んでいることと、傍線部の後ろでも遂良のことを「多識の君子」と褒めていることからもわかります。ここで遂良を「多識」だと褒めていることがポイントです。空欄 X を除いた傍線部の大筋は「人は学がない」ですが、多くの知識を得るためには、学ばなければいけません。①だと、「人は必ず無学である必要がある（人は無学でなければいけない）」と正反対になるので不適。②は「不如」の下にある「無学」のほうがよいとなり不適。③は「無学であってはいけない」➡「学ばなければいけない」となり、これが正解です。④は「まるで無学のようだ」となり、文脈に合わず不適。⑤は書き下し文から不適でしたが、累加で訳してみたとしても、「ただ人は無学なだけではない」となり、文脈に合わず不適。

解答 ③

書き下し文 遂良曰はく、「昔秦の文公の時、童子化して雉と為る。雌は陳倉に鳴き、雄は南陽に鳴く。童子曰はく、『雄を得る者は王たり、雌を得る者は覇たり』と。文公遂に諸侯に雄たり。陛下は本秦に封ぜらる、故に雄雌並びに見はれ、以て明徳を告ぐ」と。上説びて曰はく、「人以て学無かるべからず、遂良は所謂多識の君子なるかな」と。

現代語訳 遂良が言うことには、「昔秦の文公の時代に、童子が変身して雉になりました。雌は陳倉で鳴き、雄は南陽で鳴きました。童子が言うことには、『雄の雉を手に入れた者は王となり、雌の雉を手に入れた者は覇者となる』と。文公はとうとう諸侯の中で覇者となった。陛下（＝太宗）はもともと秦王でした、だから雄雌どちらも現れて、素晴らしい徳を告げたのです」と。上（＝太宗）が喜んで言うことには、「人は無学であってはいけない、遂良はいわゆる知識の豊富な君子であることよ」と。

THEME 5

説明問題

ここで差をつける!

- 句法や対句などの知識で選択肢が絞れる場合は絞る
- 指示語があれば指示内容を考える。直前を指す場合が多い
- 傍線部の前後が重要なことが多い

1 説明問題

基礎知識や句法の知識、漢字の読みや意味、対句など、これまで学習してきた知識を使って選択肢が絞れる場合もあります。まずは傍線部内にそれらを探して、選択肢を確認しましょう。

また、**指示語**があった際は、**指示内容**を考える必要があります。指示内容は**直前**を指す場合が多いです。あくまで多いだけで、少し前や後ろの場合もありますので、直前をあてはめておかしい場合は再考してください。

理由説明や**心情説明**問題は、**まず傍線部自体をきちんと解釈する**必要があります。そして、解答の根拠は傍線部の**前後**にある場合が多いです。

心情説明の場合は、**問われている人の言動が重要**です。その人の**セリフ**や、あとは**感情を表す形**

容詞・形容動詞などに注目してください。
それでは過去問にチャレンジしましょう。

過去問にチャレンジ

次の文章は、唐代の詩人杜甫(とほ)が、叔母の死を悼んだ文章である。杜甫は幼少期に、この叔母に育ててもらっていた。これを読んで、後の問いに答えよ。

（センター本試）

甫(注1)昔臥(ふ)シテ二病ニ於我ガ諸(しよ)(注2)姑(こ)ニ一、姑之子又病ム。問(と)ヘバ二女(ぢよ)(注3)巫(ふ)ニ一、巫曰ハク、「処(を)ル二楹(はしら)之東南隅ニ一者ハ吉ナリト」。姑遂ニ易(か)ヘテ二子之地ヲ一以テ安ンズレ我ヲ。<u>我用(もつ)テレ是ヲ存シ、而シテ姑之子卒(しゆつ)ス。</u>

（注）1　甫＝杜甫自身のこと。　2　諸姑＝叔母。後に出てくる「姑」も同じ。
3　女巫＝女性の祈禱師(きとうし)。後に出てくる「巫」も同じ。

問　傍線部「我用レ是存、而姑之子卒」の説明として最も適当なものを、次の中から選べ。

①杜甫は女巫のお祓(はら)いを受けたことで元気を取り戻したが、叔母の子は命を落とした。
②杜甫は叔母がすぐに寝場所を替えてくれたので命拾いしたが、叔母の子は重病となった。
③杜甫は叔母のおかげで気持ちが落ち着いたので助かり、叔母の子の病気も治った。

④杜甫は叔母が優しく看病してくれたので病気が治り、叔母の子も回復した。
⑤杜甫は叔母が寝場所を移してくれたので生きているが、叔母の子は犠牲になった。

解説　本文中の該当箇所には訓点が付いているパターンです。「**卒**」にはたくさんの読み方がありますが、ここでは「**しゅつス**」と読んでいることから、動詞「**死ぬ**」の意味です。よって、①か⑤に絞ります。①と⑤の選択肢を見比べると、杜甫が回復して生きている理由がそれぞれ違っており、①は「女巫のお祓いを受けた」から、⑤は「叔母が寝場所を移してくれた」からです。傍線部の少し前を見ると、女巫がたしかに出てきますが、女巫は「柱の東南の隅にいると吉だ」と言っているだけでお祓いはしていません。また、「**是**を用て」の「**是**」は**直前**を指していると考えられ、傍線部の直前は、叔母が「子の地を易へ」＝「子の場所を変え」たとあります。そうすると、「場所を変えたことにより、自分が生き残った」ことがわかります。よって、⑤が正解です。

解答　⑤

書き下し文　甫昔病に我が諸姑に臥し、姑の子又病む。女巫に問へば、巫曰はく、「楹の東南隅に処る者は吉なり」と。姑遂に子の地を易へ以て我を安んず。我是れを用て存し、而して姑の子卒す。

現代語訳　杜甫自身が昔病気で叔母の家で寝ており、叔母の子もまた病気だった。女性の祈禱師に尋ねると、祈禱師が言うことには、「柱の東南の隅にいると運気が良くなります」と。叔母は結局叔母の子の居場所を変えて私を（東南の隅に）寝かせた。私はこのおかげで生き残り、そして叔母の子は亡くなった。

2 設問同士の関係を意識する

これはいつも使えるわけではありませんが、たとえば「問●の正解がこれなら、問▲の正解もこれになるだろう」や、「問●のこれは絶対におかしいので、問▲のこれが正解になるわけがない」など違う設問同士の正解の方向性が同じになったり、同じような間違えの解釈になっていたりして、問題を解く際のヒントになることもまれにあります。もし設問を解きながら設問同士がリンクしていると感じた場合は、解釈のヒントとしてください。

過去問にチャレンジ

次の文章は「賢者を求め、見分けるには方法や手段がある」という主張の続きである。これを読んで、後の問いに答えよ。なお、設問の都合で返り点・送り仮名を省いたところがある。

（共通テスト本試）

方術者、各（おのおの）審（つまびらカニシ）二其ノ族類ヲ一、使二之ヲシテ推薦セ一而已。〈中略〉夫レ必ズ以テスル二族類ヲ一者、蓋シ賢愚有リレ貫、善悪有リレ倫（ともがら）、若シ以テレ類ヲ求ムレバ、A[X]以類至。此レ亦タ猶ホ二水ノ流レレ湿ニ、火ノ就クガ一レ燥ニ、B自然之理也。

問1　傍線部A「[X]以類至」について、空欄[X]に入る語と、書き下し文との組合せとして最も適当なものを、次の中から選べ。

①不　類を以てせずして至ればなり
②何　何ぞ類を以て至らんや
③必　必ず類を以て至ればなり
④誰　誰か類を以て至らんや
⑤嘗　嘗(かつ)て類を以て至ればなり

問2　傍線部B「自然之理也」はどういう意味を表しているのか。その説明として最も適当なものを、次の中から選べ。

①水と火の性質は反対だがそれぞれ有用であるように、相反する性質のものであってもおのおの有効に作用するのが自然であるということ。
②水の湿り気と火の乾燥とが互いに打ち消し合うように、性質の違う二つのものは相互に干渉してしまうのが自然であるということ。
③川の流れが湿地を作り山火事で土地が乾燥するように、性質の似通ったものはそれぞれに大きな作用を生み出すのが自然であるということ。
④水は湿ったところに流れ、火は乾燥したところへと広がるように、性質を同じくするものは

互いに求め合うのが自然であるということ。
⑤水の潤いや火による乾燥が恵みにも害にもなるように、どのような性質のものにもそれぞれ長所と短所があるのが自然であるということ。

解説

問1 空欄補充問題で、書き下し文があるため、訳して前後にスラっと文意が通るものを探しましょう。本文の出だしから確認していきます。「方術」は、リード文から「方法や手段」と考えられるため、下の「**者**」は「もの」と読み人間を指す語ではなく、おそらく「~**は**」と読む**提示**です。「**審らかにする**」は「**詳しく**見る」（308ページ）、「族類」は「一族」や「同類」、「**使**」は**使役**（251ページ）、「**而已**」は「**のみ**」（285ページ）と訳します。これらを踏まえると、「賢者を求め、見分ける方法や手段は、賢者の同じ集団を詳しく調べて、これに推薦させるだけ」と書かれています。「**類は友を呼ぶ**」の主張ですね。傍線部直前の**句頭**「**若**」には**返り点が付いておらず、送り仮名が「シ」**なので「**もシ**」（295ページ）です。よって、直前は「もし同類で探したならば」です。空欄 X の直後は「同類に至る」で、このままでも「類は友を呼ぶ」の文意は通りますね。

選択肢の②と④は「~**んや**」と**反語**で、「同類に至らない」という結論になるため不適。①は「同類を手段としないで至る」となるので不適。⑤は「以前同類に至る」ですが、以前のことを述べたいわけではなく、文脈に合わず不適。よって、③「必ず同類に至る」が正解。

問2 傍線部の前に**再読文字**「**猶**」（=**まるで~のようだ**）（246ページ）があるので、「~」部分の解釈が大事です。「水の湿に流れ、火の燥に就く」の「水」と「湿」、「火」と「燥」の関係は、**問1**の解説でも見てきたように、**「同類のもの」**であり、「水が湿に流れる」や「火が乾燥につく」というのは、**問1**での考え方からも**「同類のものに至る」**と言いたいのだとわかります。そして、それが「自然の道理」なのです。よって、その意味が取れる④が正解。「水」と「火」は、たしかに①「相反」したり、②「打ち消し合う」ものではありますが、ここではそれを強調したいわけではなく、「同類」の例を二つ挙げているだけです。したがって、①、②は不適。③の「性質の似通ったもの」はよいのですが、「類は友を呼ぶ」のような解釈とは違い、「大きな作用を生み出す」と捉えているのが不適。⑤は「恵みと害」、「長所と短所」に言及していて、文脈に合わず不適。

解答　**問1**　③　**問2**　④

書き下し文　方術は、各其の族類を審らかにし、之をして推薦せしむるのみ。〈中略〉夫れ必ず族類を以てするは、蓋し賢愚貫くこと有り、善悪倫有り、若し類を以て求むれば、必ず類を以て至ればなり。此れ亦た猶ほ水の湿に流れ、火の燥に就くがごとく、自然の理なり。

現代語訳　（賢者を求め、見分ける）方法や手段とは、それぞれの賢者と思われる一族や同類（などの同じ集団）を詳しく調べて、それに推薦させるだけである。〈中略〉そもそも必ず同じ集団に頼るのは、思うに賢者と愚者は（それぞれで）つながりを持ち、善人と悪人は（それぞれ同類の）友がおり、もし同類によって探せば、必ず同類にたどり着くのである。これもまたまるで水が湿っているところに流れ、火が乾燥しているところに広がるように、自然の道理である。

THEME

6 複数テクスト問題

ここで自きめる！

- 資料が短く、先に見て訳せる場合は訳す（メインの読解のヒントにできるかも）
- 共通点や相違点を意識したり、本文の関連場所と見比べたりする
- 結局はきちんと漢文が読めれば、どんな問題も対応できる

1 複数テクスト問題

共通テストの新傾向と言われている複数テクスト問題。具体的な出題形式です（流し読みでＯＫ）。

第１回試行調査　**【文章Ⅰ】** 通常の文章　**【文章Ⅱ】** 漢詩を含むグループ班の発表資料
第２回試行調査　**【文章Ⅰ】** ２行のみの現代文　**【文章Ⅱ】** 通常の文章
２０２１年第１日程　**【問題文Ⅰ】** 漢詩　**【問題文Ⅱ】** 通常の文章
２０２１年第２日程　通常の文章　問に **【資料】** ２行の漢文

2022年本試　**【序文】**通常の文章　**【詩】**
2022年追試　通常の文章　問に**【資料】**3行の漢文
2023年本試　**【予想問題】**として3行の漢文　**【模範答案】**として通常の文章
2023年追試　**【文章Ⅰ】**通常の漢文　**【文章Ⅱ】**通常の漢文
※**会話問題**もアリ。会話中に**【資料】**1行の漢文

複数と言っても、このように実質二つの文章や漢詩などを読んで解くだけです。二つの文章の比較をする必要があれば、**共通点**や**相違点**を意識しましょう。どんな問題でも、結局、文章をきちんと読めれば対応できます（つまり、これまでに学習してきたことが大事なのです）。

【資料】は大体1～3行くらいの短い漢文で構成されていることが多いので、先にさっと目を通して、訳せそうなら訳した方が、メインの漢文を読む際のヒントにできるかもしれません。パッと見て「?」となれば、もう一つのメインの文章を読んでからの方がわかるはずなので、じっくり考え込まずにサッとすぐに飛ばして、メインから読んでください。

また、試行調査で一度しか出題されていませんが、発表資料のようなものは、端から端まですべてきちんと読み込んでいると時間不足になります。たとえば、「●年●月●日　●●高等学校二年C組二班」などがリアルに書き込まれているのですが、どう考えても不要な情報です。何が問われているのか設問確認をした際にきちんとつかみ、どのあたりを読まなければいけないのか判断できるようにしましょう。

それでは過去問にチャレンジしましょう。THEME4でも扱った同じ題材からの出題です。既に出題した漢文の部分は重複になってしまうため、ここではリード文として訳しています。

過去問にチャレンジ

唐の王宮の中に雉（きじ）が集まってくるという事件が何度も続き、皇帝である太宗（たいそう）は何かの前触れではないかと怪しんで、臣下に意見を求めたところ、遂良は昔の秦の陳宝の故事を引用し、「明徳を告ぐ」という見解を示し、太宗は喜んだ。しかし、作者は遂良の見解は、太宗にこびへつらうものだと批評しており、次の文章はその批評の続きである。これを読んで、後の問いに答えよ。（共通テスト追試）

野鳥無クシテレ故数入ルハレ宮ニ、此レ乃チ災異ナリ。使メバ二魏徴（注1）（ぎちよう）ヲシテ在一ラ、必ズ以テ二高宗（注2）鼎耳（ていじ）之祥一ヲ諫メン（いさメン）也。遂良非ザルニレ不ルニレ知ラ此ヲ、捨テテ二鼎雉（ていこう）一ヲ而取ルハ二陳宝一ヲ、非ザル二忠臣一ニ也。

（蘇軾（そしょく）『重編東坡先生外集（ちょうへんとうばせんせいがいしゅう）』による）

（注）1　魏徴＝太宗の臣下。

2　高宗鼎耳之祥＝殷の高宗の祭りのとき、鼎（かなえ）（三本足の器）の取っ手に雉がとまって鳴き、これを異変と考えた臣下が王をいさめた故事。後に見える「鼎雉」もこれと同じ。「雊」は雉が鳴くこと。

問　傍線部「使二魏徴在一、必以二高宗鼎耳之祥一諫也」とあるが、次の【資料】は、魏徴が世を去ったときに太宗が彼を悼んで述べた言葉である。これを読んで、後の（ⅰ）・（ⅱ）の問いに答えよ。

【資料】

夫以レ銅為レ鏡、可三以正二衣冠一、以レ古為レ鏡、可三以知二興替一、以レ人為レ鏡、可三以明二得失一。朕常保二此三鏡一、以防二己過一。今魏徴殂逝、遂亡二一鏡一矣。

（『旧唐書』による）

（注）1　興替＝盛衰。
　　2　殂逝＝亡くなる。

（ⅰ）　波線部「得失」のここでの意味として最も適当なものを、次の中から選べ。

①人の長所と短所
②自国と他国の優劣
③臣下たちの人望の有無
④過去の王朝の成功と失敗
⑤衣装選びの当否

SECTION 3 設問形式別解法

(ii) 【資料】から、傍線部「使㆓魏徴在㆒、必以㆓高宗鼎耳之祥㆒諫也」と述べられた背景をうかがうことができる。この【資料】を踏まえた傍線部の解釈として最も適当なものを、次の中から選べ。

①鏡が物を客観的に映しだすように、魏徴は太宗に決してうそをつかなかったから、彼なら「高宗鼎耳」の故事を誤解している太宗に真実を話しただろう。
②鏡で身なりを点検するときのように、魏徴は太宗の言動に目を光らせていたから、彼なら「高宗鼎耳」の故事を引用し、事件にかこつけて太宗の無知をたしなめただろう。
③鏡に映った自分自身であるかのように、魏徴は太宗のことを誰よりも深く理解していたから、彼なら「高宗鼎耳」の故事を引用し、事件で悩む太宗に同情して慰めただろう。
④鏡が物のありのままの姿を映すように、魏徴は太宗に遠慮せず率直に意見するから、彼なら「高宗鼎耳」の故事を引用し、事件を機に太宗に反省するよう促しただろう。
⑤鏡が自分を見つめ直す助けとなるように、魏徴は歴史の知識で太宗を助けてきたから、彼なら「高宗鼎耳」の故事を引用し、事件にとまどう太宗に知恵を授けただろう。

解説

(i) 「得失」なので「プラス・マイナス」ですが、選択肢がすべてそうなっているので、前後をきちんと確認します。波線部を含む一文が、**対句**であることに気づけたでしょうか。「以テ㆑●ヲ為セバ㆑鏡ト、可㆔以テV㆓[O]ヲ㆒」という句が三回用いられています。前半は「**以A為B**」ですね。「**A**

ヲもつテBトなス」と読み、「**AをBと思う・みなす・する**」と訳します（238ページ）。よって、ここでは「銅や古（＝故事や歴史）、人を鏡とする」ということです。後半の「以」はVの上に単独であるので、解釈する際には無視してかまいません（237ページ）。「可」は可能で、「銅を鏡とすれば、衣冠を正せる」、「古を鏡とすれば、盛衰を知れる」、「人を鏡とすれば、得失を明らかにできる」と書かれています。よって、「得失」は「人に関係すること」なので、選択肢の中だと①か③です。

続きの「**朕**」は**皇帝の一人称**（別冊45ページ）で、ここでは太宗本人です。「三の鏡」とは「銅・古・人」で、太宗はいつもこれらによって自分の過ちを防いでいたのです。ですが、「魏徴が亡くなって、一つの鏡を失った」と言っており、一つの鏡とは「人」のことですね。魏徴が太宗に対して何をしていたのかがポイントです。

本文の傍線部も確認してみましょう。「**使**{メ}**N**{ヲシテ}**V**{バ}……」は使役で直訳すると「NにVさせたならば」となり、つまり「**もしNがVしたならば**」と**仮定**で訳します。よって、「もし魏徴がいたならば、高宗鼎耳の故事で**諫**{いさ}**める**だろう」となり、魏徴は**太宗の悪いところをきちんと指摘していた**人物だとわかります。そうすると、魏徴は太宗の良い所、悪い所をきちんと見抜いていたわけですから、①が正解です。臣下たちの人望があるかないかの話ではないので③は不適。

(ii) 選択肢を横に見比べると「彼なら『高宗鼎耳』の故事を引用し」はすべて共通です。他の部分を見ていきましょう。たとえば、①の後半「事件を誤解している」や②「太宗の無知」は、リード文の「怪しんで、意見を求める」と違っており不適。また、魏徴は太宗を諫めるのであって、①の前半「決してうそをつかない」も不適。③の後半も「同情して慰める」が諫めるとは違うので不適。④の前半「遠慮せず率直に意見する」は「諫める」ということ、そして、「反省するように促す」もおかしくありません。よって、④が正解。⑤の前半「歴史の知識で太宗を助けてきた」は「古の鏡」の話なので不適。後半の「知恵を授けた」も諫めるとは違うので不適。

解答　(i) ①　(ii) ④

書き下し文　野鳥故無くして数宮に入るは、此れ乃ち災異なり。魏徴をして在らしめば、必ず高宗鼎耳の祥を以て諫めん。遂良此を知らざるに非ざるに、鼎雊を捨てて陳宝を取るは、忠臣に非ざるなり。

【資料】夫れ銅を以て鏡と為せば、以て衣冠を正すべく、古を以て鏡と為せば、以て興替を知るべく、人を以て鏡と為せば、以て得失を明らかにすべし。朕常に此の三の鏡を保ち、以て己の過ちを防ぐ。今魏徴殂逝し、遂に一の鏡を亡ふ。

現代語訳　野鳥が理由もなく何度も王宮に入ってくるのは、これはむしろ災異である。もし魏徴がいたならば、必ず殷の高宗の祭りの際の故事を引用して諫めただろう。遂良はこれ〈=高宗鼎耳の故事〉を知らなかったわけではないのに、高宗鼎耳の故事を捨てて陳宝の故事を取ったことは、忠臣ではないのだ。

【資料】

そもそも銅を鏡とすれば、それで衣冠を正すことができ、故事や歴史を鏡とすれば、それで盛衰を知ることができ、人を鏡とすれば、それで人の長所と短所を明らかにすることができる。私〈=太宗〉は常にこの三つの鏡を持ち、それで自分の過ちを防いでいた。今魏徴が亡くなり、とうとう一つの鏡を失った。

SECTION

漢詩

THEME

1　形式・構成
2　押韻
3　対句・リズム

ここが問われる！

漢詩が出題された場合は、「形式」や「押韻」などがよく問われます。理解していれば確実に得点できますので、きちんと押さえましょう。

漢詩は、「古体詩」と「近体詩」に分けられます。近体詩は唐代初期に完成され、文字数や句数、押韻（おういん）、対句などの一定の決まりがあります。古体詩はそれ以前の詩体で「古詩」や「楽府（がふ）」などがあり、形式的に自由です。近体詩の一定の決まりを押さえておくことが重要です。

詩の形式

一句の文字数と、全体の句数で、それぞれに形式名があります。見た目ですぐにわかりますので、サービス問題です。文字数での名称を間違えることはまずないはずです。句数の名称で勘違いをして逆に答えてしまう人がいますので、句数での名称をしっかり覚えましょう。

押韻

漢詩のルール問題の中でも一番頻出です。句末の空欄補充問題があれば、おそらく押韻の問題だと考えましょう。

基本的に偶数句末の漢字と、選択肢の漢字の音読みをして、母音の響きが同じものが選択肢に一つしかなければ簡単に解くことができます。ただし、選択肢に同じ響きの漢字が二つある場合が頻出なのです。その場合の考え方もしっかり押さえましょう。

対句

対句自体はSECTION3でも学習しましたね。漢詩に対句がある場合も、見た目と文構造で判断できますので、対句の有無などが問われたとしても難しくはありません。ただし、対句を利用して他の問題の正解を導く場合などもありますので、対句があれば気づけるようにしましょう。

漢詩というだけで「難しい」と拒絶反応を起こしてしまう人もいますが、漢詩が出題されていれば、おそらく問われるであろう「ルール」に関するものは、理解して覚えていればとっても簡単で得点源になるのです！それらのルールを完璧にマスターしましょう！

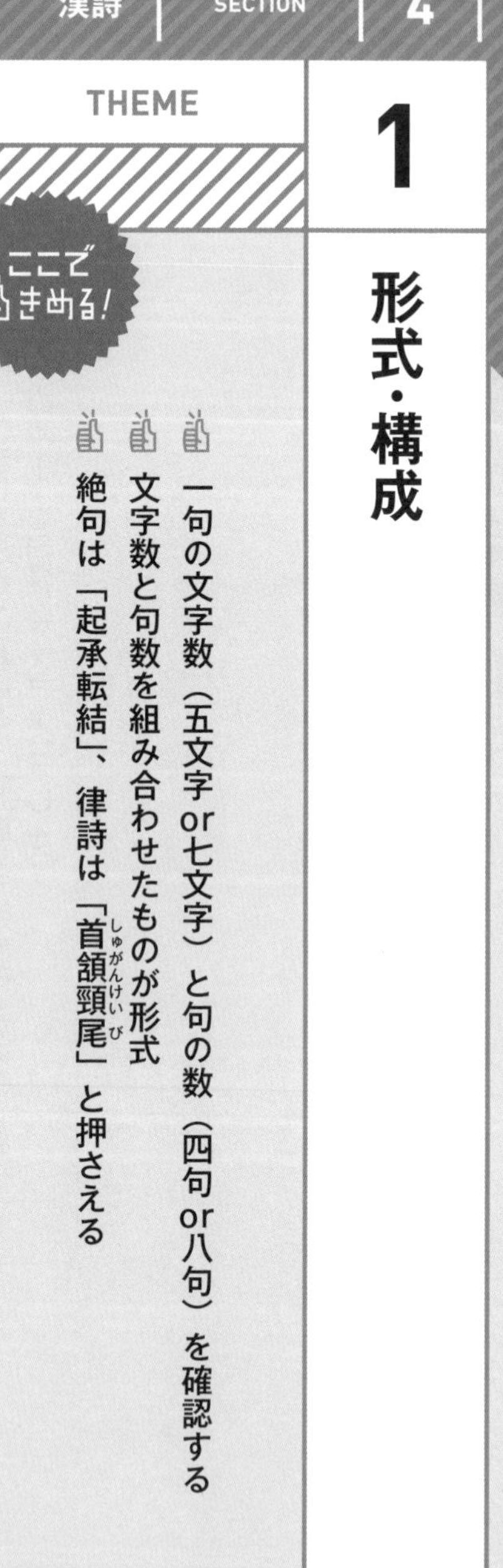

1 近体詩の形式

一句の文字数が**五文字**であれば**五言詩**、**七文字**であれば**七言詩**といいます。句の数が**四句**であれば**絶句**、**八句**であれば**律詩**、十句以上は排律といいます。これらの文字数と句数を組み合わせたものが形式です。

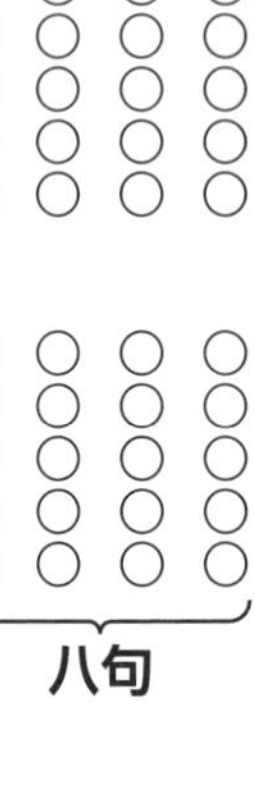

五言絶句・七言絶句・五言律詩・七言律詩が代表的な組合せです。例は一句**五文字**で**八句**なので「五言律詩」です。

2 近体詩の構成

❶ 絶句

例

○○○○○○○—起句
○○○○○○○—承句
○○○○○○○—転句
○○○○○○○—結句

❷ 律詩

例

○○○○○○○
○○○○○○○ } 首聯（しゅれん）

○○○○○○○
○○○○○○○ } 頷聯（がんれん）

○○○○○○○
○○○○○○○ } 頸聯（けいれん）

○○○○○○○
○○○○○○○ } 尾聯（びれん）

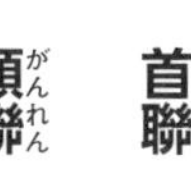

THEME 2

押韻

ここで きめる!

- 偶数句末の漢字の音読みの母音の響きがポイント
- 漢詩の空欄補充問題で空欄が句末の場合、押韻の可能性が高い
- 選択肢で同じ母音が複数あれば、前の句などをヒントに正解を導く

1 押韻

押韻(おういん)とは、たとえば「帰(ki)・違(i)・磯(ki)」のように、漢字の**音読みの母音の響きが同じ**もののことです。五言詩と七言詩のどちらも、**偶数句末**が押韻しています。また、七言詩は**初句の句末**も押韻している場合もあります。

例 【五言律詩の場合】

※●が押韻している箇所

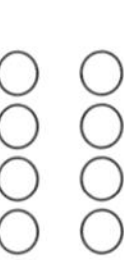

例 **【七言絶句の場合】**

※●が押韻している箇所
※◎は押韻している場合もアリ

○○○○○○◎
○○○○○○●
○○○○○○○
○○○○○○●

漢詩で空欄補充が出題され、空欄が**句末**の場合は、おそらく**押韻**が絡んでいます。**他の偶数句末**（＋**七言詩は初句**）**の漢字を音読み**して、選択肢の中から**母音が同じ響きになるもの**を選びましょう。

選択肢に同じ響きのものが複数ある時は、どうすればよいのですか？

空欄を含む句や、前の句の内容や構成（対句）などをヒントにして正解を導くものが多いです。実際の例を見た方がわかりやすいと思いますので、次の例を確認してください。

例 「夫ハ東ニ婦ハ坐シレ[X]」と空欄[X]が漢詩の句末にあり、他の偶数句末は「偕（かい）・諧（かい）」など「**ai**」の響きで、[X]に入る文字として、音の響きから選択肢は「西（さい）」と「内（ない）」まで絞り込んだ場合。

➡空欄がある句をヒントにします。「**夫**は**東**に、**婦**は[X]に座る」➡「夫↕婦」から「東↕[X]」だと考えられ、[X]は「**西**」だと簡単にわかりますね！

SECTION 4 漢詩

過去問にチャレンジ

空欄X に入る漢字と【詩】に関する説明として最も適当なものを、後の中から選べ。

（共通テスト本試）

【詩】

春城花事小園多　幾度看花幾度X
花為我開留我住　人随春去奈春何
思翁夢好遺書扇　仙蝶図成染袖羅
他日誰家還種竹　坐輿可許子猷過

① 「座」が入り、起承転結で構成された七言絶句。
② 「舞」が入り、形式の制約が少ない七言古詩。
③ 「歌」が入り、頷聯と頸聯がそれぞれ対句になった七言律詩。
④ 「少」が入り、第一句の「多」字と対になる七言絶句。
⑤ 「香」が入り、第一句末と偶数句末に押韻する七言律詩。

解説

一句**七文字**で**八句**なので「**七言律詩**」です。③か⑤に絞ります。空欄Xが**偶数句末にあ**

るので押韻の問題と考えられます。七言詩なので**初句**と**偶数**の**句末**の文字を確認します。「多・何・羅・過」で、音読みの母音が「a」の響きになる③「**歌**」が正解。⑤「香」の読み「か」は訓読みで、音読みは「こう」なので不適。

解答　③

書き下し文

春城の花事小園多く　幾度か花を看て幾度か歌ふ
花は我が為に開きて我を留め住め　人は春に随ひて去り春を奈何せん
思翁夢は好くして書扇を遺し　仙蝶図成りて袖羅を染む
他日誰が家か還た竹を種ゑ　輿に坐して子猷の過るを許すべき

現代語訳

春の町で花をめでたり、見て歩いたりすると、小さな庭園がたくさんあり
何度も花を見て、何度も詩を詠む
花は私のために咲いて、私をその場にとどまらせて
人は春といっしょに去っていき、(過ぎ去る)春はどうすることもできない
董思翁〈=文人・董其昌〉の夢は素晴らしくて、詩は扇に書き残し
仙蝶の絵は形になって、うすぎぬの袖の模様となった
後日誰かがさらに竹を植えて
王子猷〈=文人・王徽之〉(のように竹が好きな人)が輿に乗ったまま通り過ぎるのを許せるだろうか(いや、許せない〈=招き入れる〉)

THEME

3 対句・リズム

ここで🖒きめる！

- 対句は見た目と文構造が同じもの
- 漢詩の対句は隣り合った「奇数句→偶数句」にある
- 五言詩は「2・3」、七言詩は「2・2・3」又は「4・3」に区切れやすい

1 対句

対句とは、**返り点の付き方が同じ**で、**品詞などの文構造が同じ**ものでしたね（318ページ）。

漢詩の対句は、**隣り合った奇数句→偶数句の順**にあり、**意味は同じか反対**です。

律詩の場合は、原則的に**三・四句目**（**頷聯**(がんれん)）と**五・六句目**（**頸聯**(けいれん)）が**対句**になりますが、どちらかだけが対句だったり、一・二句目（首聯(しゅれん)）や七・八句目（尾聯(びれん)）も対句だったり、原則以外の場合もあります。何にしろ、見た目で判別できますので、心配しなくても大丈夫です。

2 リズム

一句の意味を取るとき、**五言詩**であれば「2・3」、**七言詩**であれば「2・2・3」or「4・3」で区切るとわかりやすいものが多くあります。「絶対」ではなく、「目安」にするとよいでしょう。

例
五言詩　春眠不覚暁　➡　春眠(しゅんみん)／暁(あかつき)を覚(おぼ)えず
七言詩　万里悲秋常作客　➡　万里(ばんり)／悲秋(ひしう)／常(つね)に客(かく)と作(な)り

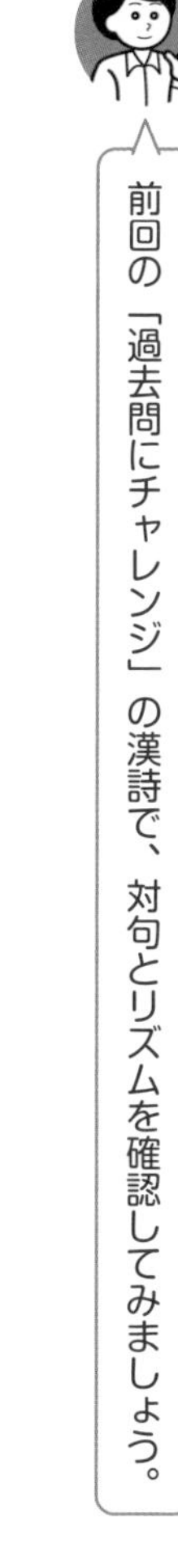

例
春城ノ花事小園多ク　幾(いく)度(たび)カ看テレ花ヲ幾度カ歌フ
花ハ為ニレ我ガ開キテ留(とど)メレ我ヲ住(とど)メ　［対句］　人ハ随ヒテレ春ニ去リ奈レ春ヲ何セン
思翁夢ハ好(よ)クシテ遺シ二書扇ヲ一　［対句］　仙蝶図成リテ染ム二袖羅ヲ一
他日誰(た)ガ家カ還(ま)タ種(う)ヱレ竹ヲ　坐シテ輿(こし)ニ可キレ許ス二子(し)猷(いう)ノ過(よぎ)ルヲ一

三・四句目（**頷聯**）と**五・六句目**（**頸聯**）、それぞれ返り点の付き方と文構造が同じで**対句**になっています。

また、「春城花事／小園多」「幾度看花／幾度歌」のように、この漢詩は「**4・3**」で区切ると意味が取りやすいですね。ただし、八句目は返り点の付き方から考えても「4・3」ではありません。このように、あくまでも目安なので臨機応変に利用してください。

SECTION

漢文過去問実践演習

漢文過去問実践演習

（共通テスト追試）

次の文章は、北宋の文章家曾鞏が東晋の書家王羲之に関する故事を記したものである。これを読んで、後の問い（問1〜7）に答えよ。なお、設問の都合で返り点・送り仮名を省いたところがある。

羲之之書、(ア)晩乃善。則其所レ能、蓋亦以二精力一自致者、非二天成一也。然後世［X］レ有二能及者一、A豈其学不レ如レ彼邪。則学固(イ)豈可二以少一哉。B況欲三深造二道徳一者邪。墨池之上、今為二州(注1)学舎一。教授王君(注2)盛、恐二其不一レ章也、書二晋王右軍(注3)墨池之六字於(注4)楹間一以掲レ之。又告二於(注5)鞏一曰、「願有レ記。」C推二王君之心一、豈愛二人之善一、雖二一能一不二以廃一、而因以及二乎其跡一邪。其亦欲下推二其事一以勉中其学者上邪。D夫人之有二一能一而使二後人尚之如此。況(注6)仁人荘士之遺(注7)風余思、被二於来世一者如何哉。

（曾鞏『墨池記』による）

（注）1 州学舎――州に設置された学校。
2 教授王君盛――教授の王盛のこと。
3 王右軍――王羲之を指す。右軍は官職名。
4 楹――家屋の正面の大きな柱。
5 鞏――曾鞏の自称。
6 仁人荘士――仁愛の徳を備えた人や行いの立派な者。
7 遺風余思――後世に及ぶ感化。

問1 波線部（ア）「晩乃善」・（イ）「豈可₂以少₁哉」のここでの解釈として最も適当なものを、次の各群の①～⑤のうちから、それぞれ一つずつ選べ。

（ア）
① 年齢を重ねたので素晴らしい
② 年を取ってからこそが素晴らしい
③ 晩年になってさえも素晴らしい
④ 晩年のものはいずれも素晴らしい
⑤ 年齢にかかわらず素晴らしい

（イ）
① やはり鍛錬をおろそかにするにちがいない
② きっと稽古が足りないにちがいない

③　なんと才能に恵まれないことだろうか
④　どうして努力を怠ってよいだろうか
⑤　なぜ若いときから精進しないのか

問2　空欄 X に入る語として最も適当なものを、次の①〜⑤のうちから一つ選べ。

①　宜　②　将　③　未　④　当　⑤　猶

問3　傍線部A「豈 其 学 不レ 如レ 彼 邪」に用いられている句法の説明として適当なものを、次の①〜⑥のうちから二つ選べ。ただし、解答の順序は問わない。

①　この文には比較の句法が用いられており、「〜には及ばない」という意味を表している。
②　この文には受身の句法が用いられており、「〜されることはない」という意味を表している。
③　この文には限定の句法が用いられており、「〜だけではない」という意味を表している。
④　この文には疑問を含んだ推量の句法が用いられており、「〜ではないだろうか」という意味を表している。
⑤　この文には仮定を含んだ感嘆の句法が用いられており、「〜なら〜ないなあ」という意味を表している。
⑥　この文には使役を含んだ仮定の句法が用いられており、「〜させたとしても〜ではない」という意味を表している。

問4　傍線部B「況欲㆔深造㆓道徳㆒者邪。」とあるが、その解釈として最も適当なものを、次の①～⑤のうちから一つ選べ。

① ましてつきつめて道徳を理解しようとする者がいるのだろうか。
② まして道徳を体得できない者はなおさらであろう。
③ それでもやはり道徳を根付かせたい者がいるであろう。
④ ましてしっかりと道徳を身に付けたい者はなおさらであろう。
⑤ それでも道徳を普及させたい者はなおさらではないか。

問5　傍線部C「王君之心」の説明として最も適当なものを、次の①～⑤のうちから一つ選べ。

① 一握りの才能ある者を優遇することなく、より多くの人材を育ててゆこうとすること。
② 王羲之の墨池の跡が忘れられてしまうことを憂い、学生たちを奮起させようとすること。
③ 歴史ある学舎の跡が廃れていることを残念に思い、王羲之の例を引き合いに出して振興しようとすること。
④ 王羲之の天賦の才能をうらやみ、その書跡を模範として学生たちを導こうとすること。
⑤ 王羲之ゆかりの学舎が忘れられてしまったことを嘆き、その歴史を曾鞏に書いてもらおうとすること。

問6 傍線部D「夫人之有一能而使後人尚之如此」の返り点の付け方と書き下し文との組合せとして最も適当なものを、次の①～⑤のうちから一つ選べ。

① 夫人之有二一能一而使二後人一尚レ之レ如レ此
夫の人の一能有りて後人を使ひて此くのごとく之を尚ぶ

② 夫人之有二一能一而使二後人尚一レ之レ如レ此
夫の人を之れ一能有れば而ち後人をして此くのごときに之くを尚ばしむ

③ 夫人之有二一能一而使二後人尚一レ之如レ此
夫れ人の一能有りて後人をして之を尚ばしむること此くのごとし

④ 夫人之有下一能而使二後人尚一レ之如上レ此
夫れ人を之れ一能にして後人をして之を尚ばしむること此くのごとき有り

⑤ 夫人之有下一能而使二後人一尚レ之如上レ此
夫れ人の一能にして後人を使ひて之を尚ぶこと此くのごとき有り

問7 「墨池」の故事は、王羲之が後漢の書家張芝(ちょうし)について述べた次の【資料】にも見える。本文および【資料】の内容に合致しないものを、後の①～⑤のうちから一つ選べ。

> **【資料】**
>
> 云ハク、「張芝臨ミテレ池ニ学ビレ書ヲ、池水尽ク黒シ。使メバ二人ヲシテ耽(ふけ)ルコトレ之ニ若クナラレ是(かく)ノ、未ダ二必ズシモ後レレ之ニ也ト。」
>
> (『晋書(しんじょ)』「王羲之伝(おうぎしでん)」による)

① 王羲之は張芝を見習って池が墨で真っ黒になるまで稽古を重ねたが、張芝には到底肩をならべることができないと考えていた。

② 王盛は王羲之が張芝に匹敵するほど書に熱中したことを墨池の故事として学生に示し、修練の大切さを伝えようとした。

③ 曾鞏は王羲之には天成の才能があったのではなく、張芝のような並外れた練習によって後に書家として大成したと考えていた。

④ 王羲之は張芝が書を練習して池が墨で真っ黒になったのを知って、自分もそれ以上の修練をして張芝に追いつきたいと思った。

⑤ 王盛は張芝を目標として励んだ王羲之をたたえる六字を柱の間に掲げ、曾鞏にその由来を文章に書いてくれるよう依頼した。

解答・解説

解答

問1 (ア)② (イ)④　問2 ③　問3 ①・④（順不同）
問4 ④　問5 ②　問6 ③　問7 ①

解説

問1

(ア) 選択肢を横に見比べると、最後の「素晴らしい」は共通なので、「善」は形容詞「善し（よし）」と考えられます。「晩」は選択肢を利用すると、おそらく「晩年」の意味で使用しており、「晩年」の意味が取れない⑤は不適。「**乃**」は「**すなはチ**」で、「**そこで・やっと・なんと**」などと訳します（233ページ）。ここでは「晩年に**やっと**素晴らしい」か「晩年に**なんと**素晴らしい」と考えられ、これらの意味が取れるのは②「年を取って（＝晩年）からこそが（＝やっと）」のみです。①「ので」、③「なってさえも」、④「いずれも」の意味は取れないため不適。次の文の後半に「努力によって自分で達成したもので、天性ではない」とあり、努力を重ねてきて晩年に**やっと**大成したことが読み取れます。よって、②が正解。

(イ) 「**豈**」（274ページ）と「**可**ニ～一**哉**」（～**ベケンや**）（276ページ）があるので**反語**と考えられます。「少」は「少ない・足りない」や「若い」などの意味があり、「どうして少ない・足りない or 若いことが可能か、いや、ダメだ」のような訳になります。①や②は「少ない・足りない」という結論で不適。③は詠嘆、⑤は疑問で不適。よって、④が正解。

念のために文脈を確認しておきます。前に書かれている内容の大枠は**問1（ア）**の解説にある通り、「王羲之が努力をして晩年に大成した」ことです。したがって、④「どうして努力を怠って（＝少ない・足りない）よいだろうか（、いや、ダメだ）」とおかしくありません。

問2 選択肢を見比べると、**再読文字**（244ページ）と考えられ、意味を考えて入れる必要があります。ちなみに、①「**宜**」は「~**するのがよい**」、②「**将**」は「**今にも~しようとする**」、③「**未**」は「**まだ~ない**」、④「**当**」は「**当然~すべきである・きっと~だろう**」、⑤「**猶**」は「**まるで~のようだ**」です。

空欄 X の前「後世」と後ろ「有$_{\text{二}}$能$_{\text{ク}}$及$_{\text{ブ}}$者$_{\text{一}}$」を直訳すると、「後の世に及ぶことができる者がいる」です。これに X の訳をつけて、後ろの傍線部Aにつながるものを選びます。傍線部Aは**問3**でも見ますが、**推量**と**比較**が用いられており、**問3**の選択肢の訳もヒントにすると、「その学びが彼に及ばないのではないだろうか」となります。「彼」とは、ここまでの「王羲之が天性ではなく自分の努力で、晩年書家として大成した」という内容から「王羲之」です。「王羲之ほど学んだ者がいない」のであれば、「後の世に（彼に）及ぶ者は**まだいない**」となるはずです。よって、③「**未**」が正解。

問3 句法の文字を探すと、「**豈**」と「**不**$_{\text{レ}}$**如**」があります。「**豈**」には**反語**・**累加**・**詠嘆**・**推量**の意味があり（274ページ）、選択肢から同じ意味が取れるのは④「疑問を含んだ**推量**」のみ（「~ではないだろうか」は推量です）。また、「**不如**」は**比較**（279ページ）の句法です。よって、①・④が正解。

問4 設問文では返り点のみですが、本文の該当傍線部には送り仮名も付いていない場合は、**本文の該当箇所も必ずチラっと先に確認**しましょう。書き下すと「況(いは)んや深(ふか)く道徳(だうとく)に造(いた)らんと欲(ほっ)する者(もの)をや」です。「**況んや~をや**」は「**まして~はなおさらだ**」と訳す**抑揚**（292ページ）なので、②か④に絞ります。「道徳に造らんと**欲する**者」の解釈は、④「道徳を身に付け**たい**者」と考えられます。②「道徳を体得**できない**者」は不適。よって、④が正解。

問5　「王君」は「王君盛」のことです。王君盛の**心情**として、傍線部の前の部分では「其の章(あらは)れざるを**恐るる**」とあります。「其の」の指示内容を考えるために、さらに前を確認すると、「墨池の上(ほとり)は、今は州の学舎（＝学校）と為(な)る」とあり、「墨池」というのは**【資料】**を先読みしていると、「書の稽古をした池」だとわかります。**【資料】**では張芝がしていますが、本文は冒頭からここまでは王羲之が書のために努力をしたことが書かれており、また、「其の章(あらは)れざるを恐るる」の続きに「王右軍（＝王羲之）の墨池」と書かれていることから、**王羲之が書の稽古をした池**のほとりが、今は学校になっているのです。「それが章(あらわ)れないことを恐れて、『晋王右軍墨池』の六字を書いて、柱の間に掲げた」ことから、「章れないことを恐れる」というのは「**わからなくなることを恐れて**」のような意味だと推測できます。

さらに、傍線部の直前の「推」も入れて訳すと、「王君盛の心を推測すると」となるので、この続きも重要です。「豈に人の善を愛して、一能と雖も以て廃せずして、因りて以て其の跡に及ぶか」（「而」と「乎」は置き字）で、この「**豈**」は文末が「及ぶか」と「**連体形**＋**か**」となっているので**推量**です（別冊41ページ）。「**以**廃」と「**以**及」の「**以**」は、動詞の上に単独であるので、解釈の際には無視します（237ページ）。大筋は「人の善を愛して、一つの能力だとしても廃さないで、その跡に及んだのだろう」です。「その跡に及んだ」の解釈が難しいでしょうが、前半はプラスかマイナスかで考えると、「人のプラスを愛して、一つの能力だとしてもマイナスではない」はわかります。続きが「其レ**亦**タ」で並列なので確認すると「其の事を推して以て其の学ぶ者を勉(はげ)まさんと欲するか」です。「**以**勉」の「**以**」も解釈上は無視すると、「そのことを推進して**学ぶ者を励ましたい**のだろう」です。

これらを踏まえて選択肢を確認すると、②の前半「**王羲之の墨池の跡が忘れられてしまうことを憂い**」

が「**わからなくなることを恐れて**」と言いたいことは同じです。また、後半「**学生たちを奮起させようとする**」も「**学ぶ者を励ましたい**」と同じです。よって、②が正解。①は王羲之の墨池のことに触れられていません。また、「一握りの才能ある者」が「一能」だとすると、それを「優遇することなく」と「プラスではない」となっており、「マイナスではない」と反対なので不適。③は「歴史ある学舎の跡」とありますが、本文中にそのような学校の遺跡の記述はなく不適。④は「王羲之の天賦の才能をうらやみ」とありますが、「天賦の才能」とは天から与えられた生まれつきの才能です。本文1行目に「天成に非ざるなり」（＝天性ではないのである）と書かれているので不適。⑤は「学舎が忘れられてしまった」とありますが、本文中に「学校が忘れられてしまった」という記述はなく不適。

問6　本文の該当傍線部も白文のため、傍線部中の句法や重要語句・漢字を探します。「**使**」があるので、**使役**から考えます（252ページ）。**選択肢を利用しつつ下を見て動詞を探す**と、「尚」が動詞「尚ぶ（たっとぶ）」です。助動詞「使」と動詞「尚」の間にある「後人」が**使役の対象**で、「**をして**」の送り仮名が付くことから①と⑤は不適。ちなみに、「**如此**」は「**此く（かく）のごとし**」と読みます（308ページ）が、選択肢すべてが（活用しているものも含めて）その読みなので、今回は使えません。「**夫**」は「**そレ**」が重要ですが、「**かノ**」と読む場合もあるため、絞る材料にはなりません。「而」は文中なのでおそらく置き字ですが、「すなはチ」と読む場合もあるため、絞る材料にはなりません。句法や語句ではこれ以上絞れませんので、残った②〜④の書き下し文を**無理やり訳してみます**（324ページ）。②は「あの人を一つの能力があれば、そうならば（orそこで）後世の人にこのように行くことを尊ばせる」、③は「そもそも人が一つの能力があって、後世の人にこのことを尊ばせることはこのようだ」、④は「そもそも人を一つの能力にして、後世の人にこのことを尊ばせることはこのようなことがある」となり、②「あの人を一つの能力があれば」や④

「人を一つの能力にして」は意味不明なので、③が第一候補です。文脈に合うか考えてみます。「人が一つの能力がある」というのは、この文章では「王羲之が書家として才能がある」ように、何か一つのことに才能があることと考えられます。そして、後半も「（そうすると）このように後世の人に尊敬の念を起こさせる」と考えておかしくありません。よって③が正解。

問7 **【資料】**が短いことと、「**合致しないもの**」を選ぶ問題なので、本文を読む前に**【資料】**と選択肢を確認します。**【資料】**を訳すと「（王羲之が）『書家の張芝が池で書を学んで、池の水が（墨で）とても黒くなった。人にこのように熱中させるならば（＝人がこのように熱中したならば）、まだ必ずしもこれに後れるとは限らない』と言う」です。後半の「このように」は「張芝のように池で書の稽古をすること」、「これ」は「張芝」で、「張芝と同じように熱心に稽古をすれば、必ずしも張芝に後れをとらない（＝劣らない）」ということです。

選択肢を見ていきましょう。①の前半は**問5**と**【資料】**で見たように合致していますが、後半「張芝には到底肩をならべることができない」が、**【資料】**の後半と違っています。よって、①が正解。②は**問5**で見たように合致しています。③は本文冒頭の二文に合致しています。④の前半はここまで見てきたように合致しています。後半が、**【資料】**では「このように熱中すれば張芝に後れをとらない」となっていて、「このように」と「それ以上の」の違いが少しひっかかりますが、①は後半が明らかに反対の内容のため、ここは「熱中」を「それ以上の修練」と大げさに解釈していると考えて、より合致していない①を正解として優先しましょう。⑤の前半は**問5**で見たように合致しています。後半は本文5行目に「曾鞏に告げて言うには、『記があることを願う』と」とあり、「記」は「記述するもの＝由来の文章」と考えられますので合致しています。

書き下し文

義之の書は、晩は乃ち善し。則ち其の能くする所は、蓋し亦た精力を以て自ら致す者にして、天成に非ざるなり。然れども後世未だ能く及ぶ者有らず、豈に其の学ぶこと彼に如かざるか。則ち学は固より豈に以て少くべけんや。況んや深く道徳に造らんと欲する者をや。墨池の上は、今は州の学舎と為る。教授王君盛は、其の章れざるを恐るるや、晋の王右軍の墨池の六字を楹間に書し以て之を掲ぐ。又た鞏に告げて曰はく、「願はくは記有らんことを」と。王君の心を推すに、豈に人の善を愛して、一能と雖も以て廃せずして、因りて以て其の跡に及ぶか。其れ亦た其の事を推して以て其の学ぶ者を勉まさんと欲するか。夫れ人の一能有りて後人をして之を尚ばしむること此くのごとし。況んや仁人荘士の遺風余思、来世に被る者如何ぞや。

【資料】

云はく、「張芝池に臨みて書を学び、池水尽く黒し。人をして之に耽ること是くのごとくならしめば、未だ必ずしも之に後れざるなり」と。

現代語訳

王羲之の書は、年を取ってからこそが素晴らしい。そうできた〔=王羲之が書で晩成した〕のは、思うに努力によって自分で達成したもので、天性ではないのである。ところが後世の人で（王羲之に）肩を並べられる者がまだいないのは、その学びが彼〔=王羲之〕に及ばないのではないだろうか。本来どうして努力を怠ってよいだろうか（、いや、よくない）。ましてしっかりと道徳を身に付けたい者はなおさらであろう。（王羲之が修練した）墨池のほとりは、今は州の学校となっている。教授の王盛は、それ〔=王羲之が修練した墨池のこと〕が忘れられてしまうことを恐れて、「晋王右軍〔=王羲之〕墨池」の六文字を書いて柱の間に掲げた。また私〔=曾鞏〕に告げて言うには、「（墨池に関して）文章を記してほしい」と。王君盛の心を推察するに、人の善い所を愛して、一つの能力だとしても廃さないで、そうして王羲之に並ぶようにしたい〔＝並ぶような者に育てたい〕のではないだろうか。そうしてまたそのこと〔＝王羲之が墨池で修練したこと〕を広めて学生たちを励まそうとしたのではないだろうか。そもそも人が（王羲之のように）一つの才能があって後世の人に尊敬の念を起こさせることはこのようである。まして仁愛の徳を備えた人や行いの立派な者の後世に及ぶ感化は、来世に及ぼすものがどのようなものか〔＝どれほど大きな影響を与えるだろう〕。

【資料】

（王羲之が）言うことには、「張芝は池に臨んで書を学び、池の水が（墨で）真っ黒になった。人〔＝私〕がこのように稽古に熱心に励むならば、これ〔＝張芝〕に必ずしも後れを取らない〔＝劣らない〕」と。

巻末付録〈漢文編〉

1　漢文用語
2　書き下し文
3　返り点のルール

巻末付録〈漢文編〉

1 漢文用語

設問中に用語が用いられることがありますので、用語と意味を理解しましょう。

① 白文

漢字だけで書かれている漢文を**白文**といいます。

例 窮人力絶人命有所不顧

② 返り点

漢字の**左下**についている**読む順番を示す記号**を**返り点**といいます（具体的なルールは**3**で確認）。

例 窮二人力一絶二人命一、有レ所レ不レ顧。

③ 送り仮名・振り仮名

漢字の**右下**に小さく**カタカナ**で書かれているものは**送り仮名**です。漢字の**右横**にある**平仮名**は**振**

り仮名です。送り仮名と振り仮名は**歴史的仮名遣い**で書かれています。

例 窮（きはメ）人（じん）力（りよくヲ）絶（ツモ）人命（ヲ）、有（リ）所不（ざル）顧（ミ）。

❹ 訓点

返り点・**送り仮名**・句読点の総称を**訓点**といいます。特に、返り点と送り仮名を指していう場合が多いです。

2 書き下し文

漢文を訓点に従って、漢字と仮名まじりの日本語にした文のことを**書き下し文**といいます。書き下し文にするときには、次のルールがあります。

●返り点に従い、送り仮名を**平仮名**で書く。（解答の際）振り仮名は不要。
●**置き字**は**書かない**。
●漢字は漢字のままで書く。ただし、**助詞・助動詞は平仮名**に直す。
●**再読文字**は一回目の読みは**漢字**、二回目の読みは**平仮名**で書く。

例 窮（きはメ）二 人（じん）力（りよくヲ）一 絶（ツモ）二 人命（ヲ）一、有（リ）レ 所（レ）**不**（ざル）［助動詞］レ 顧（かへりミ）。

※返り点の読む順番は **3** 参照のこと。

↓書 **人力を窮め人命を絶つも、顧みざる所有り。**

3 返り点のルール

1 レ点

真下の一字から上の一字に返って読む。

例 有レ所レ不レ顧。 書 顧みざる所有り。 訳 顧みないことがある。

2 一・二点

一点が付いている字から二点が付いている字に、二字以上返って読む。三点があれば、一➡二➡三の順に読む。

例 窮二人力一絶二人命一、… 書 人力を窮め人命を絶つも、… 訳 人の力を用いて苦しめ人命を絶つことも、…

3 上・中・下点

一・二点を挟んで上に返る。上点➡中点➡下点の順に読む。中点がない場合は上点➡下点の順に読む。

例 謂下其刻在レ此、是所二従墜一也上。

書 其の刻みしは此に在り、是れ従りて墜つる所なりと謂へり。
訳 刻んだ跡はここにあるから、ここから（剣を）落としたのだと思っている。

4 レ点・上レ点

レ点を優先して読み、その後で、一・二点や上・中・下点の順に読む。

例 抱キ二其ノ所一レ携ヘル、棄テ二其ノ所一レ抱ク、…

書 其の携へる所を抱き、其の抱く所を棄て、…
訳 手を引いていた子を胸に抱き、抱いていた子を手放して、…

5 ハイフン（-）

熟語を示す。下から返ってきて二字連続で読む。

例 回二-憶スレバ芳叢ヲ一、真ニ如シレ夢ノ矣。

書 芳叢を回憶すれば、真に夢のごとし。
訳 花園を振り返って思うと、本当に夢のようだ。

[Rina Okamoto]　岡本梨奈

リクルート「スタディサプリ」古典講師。大阪教育大学教養学科芸術専攻ピアノ科卒業。

自身が受験時代に苦手だった古文を克服し、一番の得点源に変えられたからこそ伝えられる「わかりやすい解説」で全国の受験生から支持されている。

著書に『岡本のここからはじめる古典文法ドリル』『岡本のここからつなげる古典文法ドリル』『岡本のたった３時間で漢文句法』（以上、Gakken）『古文ポラリス１・２・３』（KADOKAWA）などがある。

きめる！　共通テスト古文・漢文　改訂版

カバーデザイン	野条友史（buku）
カバーイラスト	大河紀
本文デザイン	宮嶋章文
イラスト	ハザマチヒロ、関谷由香理
校正	佐藤玲子、株式会社ダブルウィング
データ作成	株式会社 四国写研
印刷所	TOPPAN株式会社

読者アンケートご協力のお願い

※アンケートは予告なく終了する場合がございます。

この度は弊社商品をお買い上げいただき誠にありがとうございます。本書に関するアンケートにご協力ください。
右の二次元コードから、アンケートフォームにアクセスすることができます。
ご協力いただいた方のなかから抽選でギフト券（500円分）をプレゼントさせていただきます。

アンケート番号：　305832

CJ

Gakken

きめる! KIMERU SERIES

[別冊]

古文・漢文 改訂版

Classical Japanese & Classical Chinese

直前まで役立つ!

完全対策BOOK

← この別冊は取り外せます。矢印の方向にゆっくり引っぱってください。

きめる! KIMERU SERIES

もくじ

知っておきたい共通テストの形式……2
別冊・古文……5
SECTION別「分析」と「対策」……6
SECTION1で学ぶこと　識別と敬語……6
SECTION2で学ぶこと　短文解釈……10
SECTION3で学ぶこと　主語把握法……12
SECTION4で学ぶこと　和歌……13
SECTION5で学ぶこと　設問形式別解法……14
読むだけで点数アップ！　重要古語集……15

別冊・漢文……31
SECTION別「分析」と「対策」……32
SECTION1で学ぶこと　基礎知識……32
SECTION2で学ぶこと　句法……33
SECTION3で学ぶこと　設問形式別解法……36
SECTION4で学ぶこと　漢詩……38
読むだけで点数アップ！　重要句法・漢字集……39

決めてる! KIMERU SERIES

知っておきたい共通テストの形式

試験概要

古文・漢文に関しては、従来通り『国語』の中で扱われます。

『国語』は「現代の国語」、「言語文化」の内容が出題範囲で、第1~3問が近代以降の文章（論理的な文章、実用的な文章、文学的な文章）、第4問が古文、第5問が漢文です。

問題作成方針は、言葉による記録、要約、説明、論述、話合い等の言語活動を重視し、また、異なる種類や分野の文章などを組み合わせた、複数の題材による問題を含めて検討するとのことです。

配点　合計200点満点

近代以降の文章　3問で110点
古文（第4問）　45点
漢文（第5問）　45点

試験時間

『国語』で90分

要check!

最終的に、うまくいく鍵を握るのは「時間配分」になるはずです。どの大問に何分使うのか、自分なりの戦略をしっかり立てましょう！

古文

対策のPOINT

読解に必要な識別・単語・助詞・呼応の副詞などをマスターする。主語把握にも重要な敬語をマスターし、その他の主語把握法も押さえること。設問形式別解法を身につける。和歌の対策も忘れずに！

読解するうえで絶対にはずせない識別（例「ぬ・ね」など）を確実にできるようにしましょう。また、古文読解でポイントとなるのは主語把握です。敬語や接続助詞を利用したり、恋愛や出家などの古文常識を利用したり、様々なアプローチ法がありますので、それらを押さえましょう。また、理由・心情説明や内容合致、複数テクストなどの設問形式別解法や、頻出の和歌の対策が必要です。

漢文

対策のPOINT

出題箇所が白文でも対応できるように語順などの基礎知識を押さえる。そのうえで、問題に直結する句形をマスターすること。頻出漢字の「読み」と「意味」も押さえる。漢詩の対策も忘れずに！

再読文字などの句形はもちろん非常に重要です。ですが、その前に語順が理解できていないと漢文（白文）は正しく理解できません。基礎知識を流さずにしっかり固めましょう。古文同様に設問形式別解法も大切です。対句・対文があれば意識できるように、また、頻出の「返り点の付け方と書き下し文の組合せ問題」などの取り組み方も身につけましょう。漢詩の対策も必須です。

きめる!
KIMERU SERIES

別冊・古文

SECTION 1で学ぶこと 識別と敬語

① 識別

1 助動詞「ぬ・ね」

●上の活用形での識別法

未然形＋ぬ・ね＝**打消**「ず」

連用形＋ぬ・ね＝**完了**・※**強意**「ぬ」

※下に推量系が付いていれば「強意」

●下を確認する識別法

ぬ＋*連体形接続の語＝**打消**「ず」

ね＋*已然形接続の語＝**打消**「ず」

ぬ＋終止形接続の語＝**完了**「ぬ」

ね＋命令形接続の語＝**完了**「ぬ」

*体言などが付く／係助詞「ぞ・なむ・や・か」の結び

*「ば・ど・ども」が付く／係助詞「こそ」の結び

2 「ばや」

已然形＋ばや＝**順接確定**の**接続助詞**「ば」＋**疑問・反語**の**係助詞**「や」

未然形＋ばや（文中）＝**順接仮定**の**接続助詞**「ば」＋**疑問・反語**の**係助詞**「や」

未然形＋ばや（文末）＝**自己願望**の**終助詞**「ばや」

3
「なり」

体言・連体形＋なり＝**断定**・**存在**の助動詞「なり」
終止形＋なり＝**伝聞**・**推定**の助動詞「なり」
様子・状態（〜か・げ・ら）＋なり＝**形容動詞**の活用語尾
ず・と・に・く（・う）＋なり＝**動詞**「なる」の連用形　※「なる」と訳せる
ラ変型の連体形＋なり＝**断定**の助動詞「なり」or **伝聞**・**推定**の助動詞「なり」
➡文脈判断が必要
あ・か・ざ・た・な＋（ん）なり＝**伝聞**・**推定**の助動詞「なり」

4
「なむ」

未然形＋なむ＝他者願望の**終助詞**「なむ」
連用形＋なむ＝完了・強意の**助動詞**「ぬ」の未然形＋推量などの**助動詞**「む」
死・往・去＋なむ＝ナ変動詞未然形の活用語尾「な」＋推量などの**助動詞**「む」
それ以外＋なむ＝強意の**係助詞**「なむ」　※強意の係助詞は訳出不要

形容詞型連用形「〜く」
形容動詞連用形「〜に」
打消の助動詞連用形「〜ず」
｝＋なむ＝強意の**係助詞**「なむ」

未然形と連用形が同じ形＋なむ（文末）➡**文脈判断**
「〜てほしい」と訳せる＝他者願望の終助詞「なむ」
「〜てほしい」と訳すとおかしい＝助動詞「ぬ」＋助動詞「む」
未然形と連用形が同じ形＋なむ（文中）＝**助動詞**「ぬ」＋**助動詞**「む」

し＋なむ⬇**文脈判断**
「死ぬ」と訳せる＝ナ変動詞未然形の活用語尾「な」＋推量などの助動詞「む」
「する」と訳せる（サ変連用形）＝助動詞「ぬ」＋助動詞「む」

5 「る・れ」

動詞のa段＋る・れ＝受身・可能・自発・尊敬の**助動詞**「**る**」
動詞のe段＋る・れ＝完了・存続の**助動詞**「**り**」
u段＋る・れ＝動詞・助動詞の活用語尾
＊「る・れ」の真上で切らないこと

6 「らむ」

u段＋らむ＝**現在推量**の助動詞「**らむ**」
動詞のe段＋らむ＝**完了**・**存続**の助動詞「**り**」＋**推量**などの助動詞「**む**」
a段＋らむ＝用言・助動詞の活用語尾「～ら」＋推量などの助動詞「む」
＊a段が多いだけで他もアリ

② 敬語

1

●補助動詞は種類・訳・単語をセットで押さえ、本動詞は訳をスラスラ言えるようにする
●敬意の方向の考え方を理解する

「**誰から**」

地の文➡作者から
会話文➡会話主から

「**誰へ**」

尊敬語➡主体（～は・～が）へ
謙譲語➡客体（～を・～に）へ
丁寧語は、次のように地の文か会話文かに分ける
{ **地の文**➡読者へ
{ **会話文**➡聞き手へ

●敬語を利用して、書かれていない主体や客体を判別できるようにする

例 地の文に尊敬語があれば、その主体は作者が敬いたい人物。地の文で**最高敬語**の尊敬語が使用されている場合は、その主体は皇族やトップ貴族などの**とても身分が高い人**。
地の文に謙譲語があれば、その客体（＝～を・に）は作者が敬いたい人物。

SECTION 2で学ぶこと 短文解釈

1 単語

- 一つの意味しかない単語は、本文を読む前でも解ける！ 単語力が必要
- 多義語で該当する選択肢が複数あれば文脈判断が必要
- リード文や注釈、同一表現などあらゆる情報に気をつける

2 訳が重要な助詞

- **願望の終助詞**

「自己願望」**未然形**＋ばや／**連用形**＋*てしがな・にしがな　＊「てしか・にしか」などもアリ

「他者願望」**未然形**＋なむ

「状態願望」様々な語＋*もがな　＊「もが・がな」などもアリ

- **接続助詞**

已然形＋**ど・ども**＝逆接確定（＝**〜が・のに・けれど**）

終止形＋**とも**＝逆接仮定（＝**たとえ〜としても**）

未然形＋**で**＝打消接続（＝**〜ないで**）

連体形＋*もの〜＝**逆接**から考える　＊「ものの・ものを・ものから・ものゆゑ」

連体形＋**を・に**＝**順接**（＝〜ので）or **逆接**（＝〜のに）or **単純接続**（＝〜ところ）

- **副助詞「だに」**

下に**意志・仮定・願望・命令**のいずれかがある➡**最小限の限定**「（せめて）〜だけでも」

それ以外➡**類推**「〜さえ」　＊副助詞「すら」も類推

●**副助詞「さへ」**
添加「～まで（も）」
●**文末で単独の「や」**
疑問（～か）or**反語**（～か、いや～ない）or**詠嘆**（～なあ・～よ）

3
呼応の副詞

さらに・すべて・つゆ・よに・たえて・あへて・かけて・おほかた～打消＝まったく～ない・全然～ない
え～打消＝～できない
な～そ＝～（する）な
かまへて～禁止＝決して～（する）な
よも～じ＝まさか～ないだろう・まさか～ないつもりだ
いかで（か）・いか（さま）にして～**推量**＝疑問（どうして～だろうか）
反語（どうして～だろうか、いや～ない）
いかで（か）・いか（さま）にして～**意志・願望**＝なんとかして～よう・たい
いと・いたく・いたう～打消＝たいして～ない・あまり～ない
をさをさ～打消＝めったに～ない
はやく・はやう～けり＝なんと～だったよ
いさ～ず＝さあ、～ない

SECTION 3で学ぶこと

主語把握法

1 主語把握法

- 「て・で・つつ」の前後の主語は同じままが多い
- 「を・に・ば」の前後の主語は変わりやすいが、上が心情か体言なら同じままが多い
- 文章中に同一表現・似た表現がある場合は、その表現に着目する
- 服装や服飾品から性別を判断する 例 冠(かうぶり)・烏帽子(えぼし)・指貫(さしぬき)・狩衣(かりぎぬ)・直衣(のうし)など➡男性
- 生活習慣や古文常識から性別や主語を判断したり、古文のよくある展開を把握して利用する

2 会話文・手紙文中の主語把握

尊敬語か**命令形**のどちらか(もしくは両方)が**ある**➡主語は聞き手・読み手(＝**あなた**)

尊敬語も命令形も**ない**➡主語は会話主・書き手(＝**わたし**)

SECTION 4で学ぶこと 和歌

1 和歌の解釈

- 五・七・五・七・七に区切る
- 各句末に文末の形がないか探す。あればそこが「句切れ」
- 主語把握の考え方は、基本的に会話文中と同じ

2 枕詞・序詞

- 五音で特定の語を導き、訳さなくてもよい語が枕詞
- 前半が「景色・事物」、後半が「心情・人物」の場合は、前半が序詞の可能性が高い
- 序詞になる見分け方（「の（＝〜のように）」・同音反復・掛詞の直前）をマスターする

3 掛詞

- 地名・山や川の名は掛詞になりやすい
- 掛詞は「事物」と「心情」の組合せが多い
- 不自然な平仮名や、本文・リード文・注釈などの同一表現に気をつける

SECTION 5で学ぶこと

設問形式別解法

1 理由・心情説明問題

- 傍線部の内容をきちんと解釈する
- 傍線部の前後に解答の根拠が書かれていることが多い
- 指示内容や「已然形＋ば」、形容詞・形容動詞などに気をつける

2 内容合致問題

- 「指定なし」なら、先に選択肢に目を通して、本文該当箇所の目安になる語をチェック
- 選択肢におかしな部分が一箇所でもあれば即カット
- 「指定あり」なら、該当箇所をきちんと読み取る

3 会話形式の問題

- 本文を読む前に、会話文にサーっと目を通し、問題を解くうえで重要なことや情報をつかむ
- 空欄や傍線部の前後に重要なポイントがあることが多い
- この手の問題に慣れるには練習が必要不可欠！

4 複数テクスト問題

- **【資料】**や**【文章】**が現代語の場合は、本文を読む前に目を通す
- それらに関わる小問があれば、問題を先に確認する
- 本文との読み比べが必要なものは、共通点と相違点を意識する

読むだけで点数アップ！

重要古語集

重要単語「動詞」

語句	意味	語句	意味
あきらむ【明らむ】	明らかにする・見きわめる	あく【飽く】	①満足する　**②飽きる**
あくがる【憧る】	①うわの空になる ②さまよい歩く	いそぐ【急ぐ】	①準備する　**②急ぐ**
いらふ 【答ふ・応ふ】	答える・返答する	うつろふ【移ろふ】	①移動する　②色が変わる ③色があせる　④心変わりする
おこす【遣す】	①よこす　②こちらへ～する 反やる【遣る】	おどろく【驚く】	①はっと気づく　②目が覚める **③びっくりする**
おぼゆ【覚ゆ】	①(人に)思われる　②思い出される ③似る　④自然に思われる	かしづく	①大切に育てる ②大切に世話をする・後見する
かづく【被く】 四段	①かぶる ②褒美をいただく	かづく【被く】 下二段	①かぶせる ②褒美を与える
かよふ【通ふ】	①男性が女性のもとへ行く ②よく知っている　③似ている	ぐす【具す】	①備わる　②一緒に行く　③添える

語	意味
さはる【障る】	差し支える・妨げられる
しる【治る・知る】	①治める・領有する **②理解する**
たのむ【頼む】 下二段	頼みに思わせる・あてにさせる 期待させる
ながむ【眺む】	①物思いにふける ②遠くを見る ※【詠(なが)む】吟(ぎん)じる・詩歌を詠(よ)む
ねんず【念ず】	①心の中で祈る ②我慢する
のぼる【上る】	**①のぼる** ②上京する ③宮中に行く ④官位・官職が高くなる 反くだる
まもる・まぼる【守る】	①見つめる **②守る**
しのぶ【忍ぶ】	①我慢する ②人目を避ける ※【偲(しの)ぶ】思い慕う・賞美する
たのむ【頼む】 四段	頼みにする・あてにする
つつむ【慎む】	遠慮する・気が引ける
にほふ【匂ふ】	①照り輝く ②つややかに美しい ③栄える **④香る**
ののしる【罵る】	①大声で騒ぐ ②評判になる
まうく【設く】	準備する
めづ【愛づ】	①愛する ②ほめる ③気に入る

重要単語「形容詞」

※＋(プラス)は良い意味・－(マイナス)は悪い意味を表す

語句	意味	語句	意味
あいなし・あひなし	①気にくわない ②つまらない ③むやみに	あさまし	①(＋・－ともに)驚きあきれる ②情けない ③程度がはなはだしい
あたらし【惜し】	惜しい ※【新(あたら)し・新(あら)たし】新しい	ありがたし【有り難し】	①めったにない ②すばらしい ③生きながらえにくい
いとほし	①気の毒だ・かわいそうだ ②嫌だ **③いとしい・かわいい**	いみじ	①程度がはなはだしい ②とても＋ ③とても－
うし【憂し】	①つらい ②いやだ	うしろめたし【後ろめたし】	①不安だ **②気がとがめる** 同うしろめたなし
うしろやすし【後ろ安し】	心配がない・安心できる	うたてし	①嘆かわしい ②情けない
うつくし【美し・愛し】	①かわいい・愛らしい ②いとしい **③美しい**	うるさし	①わずらわしい ②立派だ
うるせし	①賢い・抜け目がない ②巧みだ・上手だ	うるはし【麗し・美し・愛し】	**①美しい** ②きちんとしている ③本格的だ

重要単語「名詞」

語句	意味	語句	意味
あそび【遊び】	①詩歌管弦の遊び　②狩り・行楽	うち【内】	①中　②宮中　③天皇
うつつ【現】	①現実　②正気　③生きている状態 関連【現し心(うつしごころ)】正気	うへ【上】	①上・表面　②天皇　③高貴な人の夫人 ④殿上の間　⑤～(の)こと
おほやけ【公】	①天皇　②朝廷　③公共・国家	かたち【形・容・貌】	①姿　②容貌　③外形
かち【徒歩】	徒歩	けしき【気色】	①様子　②態度　③機嫌
こころづくし【心尽くし】	いろいろと物思いをすること	ことわり【理】	①道理　②理由
しるし【微・験】	①前兆　②霊験・効き目 ※【標・印・証】目印・合図	せうそこ【消息】	①便り・手紙 ②訪れること・とりつぎを頼むこと
たより【頼り・便り】	①頼みにできるもの　②縁・ゆかり ③便利　④機会　⑤手紙	ちぎり【契り】	①約束・前世からの約束 ②因縁・男女の縁・夫婦の縁

語句	意味
ついで【序】	①順序 **②機会**
て【手】	①文字・筆跡 ②手段 ③負傷 関連【男手(をとこで)】漢字／【女手(をんなで)】平仮名
なさけ【情け】	①人情・思いやり ②風流心 ③愛情・恋心
ふみ【文・書】	①手紙 ②文書 ③漢学（学問） ④漢詩
よし【由】	①理由 ②由緒 ③趣き ④縁・ゆかり ⑤手段・方法 ⑥～とのこと
つとめて	①早朝 ②（何かがあった）翌朝
としごろ【年頃】	数年間・長年
ひがこと【僻事】	①間違い ②悪事 関連【僻目(ひがめ)】見間違い／【僻耳(ひがみみ)】聞き間違い
ほい【本意】	本来の意志・目的・願い
よのなか【世の中】	**①世間** ②現世 ③（天皇の）治世 ④男女の仲・夫婦仲

重要単語「副詞」

語句	意味
あまた【数多】	①たくさん ②たいそう 同ここら／そこら
げに【実に】	①なるほど ②本当に
かたみに【互に】	互いに
さすがに	そうはいってもやはり

なかなか	①中途半端に　②かえって ③(＋打消)簡単には(～ない)	なべて【並べて】	①総じて　②普通・平凡　③一面に
やがて	①すぐに　②そのまま	わざと	①わざわざ　②特に ③「わざとの」の形➡正式に

重要連語

語句	意味	語句	意味
いざたまへ【いざ給へ】	さあ、いらっしゃい	いへばさらなり【言へば更なり】	今さら言うまでもない・もちろんだ 同いふもさらなり／さらなり
かずならず【数ならず】	ものの数ではない・とるに足りない	けしうはあらず	悪くはない
さればよ【然ればよ】	やっぱりね・思ったとおりだ	そでをぬらす【袖を濡らす】	泣く　関連【袖を絞る】ひどく泣く／【袖の露(つゆ)】悲しみの涙
なにおふ【名に負ふ】	①名として持つ　②有名だ	われかひとか【我か人か】	茫然(ぼうぜん)自失の状態 同われかのけしき／われにもあらず

恋愛系の重要語句

語句	意味
あふ【逢ふ・会ふ・合ふ】	結婚する
ちぎる【契る】	①夫婦の関係を結ぶ・深い仲になる ②約束する 同契りを結ぶ
みる【見る】	①男女が深い仲になる・夫婦となる ②世話をする ③理解する
かたらふ【語らふ】	①親しくつきあう ②男女が言い交わす
みゆ【見ゆ】	①(人に)見られる ②(女が)結婚する・妻となる ③思われる
よばふ【呼ばふ】	求婚する

出家系の重要語句

語句	意味
世を出(い)づ	俗世間が嫌で出る・離れる・捨てる・背く・逃げる➡出家する
世をいとふ	
世を離(か)る	
世を捨(す)つ	
世を背(そむ)く	
世をのがる	

語句	意味
形を変ふ	形や様子が変わる＝見た目が変わる➡出家する
様(さま)を変ふ	
頭(かしら)下(お)ろす	剃髪(ていはつ)する➡出家する
御髪(みぐし)下ろす	
やつす	①みすぼらしく姿を変える ②出家する
真(まこと)の道に入(い)る	仏道の世界に入る➡出家する 同ほっしんす【発心す】

病気系の重要語句

語句	意味
ここちあし【心地悪し】	気分が悪い・苦しい
なやまし【悩まし】	気分が悪い・苦しい
れいならず【例ならず】	①病気　②妊娠　③いつもと違う
あつし【篤し】	病気が重くなる・病気がちである

語句	意味
なやむ【悩む】	①病気になる ②苦しむ
わづらふ	①病気になる ②苦しむ
いたつく【労く・病く】	①病気になる ②苦しむ
おこたる【怠る】	病気がよくなる

「死」を表す語句

あさましくなる	いたづらになる【徒らになる】	いふかひなくなる	うす【失す】
かくる【隠る】	はかなくなる【果無くなる】	みまかる【身罷る】	むなしくなる【空しくなる】

きめる!
KIMERU SERIES

別冊・漢文

きめる! KIMERU SERIES

SECTION別「分析」と「対策」

SECTION 1で学ぶこと 基礎知識

1 語順・返読文字

- 日本語と中国語の語順の違いを理解する
  例 SVO／SV於C／SVCO／SVO於C など
- 白文で出題されたら、述語から探して語順をチェックする
- 「返読文字」の漢字を押さえる
  例 有・無・難・易・多・少・「也」以外の助動詞 など

2 置き字

- 置き字になる文字を理解する 例 而（文中）／於・于・乎／矣・焉（文末）／兮
- それぞれの置き字の働きを押さえる 例 接続／前置詞／強意／整調
- 文中の「而」は、直前の送り仮名で順接か逆接を判断できるものはする

3 よく目にする「すなはチ」「也」「以」

- 「すなはチ」は漢字と訳をセットで押さえる
  例 「乃」＝そこで・やっと・なんと　など
- 文末の「也」は疑問・反語の文字があれば「や」か「か」、なければ「なり」と読む
- 「以」は三つのグループ（無視してOK／「為」と用いる／理由・手段・目的）に分けて押さえる

SECTION 2で学ぶこと 句法

1 再読文字

- 再読文字の漢字十個（未・将・且・当・応・宜・須・猶・由・盍）を押さえる
- 再読文字の漢字を見て、読み方と訳し方をスラスラ言えるようにする
- 二回目の読みの直前の形を理解する（古文文法の接続と同じ）
  例 未然形＋ず／終止形 or ラ変型連体形＋べし　など

2 使役・受身

- 助動詞で表す場合、使役は「しむ」、受身は「る・らる」で接続はそれぞれ未然形
- 助動詞の漢字を押さえる。使役「使・令・遣」など／受身「見・被」など
- 文章中の同一漢字の送り仮名に注目する。受身は、助動詞以外の句法も把握する

3 否定

- 否定は返読文字で「下の内容を否定する」ことを押さえる
- 否定のほぼすべての土台である「単純否定（不・無・非など）」を完璧にマスターする
- 不可能（不可「べカラず」・不能「あたハず」・不得「ヲえず」）を押さえる（特に「読み」）
- 二重否定・全部否定・部分否定は「下を否定する」ことを使って理解する
- その他の否定（否定の仮定条件など）も押さえる

4 疑問・反語

- 疑問と反語は同じ漢字を用いることが多く、白文の場合は文脈判断が勝負！
- 送り仮名がある場合は「ン（ヤ）」が反語の目印となる
- 複数の読みがある文字は、読みと訳をセットで押さえる

例 何＝なんゾ（どうして）・なにヲ（何を）・いづレノ（どの）・いづクニカ（どこに）など

5 比較

- 「若・如」の上に「不」や「無」があれば比較と判断する
- 「不若」は比較、「無若」は最上級で、直前の送り仮名はともに「ニ」
- 置き字「於・于・乎」の上が形容詞か形容動詞であれば比較の可能性が高い

6 限定・累加

- 限定は「ただ」「ひとリ」「のみ」の漢字を押さえる
  例 惟・唯・只・但・徒／独／耳・已・爾 など
- 累加「不惟A、而亦B」は「not only A, but also B」と同じ
- 反語「あニ〜ンヤ」と限定「ただ・ひとリ〜のみ」を一緒に用いると累加になる

7 詠嘆・抑揚

- 「〜ずや」(ずヤ)の読みは詠嘆の目印となる
  例 「また〜ずや」・「あニ〜ずや」 など
- 抑揚「Aスラ且ツB。況ンヤCヲ乎」とは、古文文法の「だに〜まして」と同じ
- 「況」が抑揚の目印。「いはンヤ」と読み「まして」と訳す

8 仮定・願望

- 「若・如」が文頭にあり、返り点が付いていなければ仮定「もシ」
- 逆接「雖」が、仮定か確定かは文脈判断が必要
- 願望は「〜ン」なら「〜たい」、「〜命令形」なら「〜てください」と訳す

SECTION 3で学ぶこと　設問形式別解法

1　漢字の「読み」と「意味」

- 基礎知識や句法の知識で解けるものは確実に得点する
- 頻出の漢字は覚えることが近道。きちんと押さえて得点源に！
- それ以外は文脈判断で勝負！

2　解釈問題

- 選択肢を横に見比べて、問いたい部分をつかむ
- 設問文だけではなく、本文の該当箇所をきちんと確認する（設問文では白文でも本文では訓点付きの場合もアリ）
- 句法や対句などに気をつける。それ以外は文脈判断で勝負！

3　「返り点の付け方」と「書き下し文」の組合せ

- 返り点通りに読んでいるかのチェックはしない！
- 傍線部内に基礎知識や句法の知識、前後も含めて対句・対文などがあるか確認する
- 書き下し文を無理やり訳して、スラっと文意が通るものを見つける

4 空欄補充

- 句法に絡んでいる漢字は、何の句法かわかるようにする
- 句法以外は漢字の意味を考える
- どちらの場合も、前後の文意がスラっと通るものを選ぶ

5 説明問題

- 句法や対句などの知識で選択肢が絞れる場合は絞る
- 指示語があれば指示内容を考える。直前を指す場合が多い
- 傍線部の前後が重要なことが多い

6 複数テクスト問題

- 資料が短く、先に見て訳せる場合は訳す（メインの読解のヒントにできるかも）
- 共通点や相違点を意識したり、本文の関連場所と見比べたりする

SECTION 4 で学ぶこと 漢詩

1 形式・構成

- 一句の文字数（五言 or 七言）と句の数（四句＝絶句 or 八句＝律詩）を組み合わせる
- 絶句は「起承転結」、律詩は「首頷頸尾（しゅがんけいび）」と押さえる

2 押韻

- 偶数句末（七言詩は初句の句末も）の漢字の音読みの母音の響きが同じになる
- 漢詩の空欄補充問題で空欄が句末の場合、押韻の可能性が高い
- 選択肢で同じ母音が複数あれば、前の句などをヒントに正解を導く

3 対句・リズム

- 対句は見た目と文構造が同じもので、漢詩の場合は隣り合った「奇数句→偶数句」にある
- 律詩の場合は、原則的に三・四句目（頷聯（がんれん））と五・六句目（頸聯（けいれん））が対句になっている
- 五言詩は「2・3」、七言詩は「2・2・3」又は「4・3」に区切れやすい

読むだけで点数アップ!

重要句法・漢字集

「豈」の字を使用する句法

反語

豈ニ～ン（ヤ）

読 **あニ～ン（ヤ）**

訳 **どうして～だろうか、いや、～ない**

例 **豈ニ**有ランレ二**哉**。

▼書き下し文　豈に二有らんや。

▼現代語訳　どうして二つあるだろうか、いや、ない。

累加

豈ニ惟ダニAノミナランヤ

※「惟ダニ」が「独リ」でも訳は同じ

読 **あニたダニAノミナランヤ**

訳 **どうしてただAだけであろうか、いや、Aだけではない**

例 **豈ニ独リ**愧ヅル**ノミナランヤ**二于古人一。

▼書き下し文　豈に独り古人に愧づるのみならんや。

▼現代語訳　どうしてただ昔の人に対して恥じるだけだろうか、いや、それだけではない。

詠嘆

豈ニ不レA乎

※「乎」＝「哉」

読 あニAずや

訳 なんとAではないか

例 豈ニ不レ惑ヒナラ乎。

▼書き下し文 豈に惑ひならずや。

▼現代語訳 なんと愚かではないか。

詠嘆

豈ニ非ズレAニ乎

※「乎」＝「哉」

読 あニAニあらズや

訳 なんとAではないか

例 豈ニ非ズレ孝ニ乎。

▼書き下し文 豈に孝に非ずや。

▼現代語訳 なんと親孝行ではないか。

（疑問を含んだ）推量

豈ニ～歟（か）・耶（か）

読 あニ～（連体形）か

訳 なんと～だろうか、きっとそれにちがいない

例 豈ニ荘子ノ所謂以テ二無用ヲ一為スレ用ト者ノ比ヒナル耶。

▼書き下し文 豈に荘子の所謂無用を以て用と為す者の比ひなるか。

▼現代語訳 これこそ『荘子』のいわゆる『無用を以て用と為す』もののたぐいではなかろうか、きっとそれにちがいない。

「若・如」の字を使用する句法

※見出しは「若」の文字使用。「如」でも同じ。

疑問・反語

★「何」とともに用いる

【文頭・文中】 ※「若」＝「奈」

若何～

- 【疑】 読 いかんゾ～連体形　訳 どうして～か
- 【反】 読 いかんゾ～ン（ヤ）　訳 どうして～か、いや、～ない

【文末】 ※「若」＝「奈」

～何若。 「状態」や「結果」の疑問

- 読 ～いかん。
- 訳 ～はどのようであるか。

～若何。 「手段」の疑問か反語

- 読 ～いかん（セン）。 ※「読み」は疑問・反語同じ。
- 訳 【疑】～はどうしようか。
  【反】～はどうしようか、いや、どうしようもない。

比較

★上に「不」や「無」がある

X（ハ）不レ若カレYニ ※「不」＝「弗」

- 読 X（ハ）Yニしカず
- 訳 XはYに及ばない・XよりYのほうがよい

無シレ若クハレY ニ
※「無」＝「莫」

読 Yニしクハなシ

訳 Yが一番よい

仮定

若シ（〜バ）

★文頭（※上に主語がある場合もアリ）で返り点が付いていない

読 もシ（〜バ）

訳 もし（〜ならば）

＊「若」は「なんぢ（＝あなた）」の場合もあるので注意

比況の助動詞

若ニシ 体言ーノ

★返読文字なので（訓点付きの場合は）必ず返り点が付く

読 体言ノごとシ

訳 体言のようだ

若ニシ 連体形ーガ

読 連体形ガごとシ

訳 連体形のようだ

重要語句の「読み」と「意味」

語句	読み	意味
数〻	しばしば	たびたび
抑	そもそも	それとも・しかしながら・さらにまた
夫	そレ	そもそも
徐	おもむろニ	徐々に
素	もとヨリ	日ごろから・前もって
宜(形容動詞)	むべナリ・うべナリ	もっともだ
悪(動詞)	にくム	憎む
諫	いさム	目下から目上の人に意見・注意する

語句	読み	意味
偶〻・適〻・会〻	たまたま	たまたま
凡	およソ	そもそも・大体
漸	やうやク	だんだんと
具	つぶさニ	詳しく・ことごとく
方・正	まさニ	ちょうど
悪(形容詞)	あシ	悪い
事(動詞)	つかフ	お仕えする
対	こたフ	目下から目上の人にお答えする

漢字	読み	意味
白・首（動詞）	まうス	申す・告げる
中（動詞）	あタル・あツ	命中する・適合する
臣	しん	君主に対して「私」
朕	ちん	天子（皇帝）の自称
妾	せふ（しょう）	女性の自称
子	し	あなた・先生
卿	けい	あなた・政治の要職にある貴族
上	しやう（しょう）	皇帝
相	しやう（しょう）	宰相
大夫	たいふ	中級の官
道（動詞）	いフ	言う
所謂	いはゆる	世間一般に言われる
不肖	ふせう（ふしょう）	私・愚か者
寡人	くわじん（かじん）	諸侯・王の自称
汝・女・若・爾・而	なんぢ	あなた・あなたたち
二三子	にさんし	師が弟子に対して「あなた」
足下	そっか	（手紙文で）あなた
南面	なんめん	天子や王の位につくこと
左右	さいう（さゆう）	近臣
吏	り	下級役人

君子	くんし	立派な人・君主	小人	せうじん（しょうじん）	つまらない人・身分の低い人
丈夫	ぢやうふ（じょうふ）	成人男性・立派な人	匹夫	ひっぷ	つまらない男・身分の低い男
百姓	ひゃくせい	民衆	庶人	しよじん（しょじん）	庶民
布衣	ふい	庶民	夫子	ふうし	先生
食客	しよくかく（しょっかく）	客として待遇されている家来	客	かく	旅人・食客
知音	ちいん	理解者・親友	知己	ちき	理解者・親友
故人	こじん	旧友	孺子・豎子	じゅし（じゅし）	子ども・乳飲み子
師	し	軍隊・先生	兵	へい	戦争・武器・軍隊
鬼	き	死者・幽霊	為人	ひとトなり	人柄
人間	じんかん	世の中・俗世間	乾坤	けんこん	天地

漢字	読み	意味
社稷	しやしよく（しゃしょく）	国家・土地と穀物の神
朝	てう（ちょう）	朝廷
城	じやう（じょう）	（城壁をめぐらせた）町
是	ぜ	正しいこと
諫言	かんげん	目上の人をいさめること
雁信	がんしん	手紙
字	あざな	成人した男子の別名
期年	きねん	満一年
之	の	の
	これ	これ
	ゆク	行く

漢字	読み	意味
海内	かいだい	全国・天下
京師	けいし	首都
市井	しせい	町
非	ひ	間違っていること
所以	ゆゑん（ゆえん）	理由・手段
色	いろ	顔色
光陰	くわういん（こういん）	時間
天年	てんねん	寿命
已	すでニ	既に
	のみ	～だけ・～である
	やム	終わる・中止する

漢字	読み	意味
毎	**（返り点付き）**〜ごとニ	〜するたびに
	（返り点なし）つねニ	いつも
与	と	と
	ともニ	一緒に
	よりハ	〜より
	あたフ	与える
	くみス	味方する
	あづかル	関係する
	〜か　**（文末）**	〜か
	〜かな**（文末）**	〜だなあ
且	しばらク	少しの間
	かツ	さらに・そのうえ
為	〜ノためニ	〜の為に
	〜トなル	〜となる
	〜トなス	〜とする
	〜ヲなス	〜を行う
	〜ヲつくル	〜を製造する
	〜ヲをさム	〜を治める
	たリ	〜である【断定】
	る・らル	〜れる・られる【受身】

見		
みル	見る	
まみユ	謁見する	
あらハル	現れる	
あらハス	明らかにする	
る・らル	～れる・られる【受身】	（動詞の上）

過	
すグ	過ぎる
よぎル	訪問する
あやまツ	間違える
あやまチ	間違い・過失

思想

儒家

● **孔子**（名は丘、字は仲尼）が「儒家」の祖。

● **孟子**〈↓**性善説**（人間は生まれつき善）を説く〉や**荀子**〈↓**性悪説**（人間の本性は悪）を説く〉に受け継がれる。

● 思想　「**修己治人**」＝まずは自分を修養して徳を積んでから、人々を治めること。

「**徳治主義**」＝徳のある者が人民を治めるべきだという考え。

五常「**仁**（＝思いやり）・**義**（＝正しい道）・**礼**（＝礼儀礼節）・**智**（＝学ぶこと）・**信**（＝信頼）」の中で、特に「仁」が重要。為政者は「仁」と「礼」を身につけるべき。

※**忠**＝君臣によく仕えること／**孝**＝親を大切にすること

● 教典　「**五経**」＝『**詩経**』『**書経**』『**易経**』『**春秋**』『**礼記**』

「**四書**」＝『**大学**』『＊**論語**』『**孟子**』『**中庸**』

＊『論語』は孔子の死後、孔子の**弟子**が編集したもの

道家

- 老子が「道家」の祖（ただし、架空の人物という説もある）。
- 荘子（➡万物斉同（すべてのものの価値は平等）を説く）に受け継がれる。
- 思想　「無為自然」＝人間が手を加えた知識や道徳などは排除して、自然のままでいること。
　「道」＝宇宙万物の根源。
- 書物　『老子』『荘子』

法家

- 管仲が「法家」の祖（諸説ある）。
- 韓非（＝韓非子）が「法家」の代表的人物。
- 思想　「信賞必罰」＝賞賛すべき者には必ず賞を与え、罰すべき者には必ず罰を与えること。
　「法治主義」＝「法」に従うべきだという考え。
- 書物　『韓非子』